New 탁구교본

| 타법·전술 연습 |

TAKKYU RENSHU MENU 200 UCHIKATA TO SENJUTSU NO KIHON
ⓒ IKEDA PUBLISHING CO., LTD., 2013
Originally published in Japan in 2013 by IKEDA PUBLISHING CO., LTD., TOKYO,
Korean translation rights arranged with IKEDA PUBLISHING CO., LTD., TOKYO,
through TOHAN CORPORATION, TOKYO, and BC Agency, SEOUL.

이 책의 한국어판 저작권은 BC에이전시를 통한 저작권자와의
독점 계약으로 삼호미디어에 있습니다. 저작권법에 의해 한국 내에서
보호를 받는 저작물이므로 무단전재와 복제를 금합니다.

New Table Tennis

New 탁구교본

타법·전술 연습

미야자키 요시히토 지음
현정화 감수 | 김정환 옮김

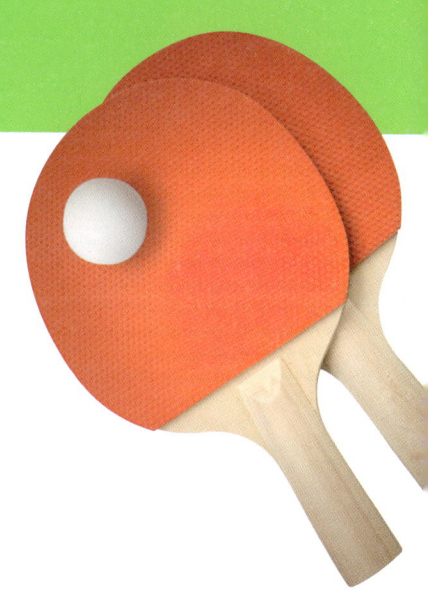

시작하는 글

탁구는 올림픽을 비롯한 국제 대회 등에서 중국이 전반적인 강세를 보이고 있습니다. 그들이 세계선수권과 올림픽에서 승리를 거듭하는 이유는 무엇일까요?

나는 특히 다음의 두 가지가 탁월하기 때문이라고 생각합니다.

첫째는 '최신 탁구 기술'을 익히고 있다는 점입니다. 최신 기술로는 대상(臺上) 치키타, 대상 드라이브가 있는데, 중국 선수들은 이러한 기술을 세계에서 가장 먼저 도입했습니다. 둘째는 '신체 능력이 최고 수준'이라는 점입니다. 세계 정상급 선수 가운데서도 중국 선수들의 신체 능력은 최고 수준입니다. 그리고 그런 최고 수준의 신체를 바탕으로 구사하는 기술은 위력과 날카로움 모두 발군의 실력을 발휘합니다.

그렇다면 어떻게 해야 그들처럼 강해질 수 있을까요?

프로 선수가 아닌 이상은 연습할 수 있는 시간에 한계가 있습니다. 그 한정된 시간 속에서 얼마나 효율을 높여 내실 있는 연습을 하느냐가 탁구 실력 향상의 열쇠입니다. 그리고 효율적인 연습을 하려면 '연습 상대'를 만들지 말아야 합니다. 가령 두 명이 코스가 정해진 시스템 연습을 할 때 '송구 담당'과 공을 치는 선수'로 나누었다고 가정해 봅시다. 그러면 '송구 담당'은 공을 치는 선수에게 '연습 상대'가 되어 버리기 때문에 의미 있는 연습을 할 수 없습니다. 둘 다에게 의미 있는 연습이 되도록 이따금 다른 코스로 공을 치거나 마지막에는 코트 전체를 사용해 랠리를 펼치는 등의 연습 방법을 모색하는 것이 중요합니다.

탁구라는 스포츠는 단순히 타구의 속도나 빠른 움직임만을 요구하는 경기가 아닙니다. 많은 스포츠가 '심(心)·기(技)·체(體)'를 요구하지만, 탁구는 여기에 '지(智)'도 필요합니다. 이 책은 기본적인 기술뿐만 아니라 세계의 최신 기술, 그리고 그 기술을 익히기 위한 연습 방법을 소개합니다. 또 국가대표팀이 실시하고 있는 연습과 '연습 상대를 만들지 않는' 효율적인 연습 방법, 나아가 탁구에 요구되는 최소한의 체력을 키우기 위한 최신 피지컬 트레이닝 방법도 소개하고 있습니다.

이 책이 여러분의 '지'를 향상시키는 데 조금이나마 도움이 되기를 바랍니다.

JOC 엘리트 아카데미 총감독, 전 일본 남자 국가대표팀 감독
미야자키 요시히토

감수의 글

여타의 많은 스포츠가 그렇듯이, 실력을 향상시키는 열쇠는 열정과 비례해 남몰래 흘리는 땀의 양일 것입니다. 탁구 또한 마찬가지입니다. 기본기를 충실히 다지고 많은 연습량을 소화함에 따라 실력이 느는 것은 당연한 이치입니다.

다만 남들과 똑같은 시간 동안 연습을 하고 땀을 흘렸음에도 약점 극복이 잘 되지 않거나 실력 향상의 폭이 더디다면, 연습의 내용과 질을 되짚어 볼 필요가 있습니다. 탁구는 다구 송구를 통한 타법 익히기를 비롯해 랠리를 통한 전략·전술의 흐름을 몸에 익히는 것이 중요합니다. 이 연습이 얼마나 체계적이고 실전적인지, 나에게 적합한 단계의 훈련인지에 따라 성장의 속도는 달라질 수 있습니다.

수많은 경기 상황과 사례를 경험한 지도자의 연륜과 선수의 실력 수준이 반영된 맞춤형 연습, 게임 형식의 실전적 요소가 강한 훈련 프로그램이 실력을 높이는 가장 효율적인 방법이라고 할 수 있습니다.

그런 의미에서 《New 탁구교본－타법·전술 연습》은 지도자와 선수, 체계적인 탁구 레슨에 대해 고민하는 모든 분들에게 추천하고 싶은 책입니다. 일전에 삼호미디어에서 출간한 저의 저서 《퍼펙트 탁구 교본》이 각 타법에 대한 세부적인 이해와 전술 노하우를 담은 책이라면, 이 책은 그러한 기술과 전술을 실전에서 백분 발휘할 수 있도록 하는 연습법을 체계적으로 제시하고 있습니다. 목적별로 특화된 연습법을 비롯해, 레슨 환경에 맞추어 지도자가 응용할 수 있는 팁까지 알려주고 있어 배우는 사람과 가르치는 사람 모두가 의미 있게 활용할 수 있으리라 기대합니다.

탁구 동호회나 교내 탁구부 등 탁구를 즐기고 전문적으로 익히기를 원하는 많은 분들이, 흘린 땀만큼의 결실을 거두는 데 이 책이 좋은 자양분이 되기를 바랍니다.

현정화

| 책을 읽기 전에 | 책을 보는 법·활용하는 법 |

여기에서는 책의 구성과 활용법을 안내한다.
본문을 읽기에 앞서 살펴보자.

1 책의 전체적인 구성

각 장은 아래와 같은 요소로 구성되어 있다.
먼저 기술 해설과 기본 개념을 읽고 연습의 목적을 명확히 한 다음 연습 메뉴로 넘어가기 바란다.

기술 해설

각 장의 연습 메뉴에서 중점적으로 훈련하는 기술들에 대한 기본 해설을 연속 사진을 곁들여 제시한다. 여기에서 소개하는 기술을 이해한 후 연습에 들어가자.

기본 개념

전술과 개념 등을 함께 정리했다. 이론을 먼저 이해한 후 집중 훈련함으로써 연습의 효과를 높인다.

〈기술 해설〉 부분

〈연습 메뉴〉 부분

연습 메뉴

각 장의 기술을 익힐 수 있는 구체적인 연습 메뉴를 소개한다. 메뉴를 보는 법은 다음 쪽을 참고.

※특징적인 연습 메뉴의 경우는 목차에 ＊표시를 했다.

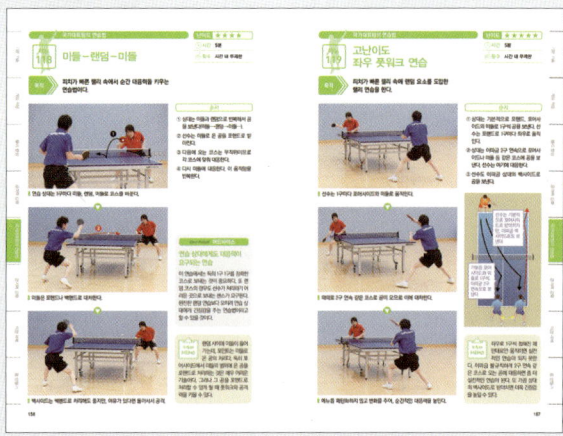

2 연습 메뉴 보는 법

각각의 연습 메뉴를 사진이나 그림을 통해 설명한다.

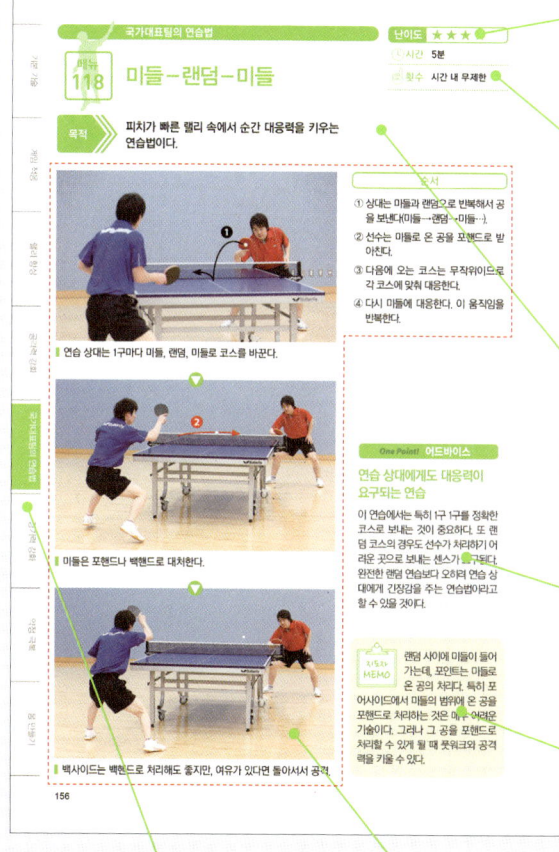

난이도
메뉴의 난이도를 5단계로 표시했다. ★이 많을수록 난이도가 높다.

시간·횟수
연습에 필요한 시간이나 횟수를 제시한다. 어디까지나 기준이므로 선수의 역량이나 연습 인원 등 환경에 따라 조정할 수 있다.

목적
연습 메뉴의 주요 목적을 밝힌다.

One Point 어드바이스
기술 습득에 도움이 될 보충 설명 등을 소개한다.

지도자 MEMO
연습 메뉴를 실천할 때 선수나 지도자가 주의할 점 또는 메뉴를 조정하는 방법을 알려준다.

간이 색인
해당 장을 색으로 표시함으로써 연습하고 싶은 내용을 검색할 때 편리하게 이용할 수 있도록 했다.

사진·그림·순서
사진과 그림을 곁들여 연습 방법을 구체적으로 설명한다. 연습의 전체적인 흐름은 '순서'를, 실제 움직임은 사진이나 그림을 참고하자. 그림의 숫자는 '순서'의 숫자와 연동된다.

CONTENTS

시작하는 글 4
감수의 글 5
책을 읽기 전에 6

COACHING METHOD
국가대표팀 감독이 말하는 연습의 기본과 마음가짐

❶ 연습 환경의 준비와 정돈 19
❷ 연습 메뉴를 구성하는 법 20
❸ 랠리 연습과 다구 연습의 적절한 배분 21
❹ 시스템 연습과 자유 연습 22
❺ 경기장에서의 연습 23
❻ 경기 영역과 코스의 명칭 24
❼ 경기의 승패와 서비스 26
❽ 유효 리턴과 무효 리턴 27
❾ 경기의 규칙 28

제1장 기초를 익힌다

▶ 기술 해설 그립 30
▶ 기술 해설 포핸드 32
메뉴 001 제자리에서 공 튀기기 34
메뉴 002 원바운드로 공 주고받기 35
메뉴 003 노바운드로 공 주고받기 35
메뉴 004 공을 높이 쳐 올리고 노바운드로 받기 36
메뉴 005 라켓으로 캐치볼 37
메뉴 006 혼자서 회전 연습 38
메뉴 007 1구씩 포핸드 연습 38

메뉴 008	포어크로스로 포핸드 주고받기	39
메뉴 009	백크로스로 포핸드 주고받기	40
메뉴 010	정해진 시간 동안 포핸드 연습	41

▶ 기술 해설 백핸드 쇼트 42

메뉴 011	백핸드 쇼트의 다구 연습	44
메뉴 012	연속으로 백핸드 쇼트	45
메뉴 013	스트레이트로의 백핸드 쇼트 대 포핸드	46
메뉴 014	정해진 시간 동안 백핸드 쇼트 연습	47

▶ 기술 해설 풋워크 48

메뉴 015	포핸드–백핸드 전환	50
메뉴 016	정해진 시간 동안 포핸드–백핸드 전환 연습	50
메뉴 017	포핸드의 좌우 풋워크	51
메뉴 018	정해진 시간 동안 풋워크 연습	51
메뉴 019	다구 형식의 풋워크 연습	52

▶ 기본 개념 다구 연습에서 송구할 때의 요령 53

메뉴 020	쇼트–돌아서서 포핸드의 연결 플레이	54
메뉴 021	정해진 시간 동안 쇼트–돌아서서 포핸드 연습	54
메뉴 022	2구 랠리 후 포어사이드로 움직여서 치기	55
메뉴 023	정해진 시간 동안 2구 랠리 후 움직여서 치기	55
메뉴 024	2구–2구의 포핸드–백핸드 전환	56
메뉴 025	2구–1구의 포핸드–백핸드 전환	57

▶ 기술 해설 하회전 서비스 58
▶ 기술 해설 커트 59

메뉴 026	커트 다구 연습	60
메뉴 027	커트 랠리 연습	61
메뉴 028	포핸드 커트(스톱) 다구 연습	62
메뉴 029	포핸드 커트(스톱) 랠리 연습	62

CONTENTS

제2장 게임에 익숙해지자

▶ **기본 개념** 게임의 중요성 64

| 메뉴 030 | 5점 선취 미니 게임 65
| 메뉴 031 | 11점 선취 1게임 매치 65
| 메뉴 032 | 엘리베이터 게임 66
| 메뉴 033 | 왕 게임 67
| 메뉴 034 | 시간 제한 게임 68
| 메뉴 035 | 스매시 다구 연습 69
| 메뉴 036 | 쇼트 서비스 짧고 정확하게 넣기 70
| 메뉴 037 | 롱 서비스 확실히 길게 넣기 71
| 메뉴 038 | 3구째 공격① 돌아서서 크로스 72
| 메뉴 039 | 3구째 공격② 포어크로스 73
| 메뉴 040 | 3구째 공격③ 돌아서서 스트레이트 73
| 메뉴 041 | 리시브 연습① 커트 74
| 메뉴 042 | 리시브 연습② 플릭 75

▶ **기술 해설** 치키타 76

| 메뉴 043 | 다구 연습으로 치키타 익히기 78
| 메뉴 044 | 치키타 리시브 연습 78
| 메뉴 045 | 올 코트를 사용하는 커트(스톱) 연습 79
| 메뉴 046 | 하프 코트만 사용하는 게임 연습 79
| 메뉴 047 | 하프 코트 대 올 코트의 핸디캡 매치 80

※ 표시(*)가 붙은 메뉴는 '연습 상대'를 만들지 않고 서로 효율적인 훈련을 할 수 있도록 고안한 연습이다.

제3장 랠리 능력을 키운다

▶ 기술 해설 **스탠스** 82
▶ 기술 해설 **백핸드** 84

메뉴 048	백핸드 드라이브의 다구 연습 86
메뉴 049	백핸드 쇼트와 롱의 다구 연습 87
메뉴 050	중진에서 강하게 포어크로스 랠리 88
메뉴 051	변화를 주며 포어크로스로 치기 89
메뉴 052	3구 풋워크① 포어사이드로 움직이기 90
메뉴 053	3구 풋워크② 돌아서기 91
메뉴 054	4구 1세트의 시스템 연습① 92
메뉴 055	4구 1세트의 시스템 연습② 93
메뉴 056	포핸드 2구—백핸드 2구 다구 연습 94
메뉴 057	랜덤 풋워크 다구 연습 95
메뉴 058	올 코트 랠리 연습 96
메뉴 059	포핸드 드라이브의 다구 연습 97
메뉴 060	백핸드 드라이브의 다구 연습 98
메뉴 061	드라이브의 풋워크① 좌우 풋워크 99
메뉴 062	드라이브의 풋워크② 포핸드—백핸드의 전환 100
메뉴 063	드라이브의 풋워크③ 2구 랠리 후 움직여서 치기 101
메뉴 064	드라이브의 풋워크④ 2구—1구 연습 102
메뉴 065	코트 2/3에서 랜덤 올 포어사이드 103
메뉴 066	포어크로스로 오는 커트 받아치기 104
메뉴 067	백크로스로 오는 커트 받아치기 105
메뉴 068	코트 전체로 오는 커트 받아치기 106
메뉴 069	커트 받아치기의 다구 연습 107
메뉴 070	효율적인 랠리 연습① 2구—2구 & 포핸드—백핸드* 108
메뉴 071	효율적인 랠리 연습② 3구 & 좌우 풋워크* 109
메뉴 072	고난이도 풋워크 연습① 좌우 풋워크* 110

CONTENTS

메뉴 073　고난이도 풋워크 연습② 2구–2구* 111
메뉴 074　고난이도 풋워크 연습③ 2구 랠리 후 움직여서 치기* 112
메뉴 075　랜덤 풋워크 다구 연습* 113
메뉴 076　포핸드 드라이브 3분 랠리* 114
메뉴 077　올 코트 드라이브 3분 랠리* 115
메뉴 078　좌우 풋워크의 다구 연습 116
메뉴 079　초시계 랠리① 좌우 풋워크 117
메뉴 080　초시계 랠리② 중진에서의 좌우 풋워크 117
메뉴 081　초시계 랠리③ 2구–1구의 풋워크 118
메뉴 082　초시계 랠리④ 2구–2구의 풋워크 118
메뉴 083　초시계 랠리⑤ 좌우로 움직이며 백핸드 치기 119
메뉴 084　초시계 랠리⑥ 미들–올 코트 119
메뉴 085　초시계 랠리⑦ 쇼트–돌아서기 120
메뉴 086　초시계 랠리⑧ 2/3에서 랜덤 올 포어사이드 120

제4장　공격력을 키운다

▶ **기술 해설**　백스핀에 대한 드라이브 122
▶ **기술 해설**　톱스핀에 대한 드라이브 124
▶ **기술 해설**　스매시 126
▶ **기술 해설**　블록 127

메뉴 087　다구 연습으로 하회전 공을 포핸드 드라이브 128
메뉴 088　커트를 드라이브로 받아치기 129
메뉴 089　변화를 준 커트를 드라이브로 받아치기 130
메뉴 090　백스핀과 톱스핀에 대한 드라이브의 다구 연습 131
메뉴 091　백크로스로의 드라이브 & 블록 132
메뉴 092　포어크로스로의 드라이브 & 블록 133

메뉴 093	드라이브 코스 전환*	134
메뉴 094	3구째 공격으로 시작하는 포어크로스 드라이브*	135
메뉴 095	3구째 공격으로 시작하는 백핸드 드라이브*	136
메뉴 096	3인 1조 드라이브 & 블록 연습*	137
메뉴 097	3인 1조 드라이브 & 블록 다구 연습*	138
메뉴 098	무작위 다구 공격*	139
메뉴 099	포핸드 강화 연습*	140
메뉴 100	백사이드 앞 쇼트 서비스를 시작으로 3구째 공격①*	141

▶ 기술 해설 플릭 142

메뉴 101	백사이드 앞 쇼트 서비스를 시작으로 3구째 공격②*	144
메뉴 102	포어사이드 앞 쇼트 서비스를 시작으로 3구째 공격①*	145
메뉴 103	포어사이드 앞 쇼트 서비스를 시작으로 3구째 공격②*	145
메뉴 104	백크로스의 롱 서비스를 시작으로 3구째 공격*	146
메뉴 105	포어사이드로의 롱 서비스를 시작으로 3구째 공격*	146

▶ 기술 해설 스톱 147

메뉴 106	하프 롱 서비스 후 미들을 공격하는 3구째 공격*	148
메뉴 107	스톱 리시브에 대한 대응*	148
메뉴 108	5구째를 염두에 둔 3구째 공격①*	149
메뉴 109	5구째를 염두에 둔 3구째 공격②*	149
메뉴 110	5구째를 염두에 둔 3구째 공격③*	150
메뉴 111	5구째를 염두에 둔 더블 스톱①*	150
메뉴 112	5구째를 염두에 둔 더블 스톱②*	151
메뉴 113	5구째를 염두에 둔 더블 스톱③*	151
메뉴 114	치키타 리시브 후 공격①*	152
메뉴 115	치키타 리시브 후 공격②*	152
메뉴 116	플릭 리시브 후의 공격*	153
메뉴 117	서비스 코스를 한정한 올 코트 연습*	154

CONTENTS

제5장 국가대표팀의 연습법

- ▶ **기본 개념** 코스 선택과 공의 깊이 156
- ▶ **기본 개념** 서비스의 코스 선정 157

메뉴 118 미들–랜덤–미들* 158
메뉴 119 고난이도 좌우 풋워크* 159
메뉴 120 고난이도 2구–2구 전환* 160
메뉴 121 고난이도 3구 풋워크* 161
메뉴 122 2구 랠리 후 포어사이드로 움직여서 치기의 변형* 162
메뉴 123 2구–2구 후의 올 코트 연습①* 163
메뉴 124 2구–2구 후의 올 코트 연습②* 164
메뉴 125 2구–2구 후의 올 코트 연습③* 165
메뉴 126 4구 1세트 시스템 후의 올 코트 연습* 166
메뉴 127 치키타 리시브 후의 올 코트 연습* 167
메뉴 128 치키타 리시브 후의 백핸드 풋워크 연습* 168
메뉴 129 시스템 연습 후의 올 코트 연습* 169
메뉴 130 YG 서비스 연습 170

제6장 경기에 강해지자

- ▶ **기본 개념** 리시브의 요령 172
- ▶ **기술 해설** 리시브를 하는 위치 & 상회전 리시브 173
- ▶ **기술 해설** 리시브 : 하회전과 스톱 174
- ▶ **기술 해설** 리시브 : 횡회전 175

메뉴 131 공식 규칙을 따르는 게임 연습 176
메뉴 132 7 대 7에서 시작하는 게임 연습 176

메뉴 133	7 대 9에서 시작하는 게임 연습	177
메뉴 134	청백전 · 단체전	177
메뉴 135	리그전	178
메뉴 136	자신 없는 서비스에 대한 리시브 다구 연습	178
메뉴 137	서비스를 간파해 리시브하는 다구 연습	179
메뉴 138	하회전 쇼트 서비스를 컨트롤한다	180

▶ **기술 해설** 횡회전 서비스 181

메뉴 139	횡회전 쇼트 서비스를 컨트롤한다	182
메뉴 140	하이 토스 서비스 연습	183
메뉴 141	롱 서비스 연습	184
메뉴 142	같은 모션으로 다른 서비스를 넣기	185
메뉴 143	같은 모션으로 다른 회전을 주기	186
메뉴 144	치키타 리시브의 정확도를 높인다①	187
메뉴 145	치키타 리시브의 정확도를 높인다②	188
메뉴 146	포어사이드 앞 쇼트 서비스에 대한 플릭 리시브	189
메뉴 147	서비스의 코스를 정확히 컨트롤한다	190
메뉴 148	상대의 움직임에 따라 서비스의 코스를 바꾼다	191
메뉴 149	순간적으로 서비스의 코스를 바꾼다	192
메뉴 150	하회전 서비스로 네트를 맞힌다	193
메뉴 151	상대의 예측을 깨는 리시브 연습	194
메뉴 152	10 대 10에서 시작하는 게임 연습	195

▶ **기본 개념** 복식에서 주의할 점 196

메뉴 153	복식에서의 포어크로스 랠리	198
메뉴 154	복식에서의 백크로스 랠리	198
메뉴 155	복식에서의 움직이며 포핸드 연습	199
메뉴 156	복식에서의 서비스와 리시브의 대응	199
메뉴 157	복식에서의 3구째 공격①	200
메뉴 158	복식에서의 3구째 공격②	200
메뉴 159	복식 게임 연습	201

CONTENTS

메뉴 160 복식에서의 커트 대응 201
메뉴 161 경기 전의 연습법① 워밍업 202
메뉴 162 경기 전의 연습법② 감각을 단련한다 203
메뉴 163 경기 전의 연습법③ 게임 연습 204

제7장 약점을 극복하자

▶ **기본 개념** 돌출 러버와 커트맨 206
▶ **기본 개념** 약점 대책의 개념 207

메뉴 164 포어사이드 앞에서의 복귀를 강화한다① 208
메뉴 165 포어사이드 앞에서의 복귀를 강화한다② 209
메뉴 166 돌출 러버 대책① 포핸드로 친다 210
메뉴 167 돌출 러버 대책② 백핸드로 친다 211
메뉴 168 돌출 러버 대책③ 돌출 러버를 공략한다 212
메뉴 169 돌출 러버 대책④ 3구째 공격 213
메뉴 170 커트맨 대책① 커트 공략으로 버틴다 214
메뉴 171 커트맨 대책② 공격에 대한 대응 215
메뉴 172 커트맨 대책③ 앞뒤로 흔든다 216
메뉴 173 커트맨 대책④ 좌우로 흔든다 217
메뉴 174 커트맨 대책⑤ 드라이브로 뚫어 버린다 218
메뉴 175 공격할 수 있는 공인지 파악한다 219
메뉴 176 블록 후의 역습 220
메뉴 177 로빙 볼 치기 220

제8장 몸 만들기

- ▶ 기본 개념 트레이닝의 목적과 효과 222
- ▶ 기본 개념 워밍업과 쿨다운 223

메뉴 178	워밍업① 224
메뉴 179	워밍업② 225
메뉴 180	어깨 주위의 스트레칭 226
메뉴 181	민첩성 트레이닝① 미러 드릴 227
메뉴 182	민첩성 트레이닝② 프론트 & 백 228
메뉴 183	민첩성 트레이닝③ 라이트 & 레프트 228
메뉴 184	민첩성 트레이닝④ 8자 콘 229
메뉴 185	민첩성 트레이닝⑤ 별 모양 콘 229
메뉴 186	하체 트레이닝① 스쿼트 230
메뉴 187	하체 트레이닝② 카프레이즈 230
메뉴 188	하체 트레이닝③ 힙 어브덕션 231
메뉴 189	하체 트레이닝④ 힙 어덕션 231
메뉴 190	체간 트레이닝① 크런치 232
메뉴 191	체간 트레이닝② 프론트 브릿지 233
메뉴 192	체간 트레이닝③ 사이드 브릿지 233
메뉴 193	상체 트레이닝① 푸시업 234
메뉴 194	상체 트레이닝② MR 벤토오버 로우 234
메뉴 195	견갑대 트레이닝① WTYA 235
메뉴 196	견갑대 트레이닝② 익스터널 로테이션 236
메뉴 197	견갑대 트레이닝③ 엘리베이션 236
메뉴 198	쿨다운① 237
메뉴 199	쿨다운② 238
메뉴 200	액티브 레스트와 아이싱 239

COACHING METHOD

국가대표팀 감독이 말하는
연습의 기본과 마음가짐

탁구 연습을 할 때 주의할 점을 정리했다.
선수뿐만 아니라 지도자에게도 도움이 되는 내용이다.

실제 연습에 들어가기 전에 먼저 최소한의 환경과 규칙을 정해 놓자.
그럼으로써 좀 더 연습에 전념할 수 있는 환경이 조성되며
부주의에서 비롯되는 부상이나 컨디션 저하를 예방할 수 있다.
여기에서는 일본 국가대표팀과 JOC 엘리트 아카데미에서
실제 진행하고 있는 내용을 소개한다.

* JOC 엘리트 아카데미 : 일본 올림픽 위원회가 '국제 대회에서 활약할 수 있는 세계 정상급 운동 선수의 육성'을 목적으로 개설한 선수 육성 프로그램. 대상은 중학교 1학년부터 고등학교 3학년에 이르는 학생이다.

Coaching Method

연습의 기본과 마음가짐 ❶

연습 환경의 준비와 정돈

인사를 잊지 말자

연습장에 들어올 때는 "안녕하세요!", "잘 부탁드립니다!", 연습이 끝나고 연습장을 떠날 때는 "고맙습니다!", "수고하셨습니다!"라고 인사하는 습관을 들이자. 예의 바른 자세가 몸에 배는 것은 물론이고 '열심히 하자!'라는 의욕이 샘솟아 연습에 몰두할 수 있는 환경이 만들어진다.

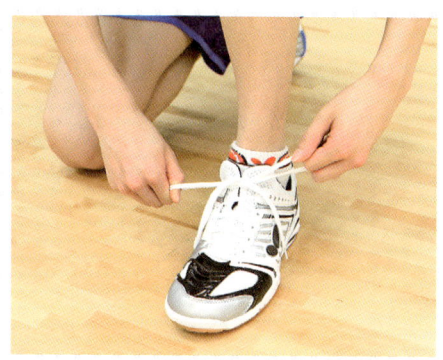

운동화 끈은 매번 새로 묶는다

운동화를 신고 벗을 때는 반드시 운동화 끈을 풀어서 느슨하게 하자. 운동화 끈을 묶은 채로 신고 벗는 것을 당연시하는 팀이 있는데, 그래서는 결코 팀의 수준이 높아지지 않는다. 부상 방지라는 관점에서도 운동화를 신고 벗을 때마다 운동화 끈을 풀도록 규칙으로 정해 놓아야 한다.

공을 넉넉히 준비해 놓자

중학교나 고등학교의 특별활동 시간은 한정되어 있다. 정해진 시간 속에서 효율적으로 연습할 수 있도록 공을 최대한 많이 준비해 놓자. 가령 탁구대가 5대라면 저렴한 연습용 공이라도 상관없으니 300~500개 정도는 준비하는 것이 좋다.

공 줍기를 효율화하자

연습 환경 주위를 펜스로 둘러쳐서 공이 사방으로 튀어나가는 것을 방지한다. 또 다구 연습을 하는 탁구대에는 공을 모아주는 연습용 그물망을 설치하는 것이 좋다. 연습용 그물망은 전용 제품이 없을 때는 마트 등에서 판매하는 대형 곤충 채집망으로 대신할 수도 있다. 여러 개 준비해 두도록 하자.

연습의 기본과 마음가짐 ❷

연습 메뉴를 구성하는 법

게임 연습을 중심으로 구성한다

탁구의 연습 메뉴는 여러 가지가 있지만, 모든 연습 메뉴의 목적은 결국 경기에서 승리하는 것이다. 특히 중학교의 특별활동처럼 초급자가 많을 경우에는 게임 연습의 비율이 줄어들고 기초 연습만 하게 되는 경향이 있는데, 게임 연습을 할 때 비로소 '이러이러한 연습을 해야겠어', '나는 이 기술을 강화하고 싶어'라는 목적의식이 싹튼다.

예를 들어 연습 시간이 2시간이면 마지막 30분 동안은 반드시 게임 연습을 하거나 '10 대 10에서 시작하는 게임 연습(195쪽)' 또는 '7 대 9에서 시작하는 게임 연습(177쪽)' 등 짧은 시간에 끝낼 수 있는 게임 연습을 적극적으로 도입하자.

휴식과 수분 보충을 자주 한다

연습을 할 때에는 약 1시간마다 휴식과 수분 보충을 하자. 연습 메뉴는 3분 정도면 끝나는 것부터 15분 이상 걸리는 것까지 다양한데, 변화가 없는 메뉴를 10분 이상 계속하는 것은 삼가도록 한다. 각 메뉴마다 연습 시간의 기준을 제시했으니 참고하기 바란다.

Coaching Method

연습의 기본과 마음가짐 ❸

랠리 연습과 다구 연습의 적절한 배분

연습은 서로 랠리를 반복하는 랠리 연습과 다구(多球) 연습으로 구분할 수 있다. 랠리 연습은 실전과 다름없이 서로 공을 주고받을 수 있다는 이점이 있지만, 둘의 기술 수준에 차이가 있으면 연습의 효과나 효율이 떨어질 수 있다.

다구 연습은 탁구대 옆에 공을 잔뜩 준비해 놓고 그 공을 코치가 보내주는 연습 방법이다. 송구 담당이 공을 보내주므로 랠리 연습보다 효율적이라고 할 수 있지만, 실제로 랠리를 할 때와는 타구의 성질이 다르다는 점을 주의해야 한다.

다구 연습의 약점을 보완하기 위한 방법으로는 탁구대 옆에 공을 놓고 미스를 범하더라도 공을 주우러 가는 것이 아니라 다음 공으로 랠리를 재개하는 형식의 랠리 연습이 있다(아래 그림 참조).

양쪽 모두 장단점이 있으므로 효과적인 형식을 검토해 보기 바란다.

랠리 연습

다구 연습

효율적인 랠리 연습

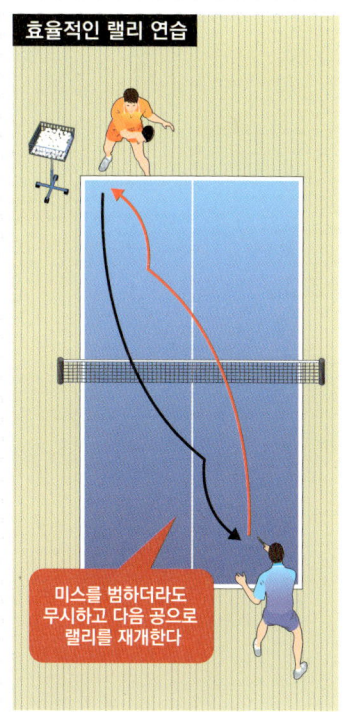

미스를 범하더라도 무시하고 다음 공으로 랠리를 재개한다

이렇게 하면 실전에 가까운 효율적인 연습을 할 수 있다.

연습의 기본과 마음가짐 ❹

시스템 연습과 자유 연습

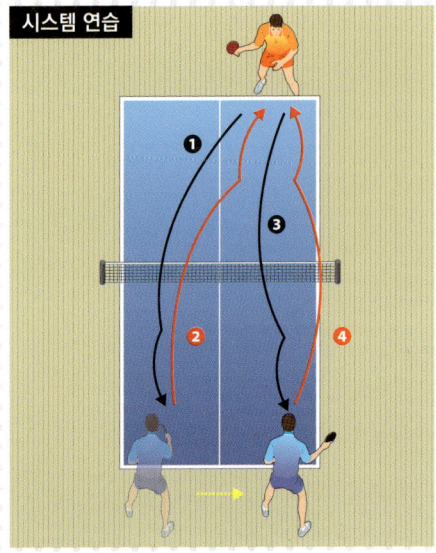

서로 어떻게 움직일지 미리 정해 놓는 것이 시스템 연습.

시스템 연습은 코스를 정해 놓고 하는 연습이고, 자유 연습은 코스를 정하지 않고 하는 연습이다. 그러나 현실적으로는 시스템 연습과 자유 연습의 중간에 위치하는 연습이 많을 것이다. 예를 들어 3구째 공격 연습(72~73쪽) 등은 3구째 공격 또는 5구째 공격까지는 어느 정도 코스를 정해 놓지만 그 뒤에는 코트 전체를 사용해 랠리를 한다.

초급자일 때는 코스를 정해 놓지 않으면 미스가 늘어나기 때문에 연습의 효율이 떨어진다. 한편 중급자나 상급자의 경우는 코스를 정하지 않고 자유 요소를 늘려 나갈 때 실력 향상으로 이어지는 질 좋은 연습 메뉴로 활용할 수 있다.

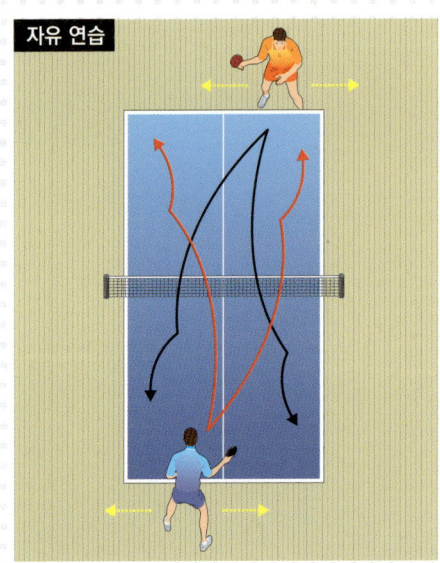

정해진 내용이 없는 것이 자유 연습. 자유롭게 공을 주고받기 때문에 실전에 가까운 연습이 된다.

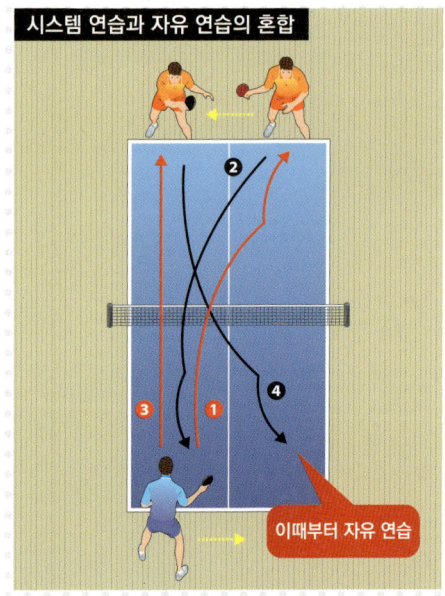

3구째 공격 연습 등은 중간까지만 패턴을 정해 놓고 이후에는 코트 전체를 사용해 자유롭게 공을 주고받는다.

Coaching Method

연습의 기본과 마음가짐 ❺

경기장에서의 연습

탁구대의 확보와 효율적인 연습

경기장에 도착했으면 먼저 탁구대를 확보하자. 중학부 지역 예선전과 같이 많은 인원이 한꺼번에 경기를 치러야 하는 상황에서는 평소처럼 여유롭게 탁구대를 사용하기가 쉽지 않다. 이럴 때는 하프 코트만 사용하는 게임 연습(79쪽) 등 효율적으로 탁구대를 활용할 수 있는 연습을 하자. 다만 경기 전에는 가급적 코트 전체를 사용하는 연습을 잠깐이라도 해 두는 것이 바람직하다. 가령 6명 이하라면 2명씩 나눠서 코트 전체를 사용하는 연습을 하는 것도 시간을 유용하게 사용하는 방법이다(아래 그림). 같은 탁구대를 사용하고 있는 선수에게 말을 걸어 교대로 올 코트 연습을 하자고 제안해 보자.

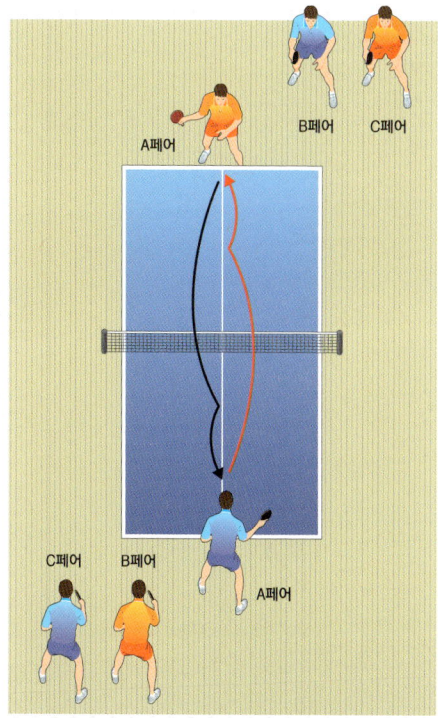

하프 코트를 사용하는 랠리 연습뿐만 아니라 코트 전체를 사용하는 연습도 한다.

정중하게 부탁한다

탁구대를 확보하지 못했다면 워밍업을 끝낸 뒤에 사람이 제일 적은 탁구대로 가서 하프 코트만이라도 쓸 수 있도록 부탁하자. 연습에 낄 때는 반드시 인사를 하고 "저도 교대로 들어가면 안 될까요?"라고 부탁해 1구마다 교대하는 방식으로 연습한다. 이런 부탁을 주저하는 사람도 있는데, 경기장에서는 망설일 필요가 없다. 용기를 내서 부탁하면 대부분은 양보해줄 것이다. 일반적인 연습에서는 포핸드를 10~20분 동안 칠 때도 많겠지만, 경기장에서 연습할 때는 2~3개로 끝내고 바로 실전에서 사용할 드라이브 등의 연습에 들어가자.

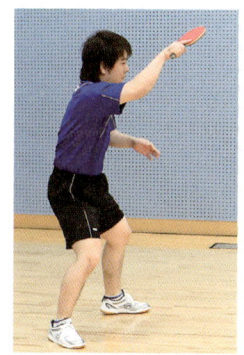

시간 낭비를 줄인다

공을 줍느라 연습 시간을 낭비하는 일이 없도록 한 명이 최소 2개, 두 명이 4개의 공을 가지고 연습한다. 그리고 동시에 주머니 속에는 3개 이상 넣어 둔다. 같은 팀끼리 연습할 경우에는 기다리는 선수가 공을 주우러 다녀도 좋을 것이다. 어쨌든 공을 줍느라 낭비하는 시간을 가급적 줄이도록 하자. 경기 전 연습은 개인차가 있기는 하지만 남자는 1시간, 여자는 1시간 30분 정도가 적당하다. 시간 낭비를 줄여서 충분한 연습 시간을 확보하도록 하자.

연습의 기본과 마음가짐 ❻

경기 영역과 코스의 명칭

다양한 코스 공략 연습을 하기 전에 경기 영역(테이블 위)과 코스의 명칭을 정리하고 넘어가자. 게임 영역과 코스는 오른손잡이인가 왼손잡이인가, 혹은 자신의 위치에서 보느냐 상대의 위치에서 보느냐에 따라 명칭이 달라질 수 있다.
책에서는 해설을 이해하기 쉽도록 아래와 같이 '오른손잡이 선수가 봤을 때의 명칭'으로 통일했다.

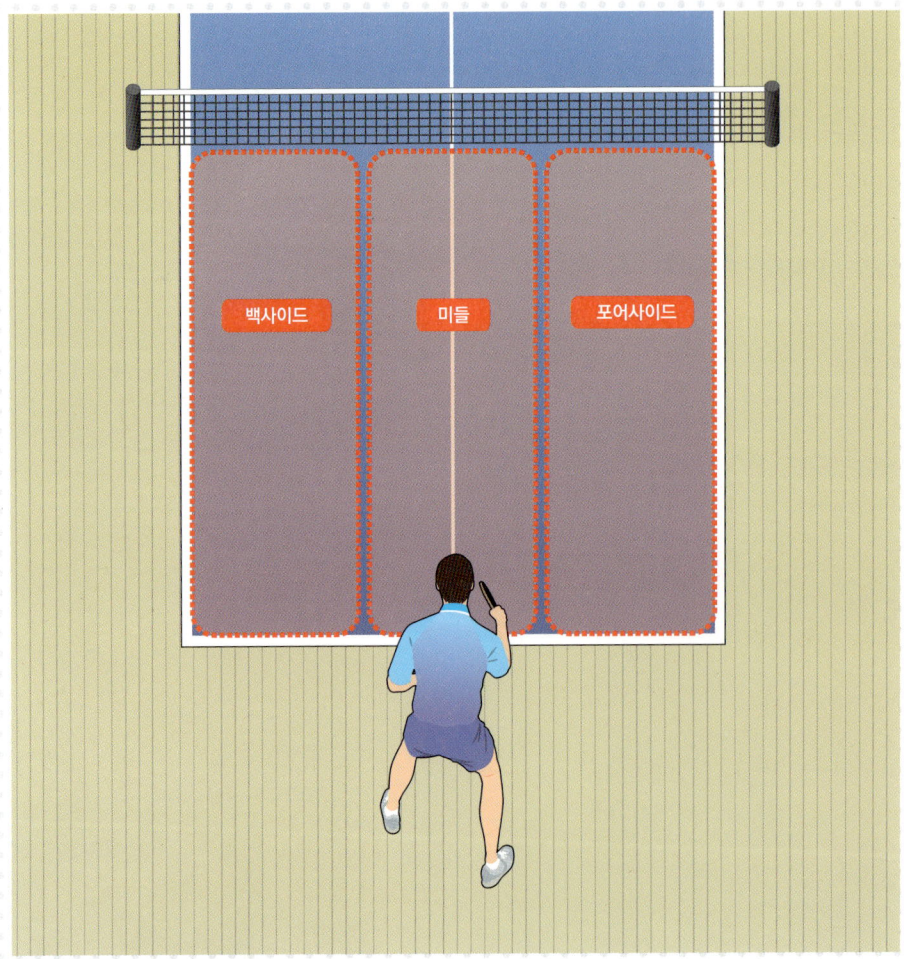

주로 포핸드로 치는 범위를 포어사이드, 백핸드로 치는 범위를 백사이드, 상황에 따라 포핸드로 치기도 하고 백핸드로 치기도 하는 범위를 미들이라고 부른다.

코스는 크로스와 스트레이트 두 가지가 있다. 크로스의 경우는 오른손잡이 선수와 오른손잡이 선수가 서로 자신의 포어사이드에서 상대의 포어사이드로 공을 치는 것을 포어크로스, 자신의 백사이드에서 상대의 백사이드로 공을 치는 경우를 백크로스라고 부른다. 스트레이트는 자신의 백사이드에서 상대의 포어사이드를 향해 치는 코스를 백스트레이트, 자신의 포어사이드에서 상대의 백사이드를 향해 치는 코스를 포어스트레이트라고 부른다.
네트와 가까운 코트의 명칭은 범위에 따라 포어사이드 앞, 미들 앞, 백사이드 앞이라고 부른다.

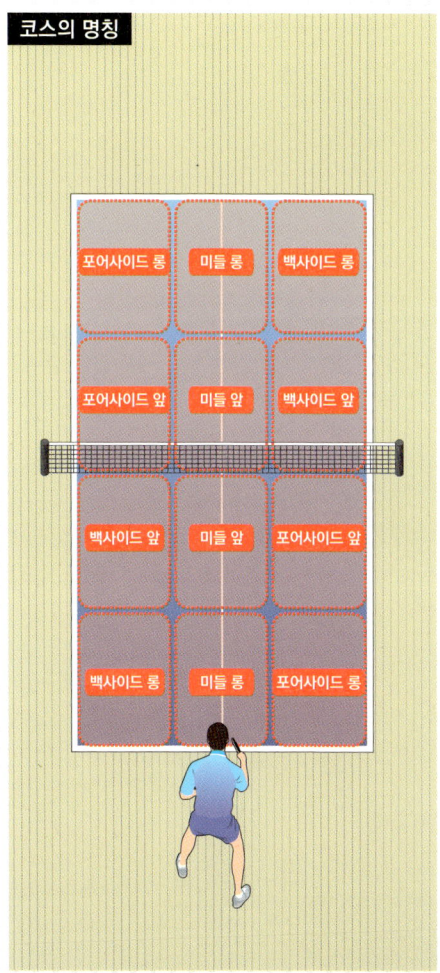

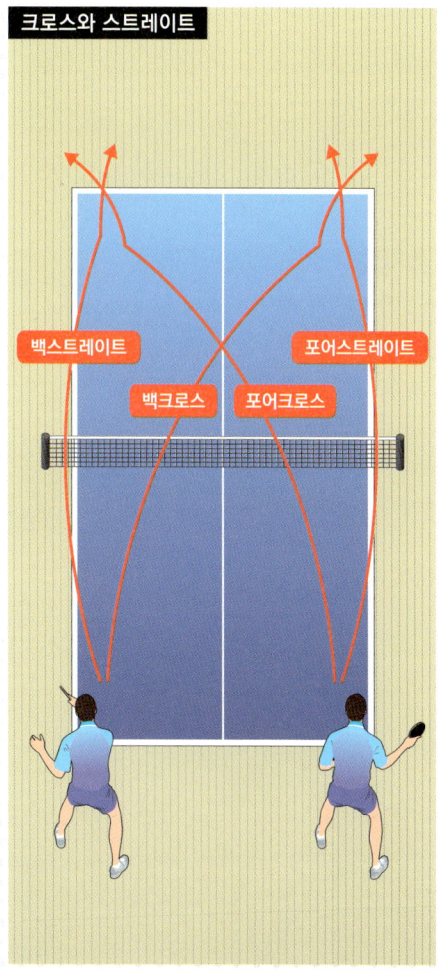

연습의 기본과 마음가짐 ❼

경기의 승패와 서비스

경기는 11점제의 3~7게임

탁구에서는 경기를 매치라고 한다. 1매치는 3게임 또는 5게임, 7게임으로 구성된다. 3게임의 경우는 2게임, 5게임의 경우는 3게임, 7게임의 경우는 4게임을 먼저 따낸 쪽이 승리한다.

각 게임은 11점을 먼저 얻은 쪽이 승리한다. 스코어가 10 대 10이 되었을 경우를 듀스라고 하며, 이때는 먼저 2점을 앞선 쪽이 승리한다. 또 서비스는 기본적으로 2점이 날 때마다 교대하지만, 듀스일 경우는 1점이 날 때마다 교대한다.

플레잉 서피스
엔드라인

서비스의 규칙

① 공을 손바닥 위에 올려놓는다

서비스를 할 때는 공을 올려놓은 손(프리핸드)을 공이 엔드라인보다 뒤, 그리고 탁구대의 표면(플레잉 서피스)보다 위에 있는 상태에서 정지시키고 준비한다. 공은 손바닥 중앙에 올려놓는다. 손가락 끝에 공을 올려놓으면 반칙이 되어 폴트 판정을 받으니 주의하기 바란다.

② 16cm 이상 던져 올린다

공을 일단 정지시켰다가 손바닥에서 16cm 이상 던져 올려서(토스) 친다. 토스하기 전에 공을 계속 탁구대에 튀기면 경기를 지연시키는 행위로 간주되어 경고를 받으니 주의하자. 어디에 서서 서비스를 하든 자유이지만, 항상 상대방이 볼 수 있는 위치에 공을 두어야 한다. 자신의 옷이나 몸으로 공을 감추면 반칙이 되어 폴트 판정을 받는다.

연습의 기본과 마음가짐 ❽

유효 리턴과 무효 리턴

유효한 리턴

상대가 보낸 공이 자신의 코트 안에서 한 번 바운드된 다음 쳐서, 네트를 넘겨 상대 코트에 바운드시키는 것이 규칙상 유효한 타구다. 다만 직접 네트를 넘지는 않았어도 네트 옆을 우회하거나 탁구대 아래를 지나서 상대편의 코트로 들어간 공도 예외적으로 유효타가 된다. 또 탁구대 위의 가장자리를 에지, 탁구대의 옆면을 사이드라고 부르는데, 에지에 공이 맞았을 경우는 유효타가 된다.

무효한 리턴과 타구

공이 상대의 코트에서 바운드되지 않으면 유효타가 되지 않는다. 에지가 아니라 사이드에 맞았을 경우도 마찬가지다.
또한 상대의 공이 자신의 코트에서 두 번 바운드된 뒤나 바운드되기 전에 쳤을 경우, 라켓을 던져서 쳤을 경우도 무효타가 되어 상대방이 점수를 얻는다.

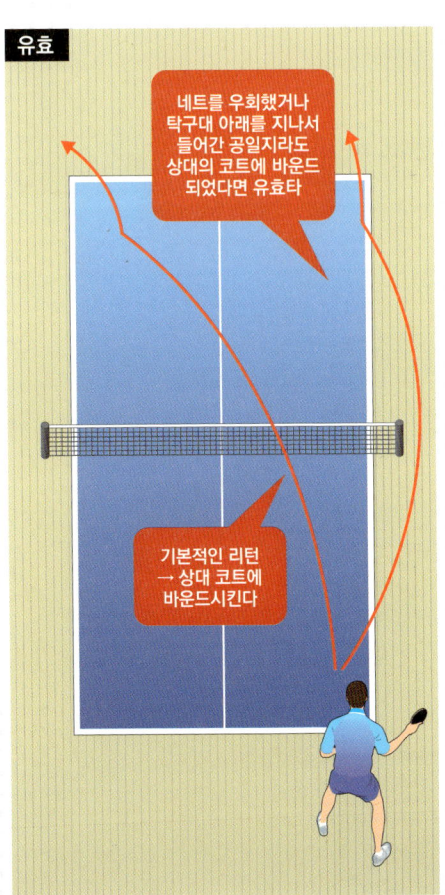

유효

네트를 우회했거나 탁구대 아래를 지나서 들어간 공일지라도 상대의 코트에 바운드되었다면 유효타

기본적인 리턴
→ 상대 코트에 바운드시킨다

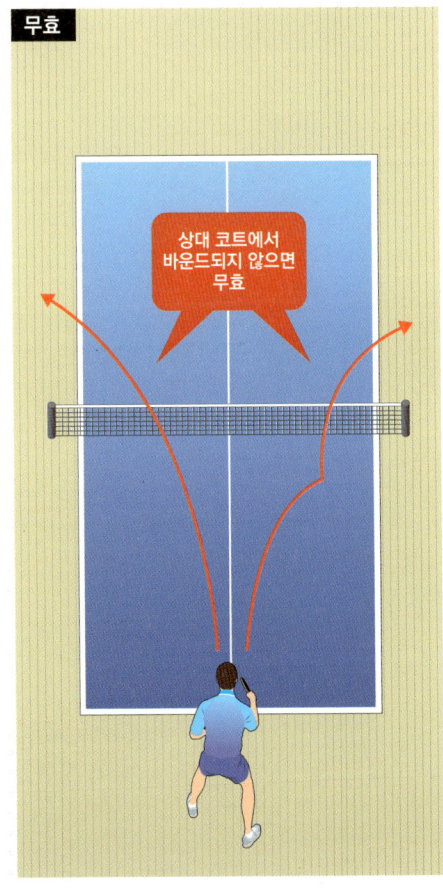

무효

상대 코트에서 바운드되지 않으면 무효

연습의 기본과 마음가짐 ❾

경기의 규칙

서비스의 순서

경기 전에 추첨으로 결정한다. 추첨에서 승리한 선수는 ① 서비스를 할 것인가 리시브를 할 것인가를 선택할지, 아니면 ② 1번의 선택권을 포기하고 어느 쪽 코트(엔드)에서 경기를 시작할 것인가를 결정한다. 추첨의 승자가 서비스를 선택했을 경우는 승자가, 리시브나 2번을 선택했을 경우는 패자가 먼저 서비스를 한다.

서비스의 교대

자신과 상대를 합쳐서 2점이 날 때마다 서브권을 교대한다. 다만 듀스가 되었을 경우에는 예외적으로 1점이 날 때마다 교대로 서비스를 한다.

휴식 시간

개인전의 경우는 6점이 날 때마다 짧은 휴식에 들어가며 이때 타월을 사용할 수 있다. 또 게임과 게임 사이에 1분 이내의 휴식이 들어간다. 이 사이에 선수는 감독이나 코치로부터 조언을 받거나 수분 보충을 할 수 있지만 반드시 경기 영역의 3미터 이내에 있어야 한다. 단체전에서 두 경기에 연속으로 출장할 경우는 최대 5분 동안 휴식할 수 있다.

엔드의 교대

보통은 한 게임마다 교대한다. 그러나 한 매치의 승패가 결정되는 마지막 게임에서는 어느 한쪽이 5점을 선취하면 교대한다.

타임아웃

한 매치에 1회, 1분 이내의 타임아웃을 요구할 수 있다. 이때는 손으로 T자를 만든다. 선수와 벤치 모두 타임아웃을 요구할 수 있지만, 의견이 다를 경우* 개인전에서는 선수의 요구가, 단체전에서는 벤치의 요구가 우선된다.

*선수와 벤치 중 한쪽이 타임아웃을 요구했지만 다른 한쪽은 타임아웃이 필요 없다는 의사를 나타냈을 경우.

경고와 페널티

선수나 지도자가 규정을 위반했을 경우 심판은 경고로 옐로카드를 준다. 그리고 같은 선수나 지도자가 다시 규정을 위반하면 옐로카드와 레드카드를 주고 상대에게 1점을 가산한다. 세 번째일 때는 상대에게 2점을 가산하며, 네 번째일 때는 경기를 중단하고 원칙적으로 실격 처리한다.

제1장

기초를 익힌다

탁구의 첫걸음을 내딛는
초급자들을 위한 기본 기술을 소개한다.
라켓과 공에 익숙해지기 위한 연습법부터
포핸드와 백핸드, 커트와 서비스 등
기본적인 기술을 배워 보자.

기술 해설: 그립

기초를 익힌다

▶▶▶ 셰이크핸드는 치키타, 펜홀더는 플릭

현재 탁구를 시작하는 많은 사람이 셰이크핸드를 선택하고 있다. 그러나 한편으로는 세계 무대에서 활약하는 펜홀더 선수도 있으며, 그들의 플레이에 매료되어 펜홀더를 선택하는 사람도 적지 않다.

다만 셰이크핸드가 기본이 된 현재, 펜홀더 선수가 셰이크핸드 선수들과 호각으로 겨루려면 펜홀더의 특징을 살린 플레이 스타일을 연구해야 한다. 펜홀더의 첫 번째 특징을 꼽자면 이면타법을 들 수 있다. 중국에서 개발된 이 타법은 최근 10년 사이 한국과 일본 등의 탁구계에서도 거의 펜홀더의 기본 기술이 될 정도로 정착했다. 펜홀더의 이면타법은 기본적으로 셰이크핸드의 백핸드라고 생각하면 되는데, 전술적으로 조금 다른 점은 미들~포어사이드의 짧은 공에 대한 대응이다. 셰이크핸드의 경우는 치키타(76쪽에 기술 해설)가 널리 확산되면서 미들은 물론 포어사이드 앞이라고 해도 무방할 위치의 짧은 공까지 무조건 치키타로 대응하는 일이 많아졌다.

그러나 펜홀더의 이면타법으로 구사하는 치키타는 미들 정도까지는 대응할 수 있지만 포어사이드까지 대응하기에는 무리가 있다. 게다가 펜홀더는 셰이크핸드보다 포어사이드 앞의 플릭을 구사하기 용이하다는 특징이 있다. 치키타는 분명 효과적인 기술이지만, 펜홀더를 사용하는 사람은 펜홀더의 특징인 포어사이드 앞 플릭을 익혀서 백사이드 앞, 미들 앞의 공과는 구별해 처리하는 편이 전술적으로 유리할 것이다.

라켓을 잡는 법

셰이크핸드

셰이크핸드 라켓의 경우는 둘째손가락과 엄지손가락 사이에 라켓면을 끼우듯이 잡고 셋째손가락과 넷째손가락, 새끼손가락으로 그립을 가볍게 쥐듯이 잡는다.

펜홀더

펜홀더 라켓의 경우는 엄지손가락과 둘째손가락으로 그립을 감싸듯이 쥐고 뒷면을 셋째손가락으로 지탱하면서 넷째손가락과 새끼손가락을 붙인다. 펜홀더는 백핸드를 포핸드와 같은 면으로 치는 타법(아래 4번째 사진)과 뒷면(이면)으로 치는 이면타법의 두 종류가 있다. 셰이크핸드와 펜홀더 모두 너무 힘을 주지 말고 가볍게 쥐는 것이 요령이다.

위에서

위에서

앞에서

앞에서

뒤에서

뒤에서

백핸드

백핸드 쇼트(뒤)

기술해설

포핸드

정면

측면

POINT 1	필요에 따라 스텝을 밟으며 몸의 위치를 미세 조정한다.
POINT 2	공에 맞춰 몸을 후방으로 회전시키며 테이크백.
POINT 3	몸 앞에서 공을 맞힌다.

▶▶ 팔만으로 스윙하는 것이 아니라 몸 전체를 사용해 스윙한다

테이크백을 할 때는 오른발, 임팩트에서 폴로스루에 걸쳐서는 왼발로 체중이 이동한다. 팔뿐만 아니라 상반신과 하반신 전체의 회전 운동을 통해 스윙에 힘을 싣는다. 1구, 1구마다 발을 멈추지 말고 공을 칠 수 있는 위치로 이동한다. 특히 초급자는 공을 칠 때마다 발을 움직여서 몸의 움직임이 멈추지 않도록 신경 쓰자.

❶ 바운드에 주목하자

자세나 타구점이 변하면 타구의 코스와 속도가 안정되지 않는다. 상대의 공이 바운드되는 위치, 자신의 공이 상대의 코트에서 바운드되는 위치에 주목하면 안정된 포핸드를 칠 수 있다.

| POINT 4 | 스윙과 함께 체중 이동. | POINT 5 | 라켓이 얼굴 앞을 지나갈 때까지 폴로스루. | POINT 6 | 상대의 리턴에 대비해 기본자세를 취한다. |

❷ 타구점을 의식하자

바운드의 정점 부근을 타구점으로 삼으면 가장 안정적이면서 강하게 공을 칠 수 있다. 자신이 공을 맞히는 지점이 어디인지 의식하자.

스탠스가 앞뒤로 너무 벌어졌다.

스윙이 이마까지 오기 전에 멈췄다.

기초를 익힌다

메뉴 001

제자리에서 공 튀기기

난이도 ★
시간 3분
횟수 미스 없이 10회 연속

목적 라켓 사용법과 공의 움직임에 익숙해지기 위한 연습이다.
연습 전의 워밍업으로 실시해도 좋다.

라켓을 바닥과 수평으로 유지하면서 공을 위로 튀긴다.

내려오는 공을 라켓 중앙으로 받아 다시 튀긴다.

공을 쫓아가느라 발을 움직이면 미스.

순서

① 똑바로 서서 라켓을 몸 앞으로 내밀고 공을 위로 튀긴다.
② 공이 바닥에 떨어지거나 공을 쫓아가느라 발을 움직이면 처음부터 다시 시작한다.

지도자 MEMO
아직 공이나 라켓에 익숙하지 않은 초급자가 공에 익숙해지도록 돕는 연습이다. 처음에는 앞면으로, 다음에는 뒷면으로 도전한다. 이렇게 하면 실제로 탁구대 앞에 섰을 때 안정된 각도로 라켓을 내밀 수 있게 된다.

10회 연속 튀기기를 간단히 할 수 있게 된 선수는 라켓 끝 쪽, 중앙, 그립 쪽과 같은 식으로 공을 맞히는 위치를 컨트롤할 수 있도록 연습해 보자.

기초를 익힌다

메뉴 002 원바운드로 공 주고받기

난이도 ★
시간 3분
횟수 미스 없이 10회 연속

라켓으로 공을 정확히 맞혀서 원하는 곳으로 받아치는 연습이다. 라켓의 사용법과 공의 움직임에 익숙해지는 것이 목적이다.

순서

① 서로 마주 보고 서서 상대에게 원바운드로 공을 보낸다.
② 서로 원바운드로 공을 주고받는다. 상대가 발을 움직이지 않아도 되도록 정면으로 공을 보낸다.

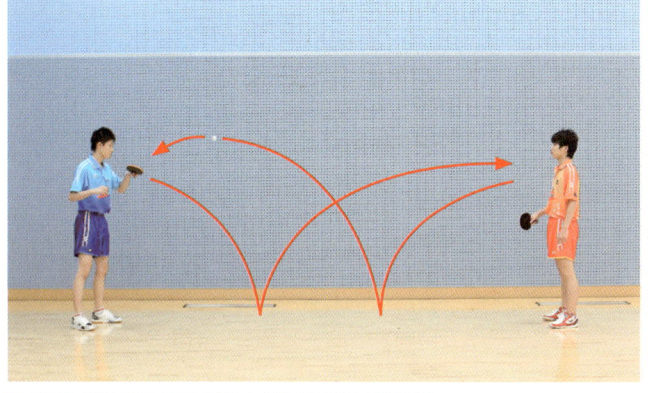

▌상대가 치기 좋은 공을 보낼 수 있도록 힘을 조절한다.

지도자 MEMO
초급자가 공과 라켓에 익숙해지도록 하는 연습이다. 탁구대가 많지 않은 곳에서는 순서를 기다리는 동안 이런 연습을 하는 것도 좋은 방법이다.

기초를 익힌다

메뉴 003 노바운드로 공 주고받기

난이도 ★
시간 3분
횟수 미스 없이 10회 연속

메뉴002의 발전형이다. 공을 노바운드로 원하는 곳에 정확히 보낼 수 있도록 라켓 사용법과 타구법을 익힌다.

순서

① 마주 보고 서서 상대에게 노바운드로 공을 보낸다.
② 노바운드로 공을 주고받는다. 목표는 실패 없이 10회 연속. 서로 발을 움직이지 않아도 되도록 정면으로 정확히 공을 보낸다.

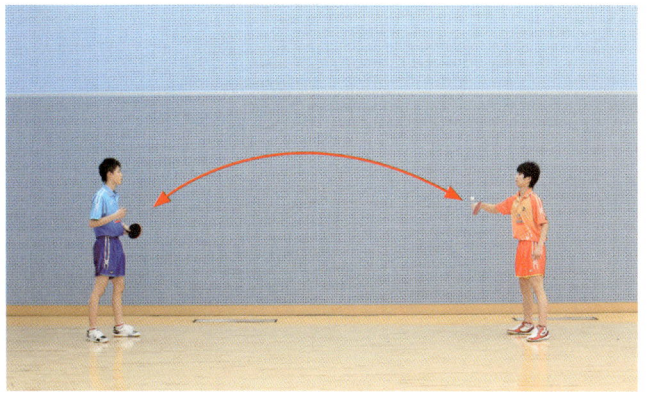

▌노바운드로 공을 주고받는다.

지도자 MEMO
메뉴002와 마찬가지로 초급자가 공과 라켓에 익숙해지기 위한 연습이다. 대기 시간에 하는 연습에도 변화를 줘서 라켓에 빨리 익숙해지도록 하자.

기초를 익힌다

메뉴 004

공을 높이 쳐 올리고 노바운드로 받기

난이도 ★
시간 3분
횟수 성공할 때까지

 공을 정확히 치는 기술과 손목, 발목을 유연하게 사용하는 법을 익힌다.

■ 공을 짧게 튀기다가

■ 높게 쳐 올린다.

■ 떨어진 공을 가슴 앞에서 받는다.

■ 공이 바운드되지 않도록 살포시 받는다.

순서

① 라켓을 사용해 공을 머리 위로 높게 쳐 올린다.
② 떨어진 공을 라켓 위에서 바운드되지 않도록 살포시 받는다.

 지도자 MEMO

메뉴001과 마찬가지로 초급자가 공과 라켓에 익숙해지기 위해 혼자서 할 수 있는 연습이다. 공을 라켓으로 받을 때 무릎과 발목을 유연하게 사용하지 않으면 공이 튀어 오른다.

기초를 익힌다

라켓으로 캐치볼

난이도 ★
시간 3분
횟수 성공할 때까지

목적: 메뉴004에서 익힌 기술을 활용하는 발전형 연습이다. 볼 터치 감각을 단련할 수 있다.

순서
① 라켓으로 공을 쳐서 상대에게 보낸다.
② 상대는 라켓으로 공을 받는다. 라켓 위에서 공이 바운드되지 않도록 감싸 안듯이 받는다.
③ 선수도 상대가 친 공을 바운드되지 않도록 주의하며 라켓으로 받는다.
④ ①~③을 반복한다.

▌받기 쉬운 높이와 속도로 공을 보낸다.

▌라켓 끝 쪽으로 공을 받는다.

▌공이 바운드되지 않도록 온몸으로 감싸 안듯이 받는다.

지도자 MEMO: 메뉴004에서 익힌 라켓 위에서 공이 바운드되지 않게 하는 컨트롤을 2인 1조가 되어 게임 형식으로 실시한다. 무릎과 발목을 유연하게 사용해 공이 라켓 위에서 바운드되지 않게 하는 것이 포인트이다.

기초를 익힌다

혼자서 회전 연습

목적 공에 다양한 회전을 거는 연습이다.

난이도 ★
⏱ 시간 3분
✋ 횟수 10회

순서
① 라켓으로 공을 튀기면서 전후좌우로 라켓을 흔들어 공에 회전을 준다.
② 회전을 걸면서도 공을 바닥에 떨어뜨리지 않고 10회 연속으로 튀긴다.

■ 처음에는 적은 회전량부터 시작해
■ 서서히 회전량을 늘린다.

지도자 MEMO 탁구는 공의 회전에 익숙해지는 것이 매우 중요하다. 공에 회전을 걸면 컨트롤이 어려워진다. 초급자일 때부터 회전이 걸린 공에 익숙해지자.

기초를 익힌다

1구씩 포핸드 연습

목적 1구씩 공을 받아침으로써 포핸드의 기본을 익힌다. 초급자에게 추천하는 연습이다.

난이도 ★
⏱ 시간 5분
✋ 횟수 10회

순서
① 송구 담당이 선수의 포핸드 쪽으로 1구씩 공을 보낸다.
② 선수는 포어크로스로 포핸드를 친다.
③ 10구 연속으로 성공하면 연습을 마친다.

■ 송구 담당이 치기 쉽게 보낸 공을 포핸드로 친다.
■ 선수가 공을 친 것을 확인하고 다음 공을 보낸다.

지도자 MEMO 초급자일 때는 랠리를 지속하지 못하기 때문에 랠리 형식의 연습은 비효율적이다. 이 시기에는 다구 연습이 기본 기술을 익히는 데 더 효율적이다.

기초를 익힌다

포어크로스로 포핸드 주고받기

난이도 ★
시간 5분
횟수 미스 없이 30회 연속

목적 포어크로스로 포핸드를 주고받음으로써 기술의 안정성을 연마한다.

▎포어크로스로 포핸드를 친다.

순서

① 선수끼리 포어크로스로 포핸드를 주고받는다.
② 미스 없이 30회 연속 성공을 목표로 주고받는다.

▎속도는 중요하지 않으며, 같은 코스로 안정적으로 보낸다.

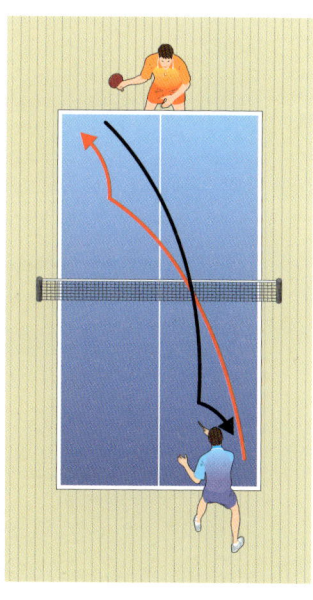

▎한 번 왕복을 1회로 계산해 미스 없이 30회 성공을 목표로 연습한다.

지도자 MEMO 이 연습은 선수의 수준에 따라서 목표를 바꾸는 것도 중요하다. 초급자는 단순히 '미스 없이 30회 주고받기'만 의식하면 되지만, 중급자 이상은 자세를 꼼꼼히 확인하는 동시에 실전처럼 위력적인 공을 30번 친다는 것을 목표로 연습하면 좋을 것이다.

기초를 익힌다

백크로스로 포핸드 주고받기

난이도 ★
시간 5분
횟수 미스 없이 30회 연속

 백크로스로 포핸드를 주고받음으로써 기술의 안정성을 연마한다.

순서

① 선수끼리 백크로스로 포핸드를 주고받는다.
② 미스 없이 30회를 주고받았으면 연습 종료.

One Point! 어드바이스

코스에 따른 포지셔닝의 차이에 주의

백크로스로 포핸드를 칠 때는 양발이 탁구대의 사이드라인과 평행이 될 만큼 돌아서게 된다. 한편 코스가 백스트레이트로 바뀌면 약간 오픈 스탠스가 된다. 자신이 치려는 코스에 따라 스탠스나 포지션이 바뀐다는 사실을 인식하자. 스탠스에 관해서는 82쪽의 '스탠스' 항목도 참고하기 바란다.

지도자 MEMO

포어크로스로 포핸드를 치는 연습과 같지만, 초급자일 때는 코스가 바뀌면 자세가 흐트러지거나 미스를 범할 때도 적지 않다. 포어크로스로 포핸드를 치는 연습과 이 연습을 한 세트로 연습의 첫머리에 편성하면 좋을 것이다.

사람과 공의 움직임 ← 사람의 움직임 ← 자신이 친 공 ← 상대가 친 공

■ 백크로스로 포핸드를 30회 주고받는다.

기초를 익힌다

메뉴 010 정해진 시간 동안 포핸드 연습

난이도 ★
시간 3분
횟수 —

목적: 일정 시간 동안 포핸드를 주고받음으로써 움직임과 자세를 고정시킨다. 미스를 범하더라도 개의치 말고 공을 많이 치는 것이 중요하다.

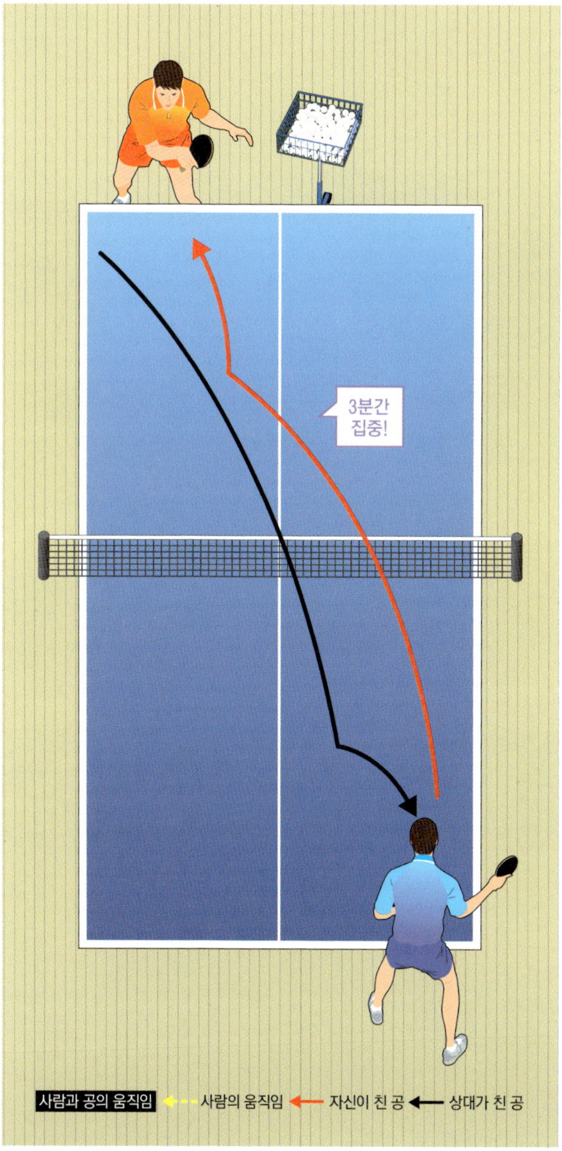

순서

① 순서를 기다리는 조는 공 줍기용 네트를 들고 공을 줍는다.

② 코치의 신호에 따라 포어크로스로 포핸드를 친다. 코치는 초시계로 시간을 재기 시작한다.

③ 미스를 범하더라도 공을 주우러 가지 않고 볼 트레이에 있는 공을 사용해 계속 공을 친다. 3분이 지나면 다음 조와 교대한다.

④ 순서를 기다리는 조는 자신들의 순서가 오기 30초 전이 되면 공 줍기를 멈추고 탁구대에 들어갈 준비를 한다.

3분간 집중!

← 사람과 공의 움직임 ←-- 사람의 움직임 ← 자신이 친 공 ← 상대가 친 공

포어크로스로 포핸드를 친다.
미스를 범하더라도 공을 주우러 가지 않고 다른 공을 사용한다.

지도자 MEMO: 실수가 많은 시기에는 공을 줍는 것이 커다란 시간 낭비가 된다. 초시계를 활용한 이 연습은 두 조가 교대로 3분씩 집중적으로 연습함으로써 시간 낭비를 줄일 수 있다.

기초를 익힌다

백핸드 쇼트

| POINT 1 | 그립은 엄지손가락을 살짝 세우고, 라켓의 면이 세로 방향을 향하도록 잡는다. | POINT 2 | 겨드랑이를 붙이고 무릎을 사용해 백스윙한다. | POINT 3 | 팔꿈치를 내리지 않고 높은 위치에 둔다. |

▶▶ 먼저 쇼트를 익히자

백핸드 쇼트는 포핸드처럼 크게 스윙하지 않는다. 자신의 코트에 바운드된 직후의 공을 침으로써 상대가 친 공의 힘을 이용하는 타법이다. 여유가 있을 때는 백핸드 드라이브(84쪽)로 공격할 수도 있지만, 초급자는 먼저 쇼트를 익히자. 쇼트를 댈 수 있게 되면 상대를 좌우로 움직이게 하거나 블록을 하는 등 연습 상대가 공격적인 플레이를 연습하고 싶을 때도 도움이 될 것이다.

❶ 발이 멈추지 않도록 한다

특히 펜홀더 선수일 경우 더더욱 그러한데, 쇼트 타법은 발을 잘 움직이지 않게 되는 단점이 있다. 공을 치는 데 집중한 나머지 발이 멈춰 버린다면 실전적인 기술이 되지 못한다. 쇼트를 연습할 때도 연습 상대에게 때때로 포어스트레이트로 공을 보내 달라고 부탁해 포핸드로 대응할 수 있도록 연습하는 것이 바람직하다.

| POINT 4 | 라켓으로 벽을 만든다는 이미지를 갖는다. | POINT 5 | 공에 맞춰서 쇼트 바운드를 친다. | POINT 6 | 손목이 아니라 팔꿈치를 사용해 스윙을 마친다. |

❷ 익숙해지면 백스트레이트로

코스를 백스트레이트로 바꾸고 연습 상대에게 포핸드를 쳐 달라고 부탁한다. 백크로스보다 거리가 짧아지기 때문에 오버 미스가 나오기 쉽다.

NG 겨드랑이를 너무 붙였다.

OK 쇼트를 댈 때는 팔꿈치의 위치를 높게 둔다.

기초를 익힌다

백핸드 쇼트의 다구 연습

난이도 ★
시간 3분
횟수 미스 없이 10회 연속

 1구씩 공을 받아침으로써 백핸드 쇼트의 기본을 익힌다.

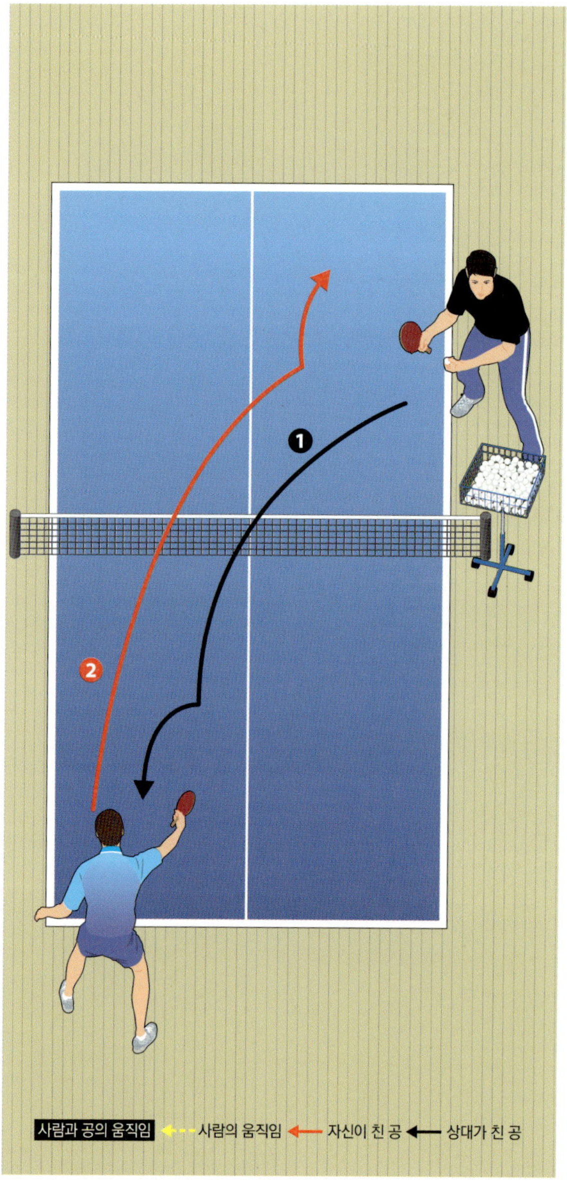

순서

① 송구 담당이 선수가 백핸드로 치기 쉽게 1구씩 공을 보낸다.

② 선수는 백크로스로 백핸드 쇼트를 댄다. 코치는 공이 리턴된 것을 확인하고 다음 공을 보낸다.

③ 10구 연속으로 성공하면 종료한다.

One Point! 어드바이스

백핸드 쇼트는 포핸드보다 빠른 타이밍에 공을 쳐야 한다. 코치의 송구 타이밍에 뒤처지지 않도록 하자.

 지도자 MEMO

초급자일 때는 랠리를 지속하지 못하기 때문에 랠리 형식의 연습은 비효율적이다. 이 경우에는 다구 연습이 좋다. 미스 없이 10회 연속 성공이라는 목표를 간단히 달성할 수 있게 되면 이 연습은 졸업이다.

사람과 공의 움직임 ← --- 사람의 움직임 ← 자신이 친 공 ← 상대가 친 공

■ 1구씩 확인하면서 백핸드 쇼트를 댄다.

기초를 익힌다

메뉴 012 연속으로 백핸드 쇼트

난이도 ★

시간 5분

횟수 미스 없이 30회 연속

목적 연속으로 백핸드 쇼트를 댐으로써 기술의 안정성을 연마한다.

순서

① 서로 백크로스의 위치에 서서 선수는 백핸드 쇼트, 연습 상대는 포핸드로 공을 주고받는다.

② 미스 없이 30회 주고받는 것이 목표다.

■ 백크로스로 백핸드 쇼트를 댄다.

■ 상대는 백크로스로 포핸드를 친다.

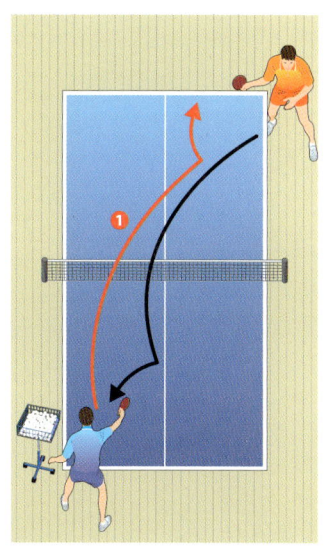

■ 연속해서 공을 친다. 실패 없이 30회 성공을 목표로 연습한다.

지도자 MEMO 이 연습에서 상대가 포핸드를 치는 이유는 양쪽 모두 백핸드 쇼트를 대면 공의 위력이 약해져서 공을 치기가 오히려 어렵기 때문이다. 또 이때 포핸드 스트로크를 치는 사람은 자신이 '연습 상대'가 아니라 '백크로스로 포핸드를 치는 연습을 하고 있다'고 생각하자.

45

기초를 익힌다

스트레이트로의 백핸드 쇼트 대 포핸드

난이도 ★★
시간 5분
횟수 미스 없이 30회 연속

목적 선수는 상대의 포핸드를 백핸드 쇼트로 받아쳐 스트레이트로 보내면서 스트레이트 코스에 익숙해진다.

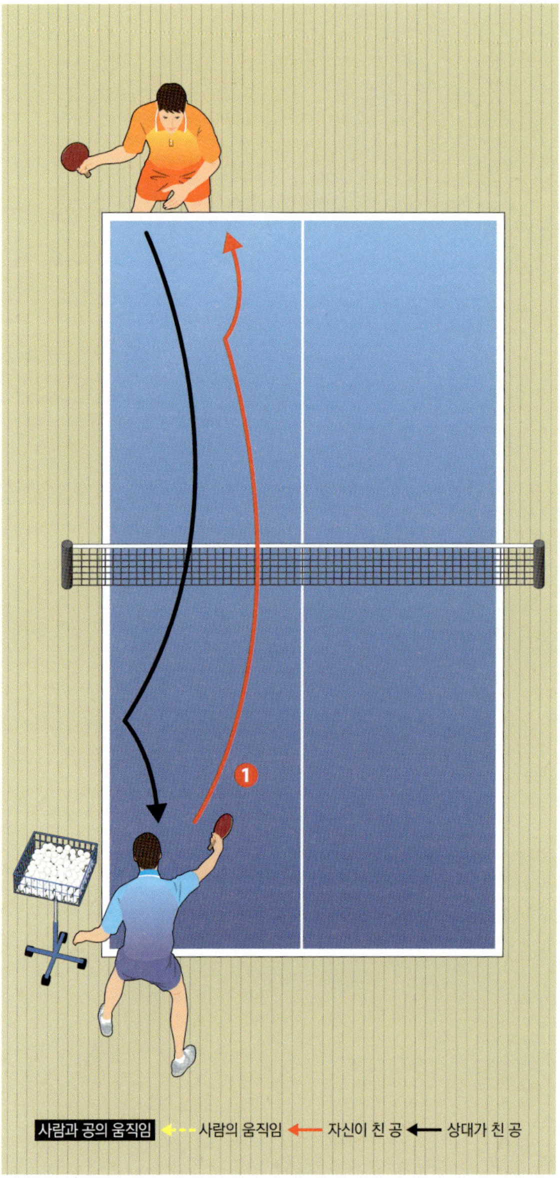

순서

① 상대가 스트레이트로 포핸드를 치면 선수는 이 공을 백핸드 쇼트로 받아쳐 역시 스트레이트로 보낸다.

② 30회 연속 성공을 목표로 연습한다.

One Point! 어드바이스

랠리의 횟수

정상급 선수들의 경우 1,000회 랠리(미스 없이 1,000회 연속으로 성공할 때까지 랠리 연습을 계속하는 것)를 연습하던 시절도 있었다. 그러나 단순히 횟수를 늘리는 것은 의미가 없다. 랠리를 100회 주고받았으면 이번에는 서로 공을 좀 더 세게 치면서 30~50회 정도 랠리를 하는 등 수준에 맞춰서 연습 메뉴를 변형시켜 나가자.

지도자 MEMO

스트레이트는 크로스보다 거리가 짧기 때문에 미스가 많이 나온다. 특히 포핸드는 오버 미스가 나오기 쉬워서 크로스보다 풀스윙을 하기가 껄끄러운 경향이 있다. 그저 상대의 공을 맞히기만 하는 스윙이 되지 않도록 주의하며 연습하자.

사람과 공의 움직임 ◁-- 사람의 움직임 ◀── 자신이 친 공 ◀── 상대가 친 공

■ 스트레이트는 크로스보다 거리가 짧기 때문에 미스를 범하기 쉽다.

기초를 익힌다

메뉴 014 · 정해진 시간 동안 백핸드 쇼트 연습

난이도 ★
시간 3분
횟수 —

목적 미스를 범하더라도 신경 쓰지 않고 연속으로 백핸드 쇼트를 연습함으로써 기술의 안정성을 높인다.

순서

① 한쪽은 포핸드, 다른 한쪽은 백핸드 쇼트를 구사해 서로 백크로스로 공을 친다.

② 미스를 범하면 즉시 볼 트레이의 공을 사용한다. 3분이 지나면 종료하고 다음 조와 교대한다.

상대가 포핸드로 친 공을 백핸드 쇼트로 받아친다.

미스를 범하면 즉시 다음 공을 사용해 연습을 재개한다.

시간이 다 되면 공 줍기를 담당하던 조와 교대한다.

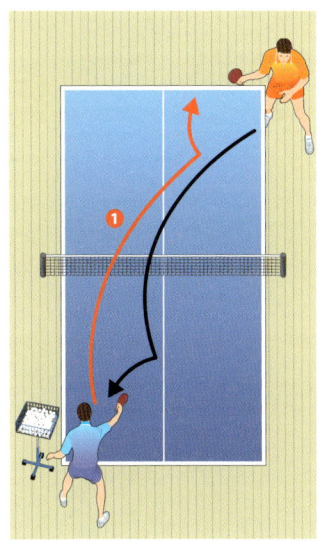

지도자 MEMO 메뉴010과 마찬가지로 초시계를 활용한 연습이다. 두 조가 교대로 3분씩 시간 낭비 없이 연습할 수 있다. 두 선수가 교대로 포핸드와 백핸드를 맡으면 2조×2패턴의 12분짜리 연습 메뉴가 만들어진다.

기초를 익힌다

 ## 풋워크

포핸드와 백핸드의 전환

포핸드와 백핸드를 전환할 때 다리의 위치 자체는 거의 움직이지 않는다.

좌우로 움직일 때의 풋워크(포핸드)

포핸드로 치기 위해 좌우로 움직일 때는 사이드스텝을 밟듯이 다리를 움직인다.

하프 코트 정도의 짧은 거리를 움직이는 풋워크의 경우는 무릎의 탄력을 이용해 반복 옆 뛰기를 하는 요령으로 두 다리를 동시에 움직이자.

키가 큰 선수는 거의 풋워크를 하지 않아도 포핸드-백핸드를 전환할 수 있지만 그렇다고 다리를 전혀 움직이지 않는 것은 좋지 않으니 미세 조정 정도는 하는 것이 좋다.

돌아서는 풋워크

돌아서는 풋워크의 경우는 탁구대 주위로 호를 그리듯이 스텝을 밟는다.

이 경우는 탁구대와의 거리감이 중요하다. 단순히 옆 방향으로 스텝을 밟는 것이 아니라 탁구대의 측면으로 돌아서듯이 스텝을 밟는다. 82쪽의 스탠스 기술 해설을 참고하기 바란다. 다만 탁구대의 측면으로 너무 깊숙이 돌아서면 상대가 다음에 포어사이드로 깊숙하게 공을 보냈을 때 대처하지 못한다. 언제라도 포어사이드의 공에 대응할 수 있도록 탁구대와 적절한 거리를 유지하자.

포어사이드로 움직일 때의 풋워크

백사이드에서 포어사이드로 크게 움직일 때는 양발이 교차할 경우도 있다.

발이 교차한다

기초를 익힌다

메뉴 015

포핸드-백핸드 전환

목적 > 포핸드에서 백핸드로 전환하는 법을 익힌다. 포어사이드와 백사이드에서 달라지는 구질과 궤도, 리듬에 대응할 수 있도록 하는 연습이다.

난이도 ★★
시간 5분
횟수 미스 없이 30회 연속

순서

① 상대가 포핸드로 포어사이드에 보낸 공을 포핸드로 받아쳐 크로스로 보낸다.

② 상대는 백사이드로 받아친다. 선수는 다시 백핸드 쇼트로 받아쳐 상대의 포어사이드로 보낸다. 미스 없이 30회 연속 성공해 보자.

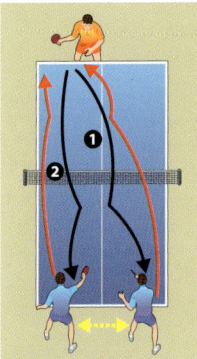
상대는 포핸드로 좌우에 공을 보낸다.

포핸드-백핸드의 전환을 마스터한다.

지도자 MEMO 포어사이드로 온 공을 포핸드로, 백사이드로 온 공을 백핸드로 처리하는 것은 현대 탁구의 기본이다.

기초를 익힌다

메뉴 016

정해진 시간 동안 포핸드-백핸드 전환 연습

목적 > 이것도 포핸드-백핸드 전환을 익힐 수 있는 연습이다. 미스를 범하더라도 개의치 않고 계속 공을 치면서 움직이는 요령을 익힌다.

난이도 ★★
시간 3분
횟수 -

순서

① 상대는 포핸드로 포어사이드와 백사이드에 1구씩 공을 보낸다. 선수는 포핸드와 백핸드로 1구씩 공을 친다.

② 3분이 지나면 역할을 교대한다.

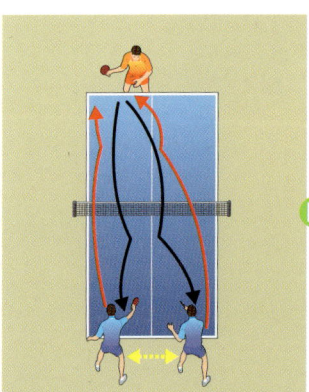
포핸드-백핸드 전환을 연습한다.

시간이 되면 역할을 교대한다.

지도자 MEMO 포핸드-백핸드의 전환, 그리고 포핸드(혹은 백핸드)로 상대의 포어사이드와 백사이드에 공을 보내는 것은 랠리의 기본이라고 해도 과언이 아닌 코스 공략이다.

기초를 익힌다

메뉴 017

포핸드의 좌우 풋워크

난이도 ★★
시간 5~6분 정도
횟수 미스 없이 30회 연속

목적 ▶ 풋워크의 기본을 익힌다. 공을 보내주는 사람에게는 의도하는 코스로 정확히 치는 연습이 된다.

순서

① 상대는 포어사이드와 미들로 번갈아 공을 보낸다.
② 선수는 좌우로 움직이면서 포핸드로 공을 친다.
③ ①②를 반복하면서 미스 없이 30회 연속으로 공을 연결한다.

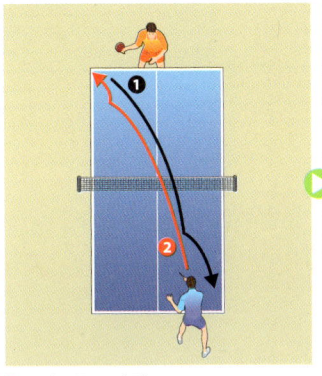
풋워크를 구사해 좌우로 움직인다.

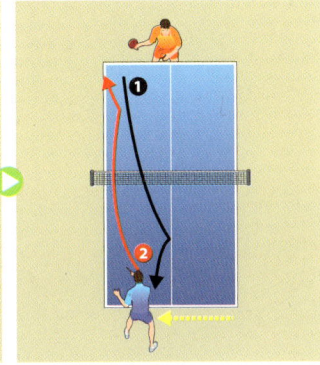
상대에게는 좌우로 공을 보내는 연습이 된다.

지도자 MEMO 풋워크는 모든 기술의 기본이다. 예전에는 더 크게 움직이는 풋워크 연습이 주류였지만, 현대 탁구에서는 하프 코트 정도의 거리를 빠르게 움직이는 쪽이 더 실전적이라고 본다.

기초를 익힌다

메뉴 018

정해진 시간 동안 풋워크 연습

난이도 ★★
시간 3분
횟수 —

목적 ▶ 풋워크의 기본 연습이다. 미스를 신경 쓰지 않고 계속 움직임으로써 풋워크의 요령을 익힌다.

순서

① 상대가 포어사이드와 미들로 1구씩 공을 보내면 선수는 포어사이드로 받아친다. 미스를 범하면 즉시 다음 공을 보낸다.
② 정해진 시간 동안 쉬지 않고 움직인다.

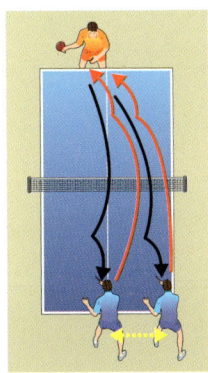
좌우로 풋워크를 구사하며 움직인다.

미스를 신경 쓰지 않으면 더욱 실전적인 풋워크 연습이 된다.

지도자 MEMO 풋워크 연습이 익숙하지 않을 때는 미스가 많이 나오므로 이 연습처럼 시간을 정해 놓고 많은 공을 사용하는 편이 더 효율적일 수 있다.

기초를 익힌다

메뉴 019 다구 형식의 풋워크 연습

난이도 ★★
시간 3분
횟수 50~100개가 기준

목적 많은 공을 치면서 풋워크를 단련하는 연습 방법이다. 미스를 범하더라도 신경 쓰지 않고 계속한다.

■ 좌우로 움직이며 공을 계속 친다.

■ 송구 담당은 선수의 움직임을 유심히 보면서 공을 보낸다.

순서

① 송구 담당은 포어사이드와 미들로 번갈아 공을 보낸다.

② 선수는 좌우로 움직이면서 포핸드로 받아친다. 코스는 전부 상대의 포어사이드로. 초시계로 시간을 재면서 3분 동안 쉬지 않고 움직인다.

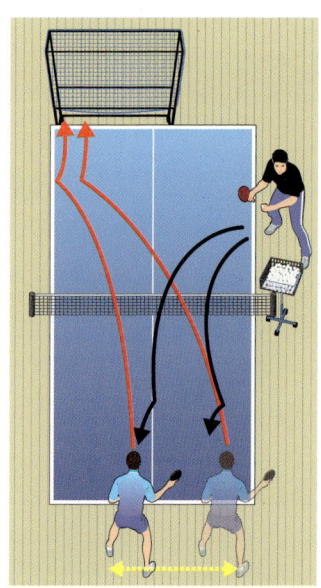

One Point! 어드바이스

송구 담당의 센스가 요구된다. 선수가 도저히 칠 수 없는 공이나 너무 쉬운 공을 보내면 연습의 효율이 떨어진다. 선수끼리 교대로 송구 담당을 맡으면 서로에게 좋은 연습이 될 만한 공을 보낼 수 있게 된다.

지도자 MEMO 풋워크 연습은 익숙하지 않은 경우 미스가 많이 나오므로 다구 연습도 효과적이다. 또 다구 연습의 경우는 공을 보내는 템포를 코치가 조절할 수 있으므로 선수의 미스가 많아지기 일보 직전의 리듬과 속도로 공을 보냄으로써 선수의 수준을 끌어올릴 수 있다.

기초를 익힌다

기본 개념: 다구 연습에서 송구할 때의 요령

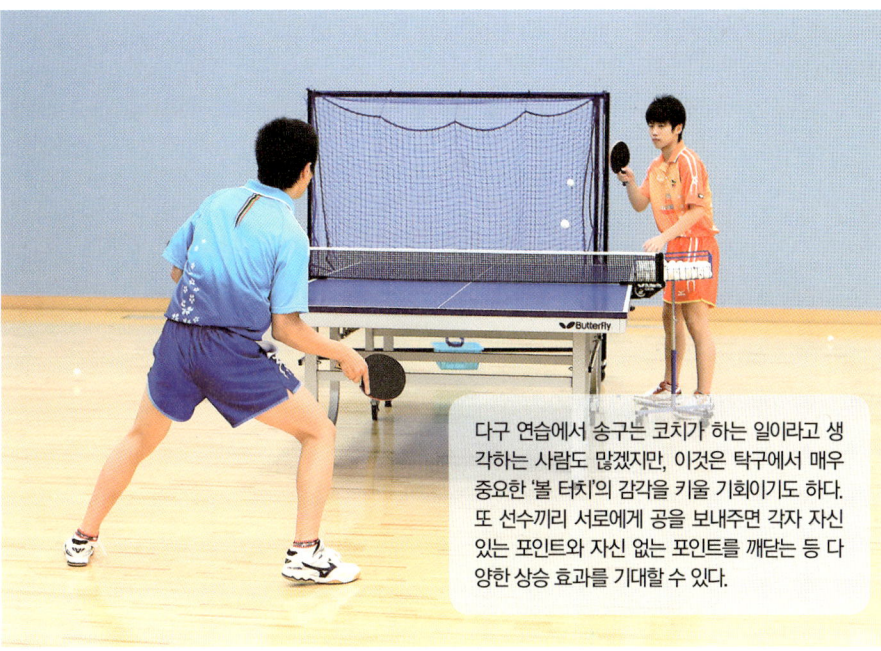

다구 연습에서 송구는 코치가 하는 일이라고 생각하는 사람도 많겠지만, 이것은 탁구에서 매우 중요한 '볼 터치'의 감각을 키울 기회이기도 하다. 또 선수끼리 서로에게 공을 보내주면 각자 자신 있는 포인트와 자신 없는 포인트를 깨닫는 등 다양한 상승 효과를 기대할 수 있다.

POINT ❶ 2개씩 잡는다

송구가 능숙한 사람은 대체로 공을 2개씩 잡는다. 별것 아니지만 연습 시간의 손실을 줄일 수 있다.

POINT ❷ 스핀을 건다

공을 보낼 때 안이하게 공을 치는 사람이 있는데, 가급적 실전처럼 회전을 확실히 걸어서 보내자. 탁구대 위에서 공을 한 번 바운드시키면 톱스핀이나 백스핀 같은 회전을 걸기가 쉬워질 것이다.

POINT ❸ 다양한 위치에서 공을 보낸다

오른손잡이의 경우 탁구대의 왼쪽 측면에서 공을 보내는 일이 많을 것이다. 그러나 그렇게만 해서는 연습이 단조로워진다. 탁구대의 중앙에서 공을 보내거나 탁구대로부터 떨어져서 커트성 공을 보내는(사진) 등 다양한 방식으로 공을 보내면 송구하는 사람의 실력 향상으로도 이어진다.

메뉴 020 쇼트-돌아서서 포핸드의 연결 플레이

기초를 익힌다

목적 포핸드와 백핸드의 전환과 올바른 풋워크를 동시에 익힌다.

난이도 ★★
시간 5분
횟수 미스 없이 30회 연속

순서
① 상대가 백사이드로 보낸 공을 백핸드(쇼트)로 받아넘긴다.
② 상대는 쇼트로 받아친다.
③ 선수는 돌아서서 포핸드로 상대의 백사이드에 받아친다. ①~③을 반복한다.

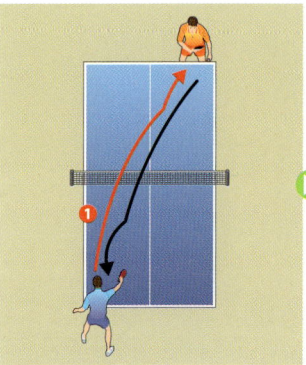

백크로스로 백핸드 쇼트를 댄다.

돌아서서 백사이드로 포핸드를 친다.

지도자 MEMO 포핸드-백핸드의 전환과 동시에 풋워크도 익힐 수 있는 연습이다. 경기장 등에서 탁구대를 절반밖에 확보하지 못했을 때도 할 수 있다.

메뉴 021 정해진 시간 동안 쇼트-돌아서서 포핸드 연습

기초를 익힌다

목적 미스를 신경 쓰지 않고 쇼트-돌아서기를 연습한다. 다구 형식으로 진행한다.

난이도 ★★
시간 3분
횟수 ―

순서
① 상대가 백사이드로 친 공을 백핸드(쇼트)로 받아친다.
② 이어서 상대가 백사이드로 친 공을 돌아서서 포핸드로 받아친다. 이 움직임을 반복한다.
③ 미스를 범하더라도 공 줍기는 다음 조에 맡기고 3분 동안 계속한다.
④ 3분이 지나면 상대와 역할을 교대한다.

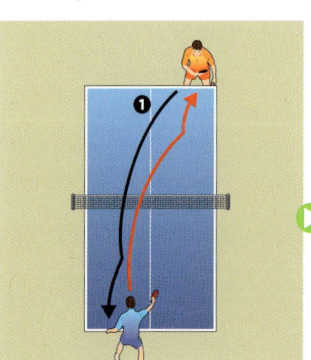

백크로스로 백핸드 쇼트를 댄다.

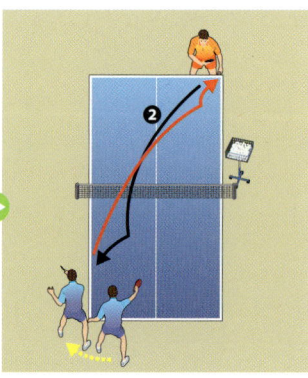

돌아서서 백크로스로 포핸드를 친다.

기초를 익힌다

메뉴 022 — 2구 랠리 후 포어사이드로 움직여서 치기

난이도	★
시간	5분
횟수	미스 없이 30회 연속

목적 포핸드-백핸드의 전환과 움직이면서 포핸드를 치기 위한 풋워크를 익히는 연습이다.

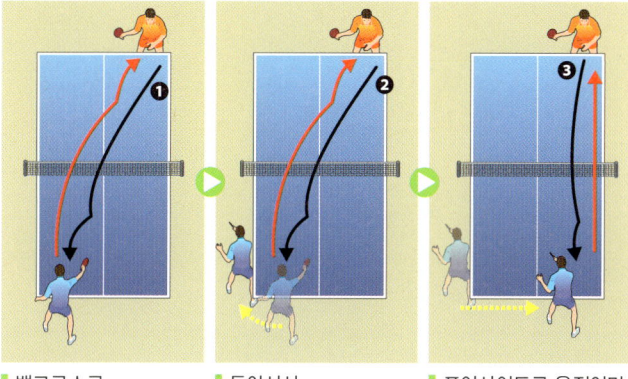

백크로스로 백핸드 쇼트.

돌아서서 백크로스로 포핸드.

포어사이드로 움직이며 포핸드.

순서

① 상대가 백사이드로 보낸 공을 백핸드(쇼트)로 친다.
② 이어서 상대가 백사이드로 친 공을 돌아서서 포핸드로 받아쳐 상대의 백사이드로 보낸다.
③ 상대가 포어사이드로 공을 보내면 재빨리 움직여서 포핸드로 받아친다.

지도자 MEMO 랠리의 기본 코스를 전부 커버하는 연습으로 기본적인 랠리 기술을 향상시킨다.

기초를 익힌다

메뉴 023 — 정해진 시간 동안 2구 랠리 후 움직여서 치기

난이도	★
시간	5분
횟수	—

목적 미스를 신경 쓰지 않고 2구 랠리 후 움직여서 치기를 연습한다.

백핸드 후 재빨리 돌아서서 포핸드.

포어사이드로 재빨리 움직여서 포핸드로 강하게 침으로써 변화를 준다.

순서

① 볼 트레이를 놓고 초시계로 시간을 잰다.
② 2구 랠리 후 움직여서 치기(메뉴022)를 반복한다.
③ 미스를 범하더라도 공을 주우러 가지 않고 5분 동안 계속 연습한다. 5분이 지나면 상대와 역할을 교대한다.

지도자 MEMO 시간을 정하고 똑같은 움직임을 반복함으로써 매끄럽게 움직일 수 있도록 하자.

기초를 익힌다

2구-2구의 포핸드-백핸드 전환

난이도 ★
시간 5분
횟수 미스 없이 30회 연속

목적 ▶ 포핸드-백핸드의 전환과 기술의 안정성을 높이는 연습이다.

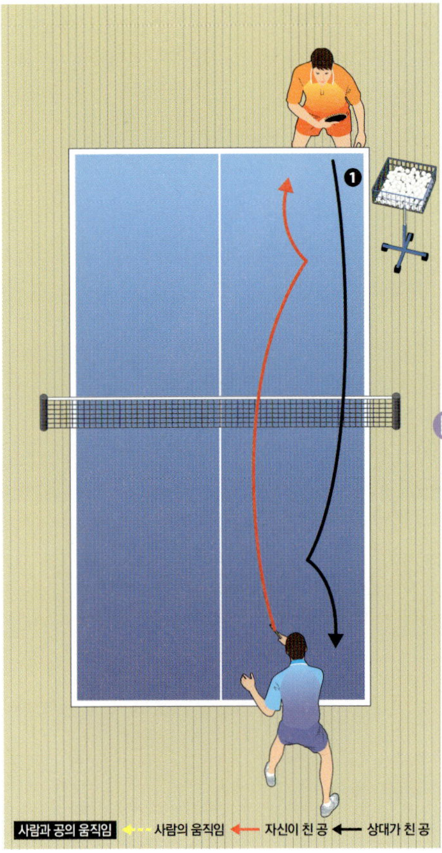

| 사람과 공의 움직임 | → 사람의 움직임 | ← 자신이 친 공 | ← 상대가 친 공 |

▎포어사이드에서 포핸드 2회.

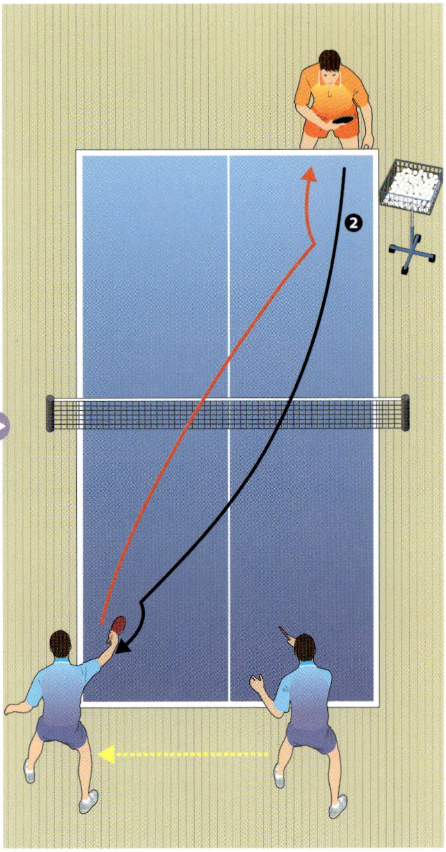

▎백사이드로 이동해 백핸드 2회.

순서

① 상대는 포어사이드로 백핸드 쇼트를 댄다. 선수는 포핸드로 받아친다. 이것을 한 번 더 반복한다.

② 상대는 백사이드로 백핸드 쇼트를 댄다. 선수는 백핸드로 받아친다. 이것을 한 번 더 반복한다.

③ 미스 없이 30회 연속으로 주고받는 것을 목표로 연습한다.

지도자 MEMO

포핸드로 2구, 백핸드로 2구를 치는 패턴이다. 1구마다 포핸드-백핸드를 전환하는 연습만 하면 상대가 똑같은 코스로 연속해서 보냈을 때 대응하지 못한다. 이런 패턴도 연습해 두자.

기초를 익힌다

메뉴 025 : 2구–1구의 포핸드–백핸드 전환

난이도 ★
시간 5분
횟수 미스 없이 30회 연속

 포핸드에 중점을 둔 포핸드와 백핸드 전환 연습이다.

▌ 포어사이드에서 포핸드를 친다.

순서

① 상대는 백핸드 쇼트를 대서 포어사이드로 2구, 백사이드로 1구를 보낸다.
② 선수는 포어사이드로 온 공은 포핸드로, 백사이드로 온 공은 백핸드로 받아친다.
③ 미스 없이 30회 연속 성공을 목표로 연습한다.

▌ 한 번 더 포핸드를 친다.

▌ 3구째는 백핸드 쇼트.

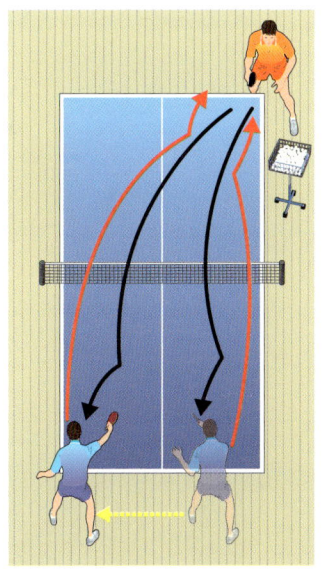

 지도자 MEMO
포핸드로 2구, 백핸드로 1구를 치는 패턴이다. 포핸드 1구째를 강하게 치고 2구째는 약하게 치거나, 1구째는 약하게 치고 2구째를 강하게 치는 등 변화를 주면 실전적인 연습이 된다.

 기초를 익힌다

하회전 서비스

POINT 1 토스를 올리고 테이크백한다.

POINT 2 오른발에 체중을 싣는다.

POINT 3 라켓을 탁구대와 수평에 되게 한다.

POINT 4 공의 아랫면을 라켓으로 베듯이 친다.

▶▶ **공의 밑부분을 러버로 문질러 회전을 준다**

하회전 서비스는 수많은 서비스 중에서도 실전에서 가장 많이 사용하고 있는 서비스다. 또 하회전(백스핀)이 걸리면 상대가 강타를 날리기 어렵다(강타를 날려도 미스가 되기 쉽다)는 측면도 있다.

하회전 서비스를 하는 방법은 여러 가지가 있지만, 가장 기본은 공의 아랫면을 라켓(러버)으로 문질러서 스핀을 주는 방법이다.

기초를 익힌다

기술해설 커트

백핸드

POINT 1	오른발을 크게 내딛는다.
POINT 2	공의 밑부분을 문지르듯이 하회전을 걸어 받아친다.
POINT 3	바운드가 높거나, 첫 번째 바운드 후 탁구대를 벗어나지 않도록 컨트롤한다.

포핸드

POINT 1	오른발을 탁구대 밑으로 내딛는다.
POINT 2	라켓은 조금 위를 향하게 한다.
POINT 3	바운드의 정점이나 그보다 조금 앞에서 친다.

▶▶ **두 번째 바운드가 탁구대 안에 떨어지는 짧은 커트가 기본**

커트는 상대가 보낸 하회전이 걸린 공을 하회전을 걸어서 받아치는 기술이다. 공을 컨트롤하기가 비교적 쉽고 미스도 적기 때문에 중학생부터 성인에 이르기까지 폭넓게 활용하고 있다.

짧게(두 번째 바운드가 탁구대 안에 떨어지는 것이 이상적), 그리고 바운드가 너무 높지 않도록 치는 것이 중요하다.

기초를 익힌다

메뉴 026 커트 다구 연습

난이도 ★
시간 5분
횟수 미스 없이 10회 연속

 **목적** 커트를 익히는 기본 훈련이다.
공이 너무 높이 뜨지 않도록 컨트롤하자.

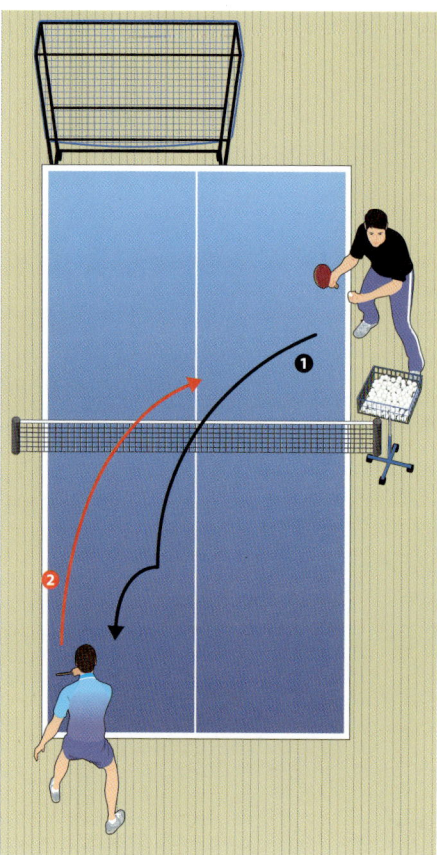

▪ 다구로 커트를 연습한다.

▪ 송구 담당은 백사이드로 짧은 하회전 공을 보낸다.

▪ 공이 높이 뜨지 않도록 주의하며 커트로 받아친다.

순서

① 송구 담당은 다구로 1구씩 하회전 공을 보낸다.
② 선수는 커트로 공을 받아쳐 백크로스로 보낸다.
  10회 연속 성공을 목표로 연습한다.

지도자 MEMO 커트는 경기에서도 사용 빈도가 높으므로 초급자일 때 익혀 두는 것이 바람직하다. 처음에는 하회전 서비스도 잘 안 되고 커트도 공중으로 뜨기 일쑤일 것이므로 먼저 다구 연습으로 습득하자.

기초를 익힌다

메뉴 027 커트 랠리 연습

난이도 ★
시간 5분
횟수 미스 없이 30회 연속

목적: 커트의 랠리 연습이다. 바운드가 높이 뜨지 않도록 컨트롤하자.

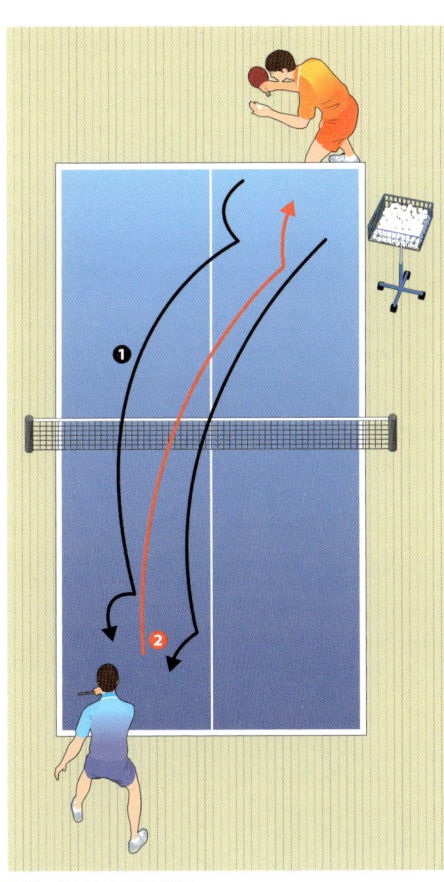
백크로스로 커트 랠리.

두 선수 모두 하회전을 확실히 건 커트로 받아친다.

공이 높이 뜨지 않도록 주의한다.

순서

① 공을 가진 선수가 하회전 서비스를 넣는다.
② 백크로스로 커트 랠리를 계속한다.
③ 미스 없이 30회 연속 성공을 목표로 연습한다.

지도자 MEMO: 초급자끼리 커트 연습을 하면 공이 높이 뜨는 경향이 있다. 그러나 바운드 후에 네트보다 높게 뜬 공은 상대에게 절호의 공격 기회가 된다. 가급적 낮게 컨트롤하도록 지도하자.

기초를 익힌다

메뉴 028 포핸드 커트(스톱) 다구 연습

난이도 ★
시간 3분
횟수 미스 없이 30회 연속

목적 포핸드 커트(스톱, 147쪽 참조)를 연습한다.
하회전 공을 확실히 짧고 낮게 보낼 수 있도록 연습하자.

순서

① 송구 담당은 1구씩 하회전 공을 포어사이드 앞으로 보낸다.
② 선수는 포핸드 커트(스톱)로 받아쳐 포어크로스로 보낸다. 10회 연속 성공을 목표로 연습한다.

지도자 MEMO 사실 포핸드로 치려면 커트로 버티기보다 공격을 하는 편이 낫다. 다만 낮고 짧은 하회전 공을 받아치기는 쉽지 않으므로 실전에서는 포핸드로도 짧고 날카로운 커트가 요구된다.

하회전 혹은 스톱으로 받아친다.

포어사이드 앞으로 하회전 공을 계속 보내준다.

기초를 익힌다

메뉴 029 포핸드 커트(스톱) 랠리 연습

난이도 ★
시간 3분
횟수 미스 없이 30회 연속

목적 포핸드 커트(스톱)의 랠리 연습이다.
짧고 낮은 커트를 할 수 있도록 연습하자.

순서

① 공을 가진 선수가 하회전 서비스를 넣고, 포어크로스로 커트(스톱) 랠리를 계속한다.
② 서로 상대가 공격하지 못하도록 짧고 낮게 컨트롤하는 것을 목표로 삼는다.

지도자 MEMO 포핸드 커트(스톱)의 경우, 조금이라도 상대의 커트(스톱)가 허술하다고 느끼면 적극적으로 공격하자. 서로 공격을 할 수 없을 만큼 빈틈없는 커트(스톱)를 주고받는 것이 목표다.

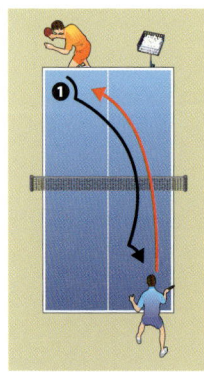
커트가 뜨지 않도록 주의한다.

포핸드 커트(스톱)로 랠리를 펼친다.

제 2 장

게임에 익숙해지자

게임 연습을 통해 실전에서 필요한 기술과 감각을
익힐 수 있는 연습 방법을 소개한다.
기본 기술의 숙달과 함께 게임에서 이기는
즐거움을 일찍부터 실감하는 것이 중요하다.

PLAY THE GAMES

게임에 익숙해지자

게임의 중요성

▶▶ 초급자도 적극적으로 게임 연습을 하자

제1장에서 소개한 기본 기술의 연습과 습득은 실력 향상을 위해 꼭 필요한 내용이다. 기본 연습에 어느 정도 익숙해졌다면 가급적 게임의 요소를 담은 연습을 시작하자. '기초 기술을 확실히 다지기 전까지는 게임이나 경기를 시키지 않는다.'는 지도자도 있지만 탁구의 즐거움과 매력은 게임 또는 경기에 있다고 생각한다.

여담이지만, 필자가 중학생이었을 당시 교내 탁구부에 고문 선생님이 없었다. 그래서 동료 다섯 명과 매일 같이 리그전을 벌였는데, 그것이 무척이나 즐거웠던 기억이 있다. 줄기차게 벌인 게임을 통해 서서히 기술도 익혀 나갔다. 게임 연습에서 지거나 생각만큼 잘 구사되지 않는 기술이 있으면 '이게 좀 더 숙달되지 않으면 더 나아갈 수 없어.'라는 마음이 생긴다. 이와 같이 자발적으로 동기가 부여된 선수는 지도자가 이렇다 저렇다 말하지 않아도 열심히 연습에 몰두한다.

게임 연습을 적극적으로 도입하지 않는 클럽 팀에서는 활기가 느껴지지 않는다. 초급자일 때부터 게임을 즐기고, 그 게임에서 과제를 찾아내 연습 메뉴에 반영하는 선순환을 만들어 나가자.

POINT ❶ 시간 효율을 높인다

여러 조가 게임 형식의 연습을 동시에 할 경우, 경기 시간의 차이 때문에 오래 기다리는 조가 생길 수밖에 없다. 이런 상황을 방지하려면 게임 연습의 규칙을 고민할 필요가 있다. 본 장과 제5장에서 소개하는 내용을 참고해 시간 효율이 높은 게임 연습 메뉴를 만들어 보기 바란다.

POINT ❷ 긴장감을 유지한다

즐거워야 할 게임 연습도 실력 차이가 심하면 즐거움과 긴장감이 반감된다. 특히 실력이 높은 선수가 기술이 떨어지는 선수와 게임 연습을 하면 집중력이 오래 가지 못한다. 이럴 때는 핸디캡을 주거나 단체전 또는 청백전 형식을 도입하는 등 실력 차이가 있어도 긴장감을 유지할 수 있는 방법을 모색할 필요가 있다.

메뉴 030 · 5점 선취 미니 게임

게임에 익숙해지자

목적: 실제로 게임을 함으로써 지금까지 익힌 기술의 질을 높인다. 5점을 선취하면 이기는 미니 게임은 단시간에 게임 감각을 키울 수 있다.

난이도 ★
- 시간: 2분(1게임)
- 횟수: 상대를 바꿔 가며 5게임 정도

순서
① 서비스는 통상적인 2구 교대. 5점을 선취하는 쪽이 승리한다.
② 듀스는 없다. 4-4가 되어도 먼저 1점을 낸 쪽이 승리한다. 승패가 결정되면 즉시 다음 게임에 들어간다.

수준이 비슷한 선수와 대전한다.

게임이 끝나면 대전 상대를 바꿔서 다음 게임에 들어간다.

 **지도자 MEMO**
초급자가 처음부터 11점 선취 5게임 매치 같은 공식전 규칙을 따를 필요는 없다. 서비스만 공식전과 똑같이 2구마다 교대해 경기 감각에 익숙해지도록 한다.

메뉴 031 · 11점 선취 1게임 매치

게임에 익숙해지자

목적: 통상적인 규칙의 1게임 매치다. 11점 선취 게임의 승부 감각을 키운다.

난이도 ★
- 시간: 5분(1게임)
- 횟수: 상대를 바꿔 가며 3게임 정도

순서
① 11점 선취, 서비스 2구 교대의 통상적인 게임을 1게임만 한다.
② 게임이 끝나면 즉시 다음 상대와 게임에 들어간다.

11점 1게임 매치로 경기한다.

1게임을 실전처럼 할 수 있는 집중력이 중요하다. 진 쪽에게 윗몸 일으키기 10회와 같은 벌칙을 주면 집중력을 높일 수 있다.

 지도자 MEMO
게임에 강해지려면 게임을 많이 해보는 수밖에 없지만, 정식 규칙대로 게임을 하면 시간이 너무 오래 걸린다. 11점 선취 1게임은 5분 정도면 충분하면서 5점 선취 미니 게임보다 실전에 가까운 긴장감 속에서 연습할 수 있다.

게임에 익숙해지자

메뉴 032 엘리베이터 게임

난이도 ★
시간 20분
횟수 10~20게임 정도

목적 레크리에이션 요소를 가미한 게임 형식의 연습이다.
게임을 즐기면서 상대에게 승리하는 즐거움을 만끽하자.

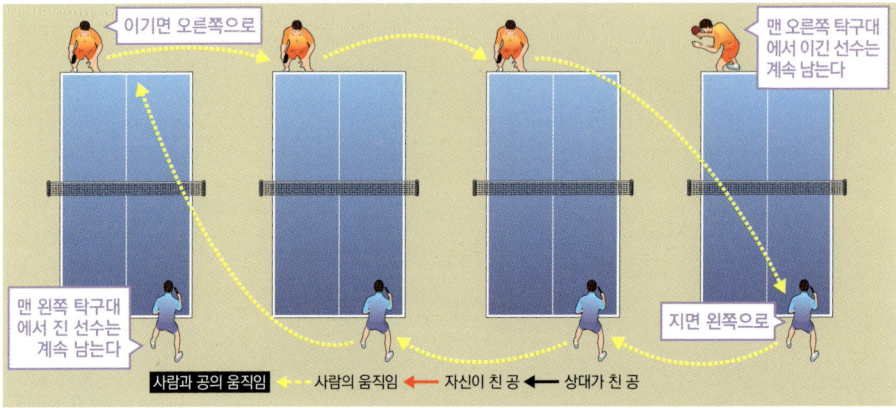

일제히 게임을 시작해 이긴 사람은 오른쪽의 빈 탁구대로, 진 사람은 왼쪽의 빈 탁구대로 이동한다.
맨 오른쪽 탁구대에서 이긴 사람, 맨 왼쪽 탁구대에서 진 사람은 이동하지 않는다.

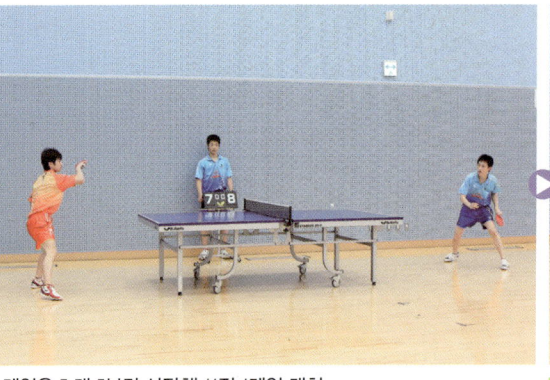

▌게임은 5 대 5부터 시작해 11점 1게임 매치

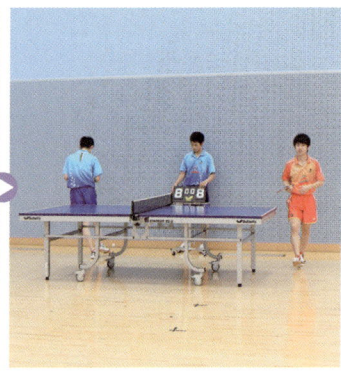

▌끝나면 즉시 다음 탁구대로 이동한다.

순서

① 모든 탁구대에서 5 대 5의 스코어로 시작하는 11점 1게임 매치를 진행한다.
② 이긴 사람은 오른쪽 탁구대로, 진 사람은 왼쪽 탁구대로 이동한다.
③ 이동했으면 역시 5 대 5부터 게임을 진행한다.

지도자 MEMO 모든 탁구대에서 일제히 경기한다. 끝나는 시간이 탁구대마다 다르면 시간 낭비가 발생하므로 이를 줄이기 위해 5 대 5부터 시작하는 1게임 매치 형식으로 경기하며, 듀스 없이 먼저 11점에 도달하는 쪽이 승리한다.

게임에 익숙해지자

메뉴 033 왕 게임

난이도 ★
시간 20분
횟수 10~20게임 정도

목적
규칙에 변화를 준 게임 형식의 연습이다.
이렇게 즐기면서 할 수 있는 연습도 도입해 보자.

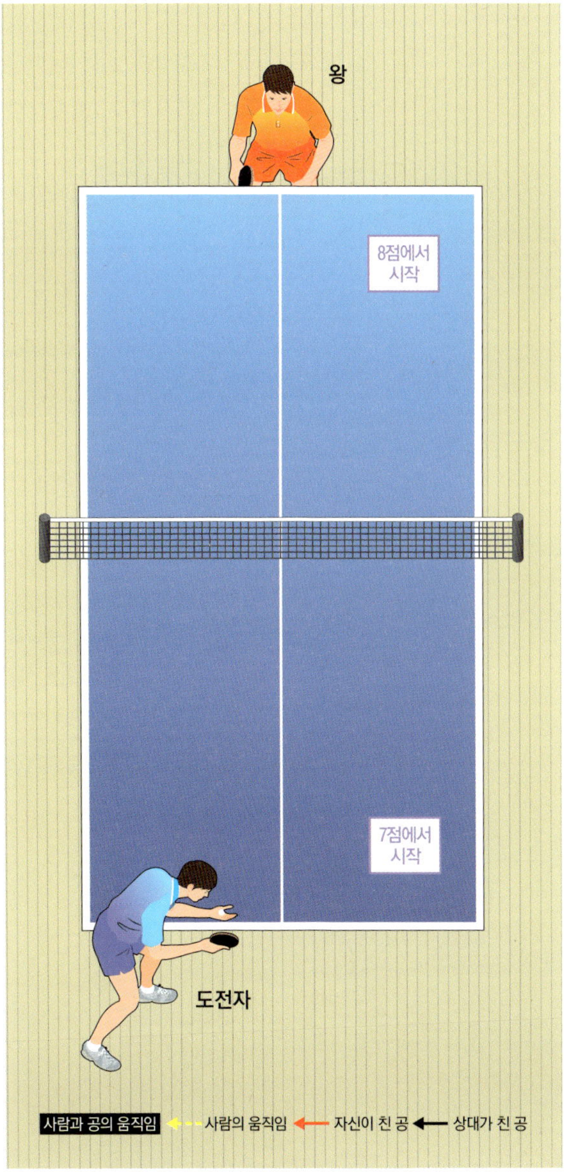

순서

① 왕은 8점, 도전자는 7점인 상황에서 시작하는 1세트 게임(11점 선취) 연습이다.
② 탁구대 한 대에 3~5명 정도가 모여서 하며, 서비스 권한은 도전자가 갖는다.
③ 게임 후 이긴 선수는 '왕'이 되어 탁구대에 남고, 다음 순서의 선수가 도전한다.

왕
8점에서 시작
7점에서 시작
도전자

사람과 공의 움직임 ←--- 사람의 움직임 ← 자신이 친 공 ← 상대가 친 공

■ 이긴 선수는 '왕'이 되어 계속 연습할 수 있다.

지도자 MEMO
연습 멤버가 탁구대 한 대당 3~5명 정도로 비교적 많을 때 적합한 게임 연습법이다. 규칙은 다양하게 설정할 수 있지만, 기본적으로 이긴 선수(왕)에게 조금 유리하게 정한다. 그리고 그 불리함을 딛고 승리한 도전자는 왕이 된다. 한 대당 많게는 4번 정도의 게임을 하게 되므로 기다리는 시간이 다소 발생하지만, 2분 정도만 기다리면 자신의 순서가 돌아온다. 경기장에서 하는 연습법으로도 활용할 수 있다.

게임에 익숙해지자

시간 제한 게임

난이도 ★
시간 10분 정도
횟수 시간 내 무제한

목적 › 긴장감 속에서 임하도록 시간을 정해 놓고 초시계로 시간을 재면서 하는 게임 연습이다.

11점 선취 게임

■ 통상적인 규칙에 따라 게임을 한다.

순서

① 코치의 신호에 따라 11점 선취 1게임 매치를 시작한다.
② 규칙은 통상적인 게임과 같다.
③ 코치는 초시계로 시간을 잰다. 그리고 사전에 정해 놓은 시간이 되면 휘슬을 불어 경기를 끝낸다. 몇 분 뒤에 경기가 끝나는지는 선수에게 알리지 않으며, 휘슬을 부는 시점의 스코어로 승패를 결정한다.
④ 동점일 경우는 추가로 1점을 선취하는 쪽의 승리로 한다.
⑤ 메뉴032의 엘리베이터 게임과 조합하면 좋다.

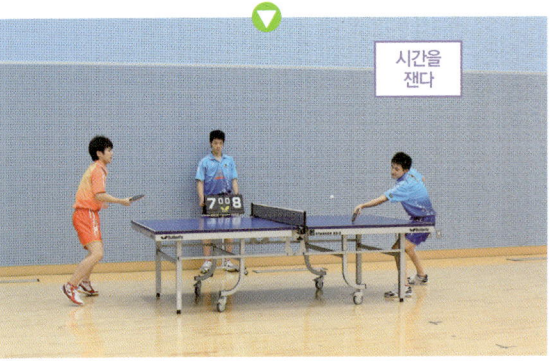

시간을 잰다

■ 언제 게임이 끝날지 알 수 없으므로 긴장감이 생긴다.

코치의 휘슬이 울리면 게임 종료

지도자 MEMO 게임 연습에 긴장감을 부여하기 위한 연습법이다. 선수는 코치가 언제 휘슬을 불지 알 수 없기 때문에 긴장감 속에서 게임 연습을 할 수 있다. 또 일제히 시작해서 일제히 끝낼 수 있으므로 게임 종료 후에 기다리는 시간도 발생하지 않는다.

■ 코치의 휘슬로 경기 종료.

게임에 익숙해지자

메뉴 035 스매시 다구 연습

난이도 ★
시간 3분
횟수 미스 없이 5회 연속

목적 다구 형식으로 하는 스매시 연습이다. 포핸드로 확실히 풀스윙을 하는 동시에 공격에 대한 의식을 키운다.

순서

① 송구 담당은 조금 높이 뜬 찬스볼을 백사이드로 보내준다.
② 백크로스로 스매시(때때로 스트레이트로도 스매시)를 날린다.
③ 5구 연속으로 풀스윙 스매시를 성공할 때까지 계속한다.

찬스볼을 보내준다.

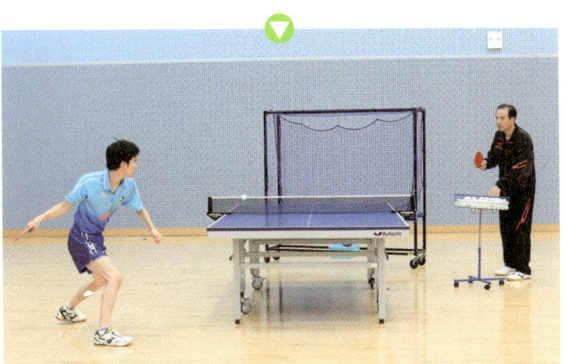
크게 테이크백해 스매시한다.

코치는 타구를 확인하고 다음 공을 보낸다.

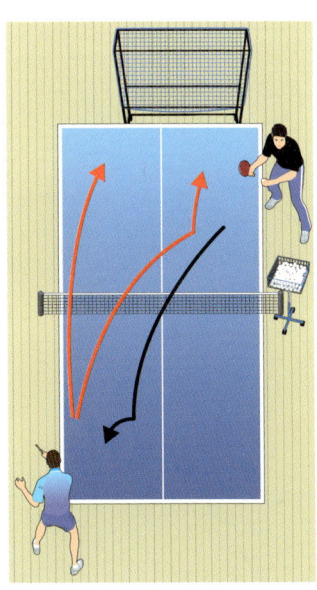

 지도자 MEMO 초급자일 때는 실수하는 쪽이 지는 경우가 많기 때문에 상대의 미스를 기다리는 것도 하나의 방법일 수 있다. 다만 초급자라고 해도 풀스윙으로 위력적인 공을 날려 포인트를 따내려는 의식을 가지는 것이 중요하다.

게임에 익숙해지자

메뉴 036 쇼트 서비스 짧고 정확하게 넣기

난이도 ★
시간 3분 정도
횟수 미스 없이 5회 연속

목적 짧고 정확한 쇼트 서비스를 넣기 위한 연습이다.

■ 엔드라인 부근에 타월을 깐다.

순서

① 상대 코트의 백사이드, 엔드라인 부근에 타월을 깐다.
② 백크로스로 짧은 하회전 서비스를 넣는다.
③ 상대 코트에서의 두 번째 바운드가 타월 위로 떨어지도록 컨트롤한다. 바운드가 너무 높지 않도록 주의한다.

■ 짧은 하회전 서비스를 넣는다.

타월

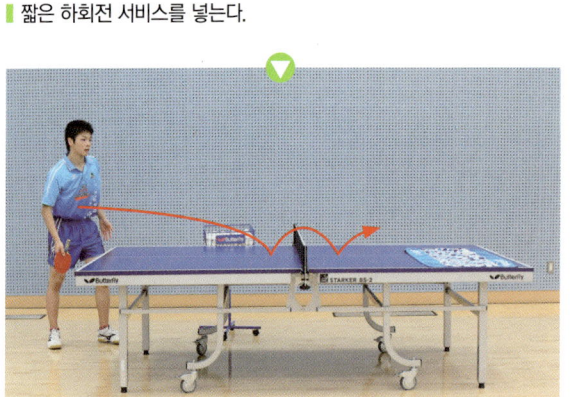
■ 두 번째 바운드가 타월 위로 떨어지도록 컨트롤한다.

지도자 MEMO 어느 정도 게임 연습에 익숙해지면 경기에 이기는 선수, 경기에 지는 선수가 명확히 나뉜다. 초급자일 때는 특히 서비스 능력의 차이가 승패로 직결되므로 상대에게 공격당하지 않는 쇼트 서비스를 먼저 익히는 것이 중요하다. 서비스가 서툴러서 경기에 패하는 선수는 이 연습을 많이 하자.

게임에 익숙해지자

메뉴 037 롱 서비스 확실히 길게 넣기

난이도 ★
시간 3분
횟수 미스 없이 5회 연속

목적 롱 서비스의 길이가 어중간하지 않도록 확실히 상대 코트의 엔드라인을 노리는 연습이다.

순서

① 상대 코트의 백사이드 중간에 타월을 깐다.
② 백크로스로 롱 서비스를 넣는다.
③ 상대 코트에서의 첫 번째 바운드가 타월을 넘어서 떨어지게 컨트롤한다.
④ 첫 번째 바운드가 타월 위에 떨어지거나 탁구대를 벗어나면 처음부터 다시 한다. 미스 없이 5회 연속 성공을 목표로 연습한다.

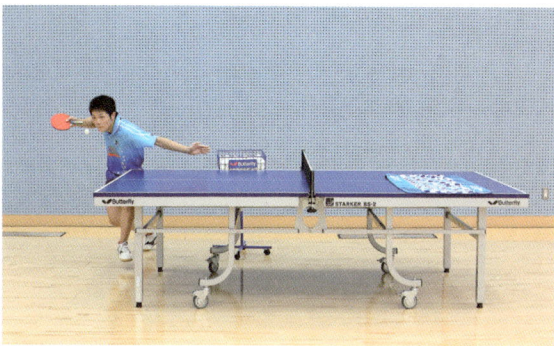
▌백사이드의 중간에 타월을 깐다.

▌백크로스로 롱 서비스를 넣는다.

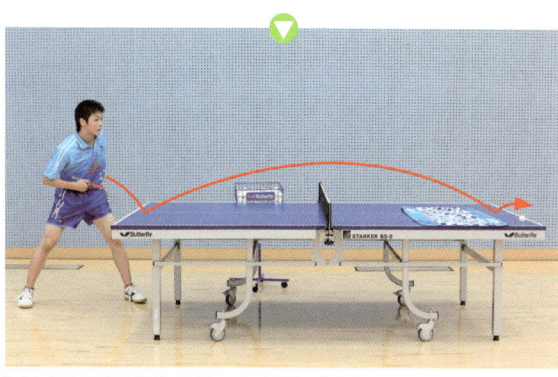
▌상대 코트에서의 첫 바운드가 타월을 넘어서 떨어지도록 컨트롤한다.

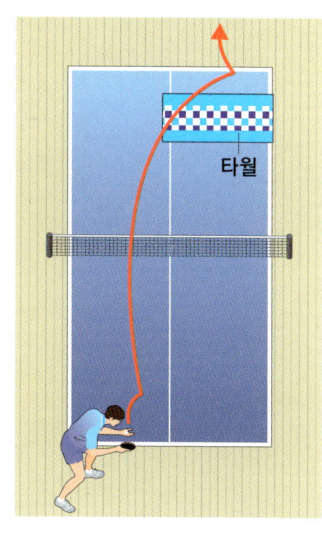
타월

지도자 MEMO 상대가 공격하기 어려운 짧은 하회전 서비스를 익혔다면 롱 서비스도 익혀서 상대를 흔들자. 단 어중간한 롱 서비스는 상대에게 좋은 공격 기회를 줄 수 있다. 이 연습으로 엔드라인에 아슬아슬하게 떨어뜨리는 컨트롤을 익혀 보자.

메뉴 038 — 3구째 공격 ① 돌아서서 크로스

난이도 ★★
시간 5분
횟수 미스 없이 3회 연속

목적: 3구째 공격의 기본을 익히는 연습이다. 돌아서서 크로스로의 공격은 경기에서도 자주 나오는 공격 형태이다.

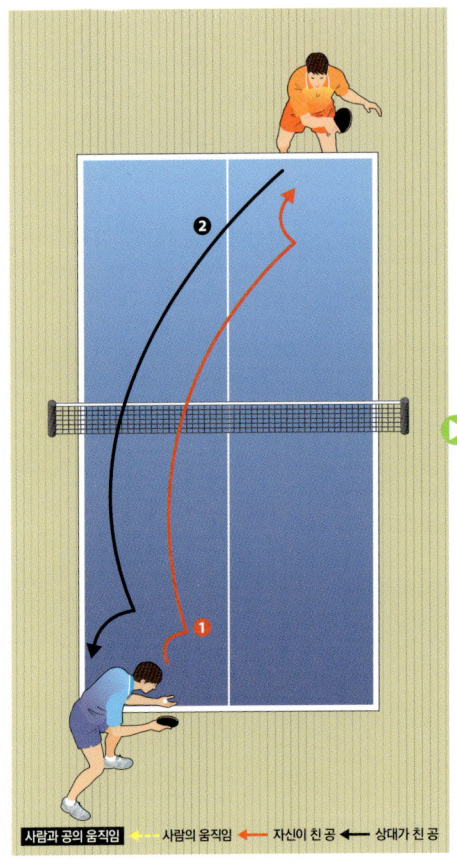

■ 상대의 백사이드로 서비스를 넣는다.

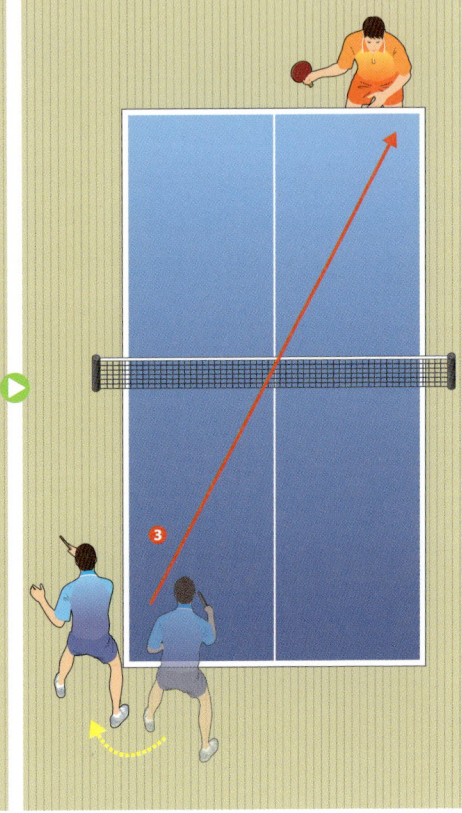

■ 돌아서서 크로스로 공격한다.

범례: 사람과 공의 움직임 / 사람의 움직임 / 자신이 친 공 / 상대가 친 공

순서

① 선수는 상대의 백사이드로 서비스를 넣는다.
② 상대는 선수의 백사이드로 리시브한다.
③ 선수는 돌아서서 포핸드로 백크로스를 공략한다. 하회전이라면 드라이브, 공이 떴다면 스매시로 공격한다.

지도자 MEMO: 경기에서는 상대도 공격을 당하고 싶지 않으므로 백사이드로 공을 보낼 때가 많다. 그 공을 노리고 돌아서서 공격할 수 있도록 연습하자.

게임에 익숙해지자

메뉴 039
3구째 공격 ②
포어크로스

난이도 ★★
시간 5분
횟수 미스 없이 3회 연속

목적 3구째 공격의 기본을 익히는 연습이다. 포어크로스로 공격한다.

순서
① 선수는 상대의 백사이드로 서비스를 넣는다.
② 상대는 선수의 포어사이드로 리시브한다.
③ 선수는 포핸드로 크로스를 공략한다. 하회전이라면 드라이브, 공이 떴다면 스매시로 공격한다.

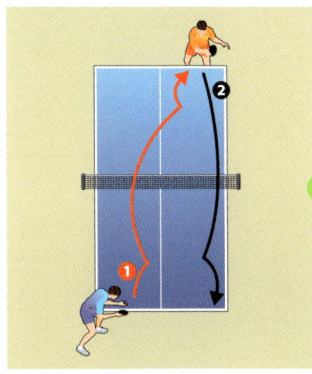
상대의 백사이드로 서비스를 넣는다.

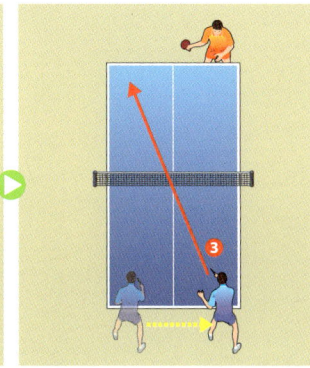
포어크로스로 공격한다.

지도자 MEMO 초급자는 막상 실전에서는 위축이 되어 공격을 하지 못하는 경우가 있다. 3구째 공격 연습은 경기에서 공격을 하려는 의식을 심어준다.

게임에 익숙해지자

메뉴 040
3구째 공격 ③
돌아서서 스트레이트

난이도 ★★
시간 5분
횟수 미스 없이 3회 연속

목적 돌아서서 스트레이트 공격은 초급자~중급자의 경기에서는 결정력이 높은 패턴이다.

순서
① 선수는 상대 코트의 백사이드로 서비스를 넣는다.
② 상대는 선수의 백사이드로 리시브한다.
③ 선수는 돌아서서 스트레이트로 공략한다. 하회전이라면 드라이브, 공이 떴다면 스매시로 공격한다.

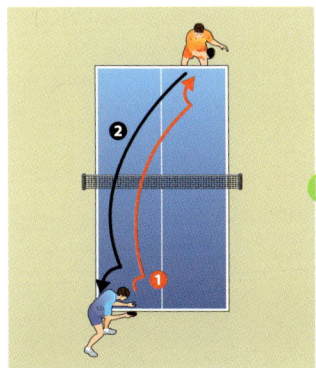
상대의 백사이드로 서비스를 넣는다.

돌아서서 스트레이트로 공격한다.

지도자 MEMO 스트레이트로의 공격은 크로스에 비하면 거리가 짧기 때문에 미스를 범하기 쉽다. 돌아설 때 탁구대와 거리를 두면 미스가 줄어든다.

게임에 익숙해지자

메뉴 041 리시브 연습① 커트

난이도 ★★
시간 3분
횟수 미스 없이 5회 연속

목적
리시브의 기본 연습이다.
공격하기 어려운 짧고 낮은 공을 보낼 수 있도록 연습하자.

■ 상대가 백사이드 앞으로 쇼트 서비스를 넣는다.

순서

① 상대가 서비스를 넣는다.
② 선수는 미스를 범하지 않도록 주의하며 커트로 리시브한다. 가능하면 탁구대에서 두 번 바운드될 정도로 친다(스톱).
③ 상대는 리시브된 공을 받아치지 않고 즉시 다음 서비스를 넣는다. 랠리 연습은 하지 않고 서브 리시브만을 연습한다.

■ 선수는 커트로 리시브한다.

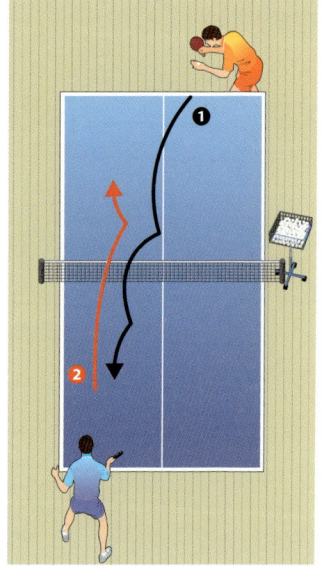

■ 가능하면 상대 코트에서 두 번 바운드될 정도의 길이로 보낸다(스톱).

지도자 MEMO
선수 중에는 리시브가 서툰 사람이 많으며, 특히 초급자일 때는 서비스를 받지 못해서 경기에 지는 선수도 많다. 이 연습에서는 무엇보다도 미스 없이 리시브하는 법을 익힌다.

게임에 익숙해지자

메뉴 042 리시브 연습 ② 플릭

난이도 ★★
시간 3분
횟수 미스 없이 5회 연속

목적 리시브의 기본 연습이다. 포어사이드 앞의 쇼트 서비스에 맞서 과감하게 공격하기 위한 연습이다.

상대는 선수의 포어사이드 앞으로 서비스를 넣는다.

순서

① 상대는 선수의 포어사이드 앞으로 서비스를 넣는다.
② 선수는 포핸드 플릭으로 리시브한다.
③ 상대는 리시브된 공을 받아치지 않고 즉시 다음 서비스를 넣는다. 랠리 연습은 하지 않고 서브 리시브만을 연습한다.

선수는 플릭으로 리시브한다.

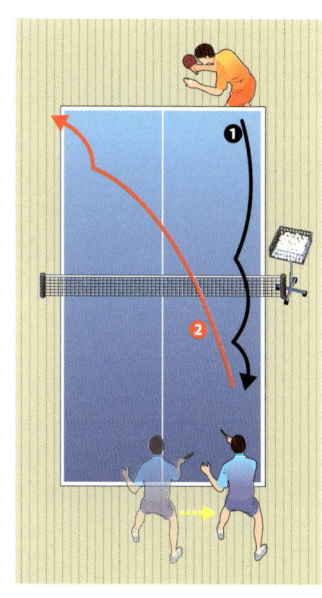

최대한 공격하기 어려운 스피드와 코스로 친다.

지도자 MEMO 포어사이드 앞의 쇼트 서비스를 포핸드로 플릭하는 기술은 리시브로 공격하기 위한 중요 기술이다. 특히 펜홀더 선수는 이를 잘 익혀서 효과적으로 활용하자.

게임에 익숙해지자

기술해설

치키타

POINT 1 바운드에 맞춰서 손목을 말아 넣듯이 테이크백한다.

POINT 2 공의 측면을 문지르듯이 스윙한다.

▶▶ 상위권 선수들 사이에서는 이미 '보편적인' 기술

치키타는 탁구대 위에서 백핸드로 횡회전을 걸어 받아치는 기술이다. 손목을 말아 넣듯이 감아서 강한 회전을 주기 때문에 상대 코트로 넘어간 공이 크게 휘어지는 특징이 있다. 공의 궤도가 치키타라는 이름의 바나나와 비슷하다고 해서 '치키타'라고 부르게 되었다.

고난이도의 기술이라서 예전에는 '가능하면 익혀 두는 편이 좋다.'라는 지도가 많았지만, 현재는 전국 대회에 출장하는 남성 선수의 대부분이 구사할 만큼 깊이 침투했다. 포인트는 손목을 유연하게 사용해 공의 측면을 맞히는 것이다. 공의 측면을 강하게 문질러 회전을 줌으로써 통상적인 타법과는 전혀 다른, 상대가 예측하기 어려운 구질의 공을 보낼 수 있다.

POINT 3 탁구대를 옆으로 가르듯이 공이 휘어져 들어간다.

잘못된 자세와 대책

치키타는 손목의 스냅을 최대한 이용해서 횡회전을 크게 건다. 이때 포인트는 손목의 스냅을 활용할 수 있는 자세다. 팔꿈치를 높게 드는 것이 중요하다.

팔꿈치의 위치가 낮으면 손목을 몸 안쪽으로 말아 넣을 수 없다.

팔꿈치의 위치를 높이면 손목을 몸 안쪽으로 말아 넣을 수 있다.

게임에 익숙해지자

메뉴 043

다구 연습으로 치키타 익히기

난이도 ★★★

🕐 시간 3분

✋ 횟수 미스 없이 5회 연속

목적 치키타는 현대 탁구에서 꼭 필요한 기술이다. 초기 단계에서부터 다구 연습으로 치키타를 익히자.

순서

① 백사이드 앞 혹은 미들 앞으로 치기 쉬운 짧은 공을 보내준다.

② 선수는 치키타로 받아친다.

③ 5회 연속 성공을 목표로 연습한다.

지도자 MEMO
치키타는 상대의 서비스 등 회전량이 많은 공을 대응할 때 좋은 기술이지만, 처음부터 회전이 걸린 공을 치키타로 받아치기란 기술적으로 쉽지 않다. 다구 연습으로 회전을 거는 감각을 익히자.

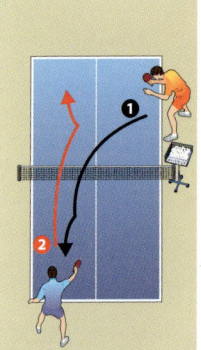

다구로 짧은 공을 보내준다.

상대가 백사이드 앞이나 미들 앞으로 보내준 공을 치키타로 받아친다.

게임에 익숙해지자

메뉴 044

치키타 리시브 연습

난이도 ★★★

🕐 시간 5분

✋ 횟수 미스 없이 5회 연속

목적 치키타의 기본적인 움직임을 익혔으면 실전적인 기술이 되도록 연습한다. 그중 하나가 여기에서 소개하는 치키타 리시브이다.

순서

① 상대는 백~미들을 노리고 짧게 서비스를 넣는다.

② 선수는 서비스가 쉬울 경우 치키타로 리시브한다.

③ 상대는 리시브된 공을 받아 치지 않고 즉시 다음 서비스를 넣는다.

지도자 MEMO
치키타는 아직 역사가 짧은 기술이지만 고교 이상의 정상급 선수라면 쓰지 않는 선수가 없을 만큼 급속히 확산되고 있다. 그러므로 이른 시기부터 기술 습득을 위해 노력하자.

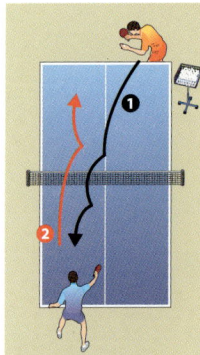

상대가 백~미들로 서비스를 넣어준다.

서비스가 쉬우면 치키타, 빈틈이 없으면 커트로 리시브한다.

게임에 익숙해지자

| 메뉴 045 | 올 코트를 사용하는 커트(스톱) 연습 |

난이도 ★★

시간 5분

횟수 30구를 목표

순서

① 하회전 서비스를 넣은 다음 양쪽 모두 커트(스톱)로 공을 주고받는다.

② 코스는 어디로 치든 자유.

③ 두 번째 바운드가 탁구대를 벗어나거나 높이 뜬 허술한 커트(스톱)가 들어오면 공격한다.

올 코트에서 커트(스톱)로 버티는 연습이다.
뜬 공이 오면 놓치지 않고 공격한다.

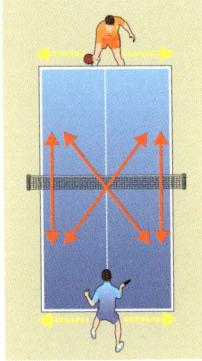

올 코트에서 스톱 랠리.

초급자끼리는 서로 커트로 공을 연결하기만 하는 경우가 많은데, 높이 뜬 허술한 공이 오면 공격한다.

 지도자 MEMO

이 연습에서는 서로 커트(스톱)로 버티다가 공격하기 좋은 공이 오면 공격한다. 스코어를 기록해서 경쟁하는 것도 좋다.

게임에 익숙해지자

| 메뉴 046 | 하프 코트만 사용하는 게임 연습 |

난이도 ★★

시간 5분(1게임)

횟수 1~3게임 정도

순서

① 백크로스 혹은 포어크로스로 코스를 한정하고 게임을 한다.

② 한쪽이 11점을 선취하면 게임을 끝내고 대전 상대를 바꾼다.

하프 코트로 한정해 게임을 함으로써 랠리를 오래 할 수 있게 된다.

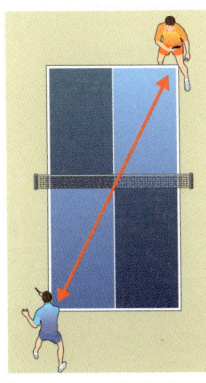

포어크로스 혹은 백크로스로 코스를 한정한다.

하프 코트만 쓰는 것 이외에는 통상적인 게임과 똑같다.

 지도자 MEMO

초급자 간의 경기를 보면 랠리가 이어지지 않을 때가 많다. 하프 코트로만 한정해, 사용할 수 있는 코스가 절반이 되면 블록 등도 용이해져서 랠리를 오래 지속할 수 있게 된다.

게임에 익숙해지자

메뉴 047 하프 코트 대 올 코트의 핸디캡 매치

난이도 ★★
시간 5분(1게임)
횟수 1~3게임 정도

목적: 강한 선수는 올 코트, 약한 선수는 하프 코트라는 핸디캡을 부여해 게임 연습에 긴박감을 부여한다.

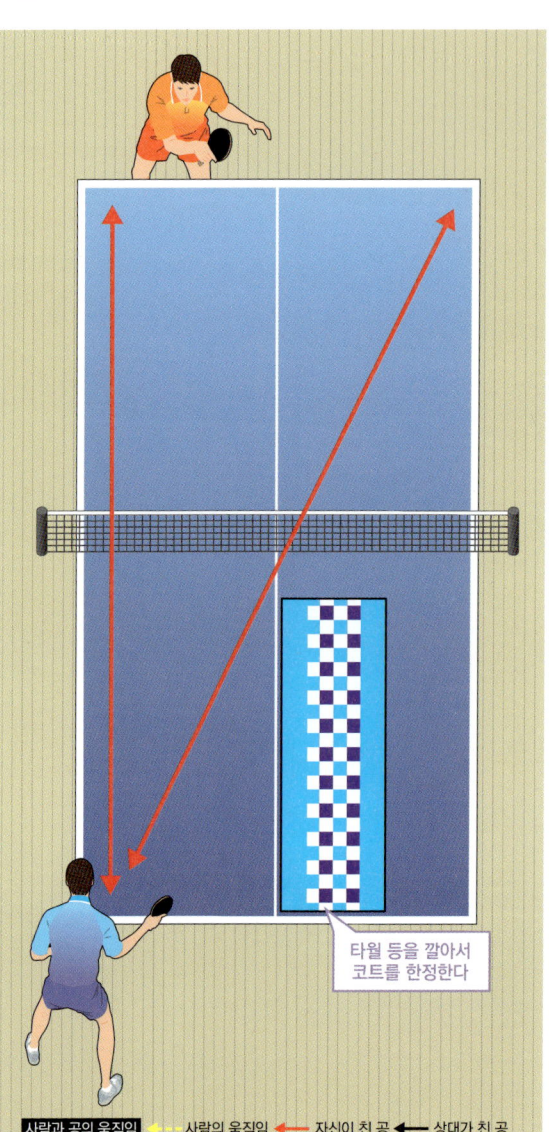

타월 등을 깔아서 코트를 한정한다

사람과 공의 움직임 ←--- 사람의 움직임 ← 자신이 친 공 ← 상대가 친 공

상대는 올 코트인 데 비해 이쪽은 하프 코트이므로 유리하게 게임을 진행할 수 있다.

순서

① 강한 선수는 올 코트, 약한 선수는 백 크로스 혹은 포어크로스로 코트를 한정하고 게임을 한다.

② 11점 1게임 매치로 경기하고, 끝나면 하프 코트를 사용했던 선수가 올 코트를 쓰는 등 핸디캡이나 선수를 교대한다.

※ 타월 등을 깔아서 코트를 한정하는 것도 좋다.

지도자 MEMO: 실력 차이가 나면 게임 연습을 하기 전부터 결과가 뻔히 보이기 때문에 긴장감이 생기지 않는다. 이 연습에서는 강한 선수에게 핸디캡(강한 선수는 정해진 코스로만 쳐야 한다)을 줌으로써 통상적인 경기보다 랠리가 길게 이어지며, 그 결과 서로에게 좋은 연습이 된다.

제 3 장

랠리 능력을 키운다

이 장에서는 랠리 능력을 높이는 연습 방법을 소개한다. 게임에서는 서비스나 리시브로 점수를 낼 때도 많지만 일정 수준 이상이 되면 랠리에서 우세를 점함으로써 점수를 내야 경기에서 승리할 수 있다.

RALLY SKILL

랠리 능력을 키운다

스탠스

좋은 예

| POINT 1 | 백사이드일 때는 왼발이 앞으로 나온다. |
| POINT 2 | 미들일 때는 다리가 거의 평행이 된다. |

나쁜 예

| 나쁜 예 1 | 뒷발이 옆을 향하면 몸도 열려 버린다. |
| 나쁜 예 2 | 몸이 앞뒤로 열리면 강한 타구를 칠 수 없다. |

▶▶ 기본은 '부채꼴'

해가 갈수록 스피드와 리듬이 빨라지는 탁구 경기에서는 풋워크의 상식도 예전과 달라졌다. 기본적인 움직임을 공부할 필요는 분명히 있지만, 실전에서는 어느 정도 원칙을 지키면서 공에 맞춰 자유롭게 발을 움직이는 쪽이 더 합리적이다.

지켜야 할 원칙 중 하나는 '어깨너비보다 조금 넓은 스탠스를 유지한다'는 것이다. 어깨너비보다 너무 좁으면 균형이 나빠지고, 너무 넓으면 움직이기가 어려워진다.

과거의 상식과 크게 달라진 것으로는 포어사이드의 공에 대처할 때의 스탠스가 있다. 현대 탁구에서는 포어사이드로 오는 공에 대해 오른손잡이의 경우 오른발을 앞에 두고 처리하는 것이 일반적이 되었다.

POINT 3 포어사이드일 때는 오른발이 앞으로 나온다.

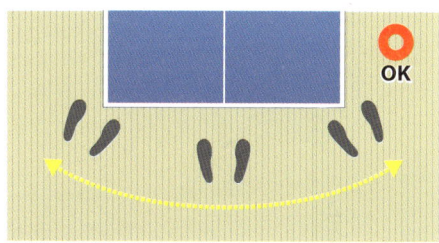
OK

과거에는 포핸드로 칠 때 반드시 오른발을 뒤에, 왼발을 앞에 두라고 가르쳤지만, 지금은 그림처럼 탁구대 주위에서 부채꼴을 그리는 듯한 스탠스로 움직인다. 다만 상대의 로빙 볼을 스매시로 공격하는 경우 등에서는 왼발을 앞으로 크게 내딛어서 위력을 높이기도 한다. 그러나 이것은 어디까지나 예외다. 빠른 랠리 전개 중에는 오른발을 앞에 두고 빠른 타구점에서 공을 처리하는 것이 시류에 맞는 플레이 스타일이라고 할 수 있다.

나쁜 예 3 오른발이 뒤에 있으면 탁구대에서 너무 멀어지게 된다.

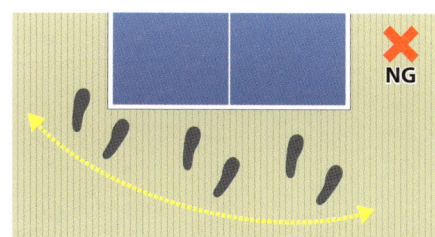
NG

 랠리 능력을 키운다

백핸드

POINT 1	풋워크를 이용해 공의 정면으로 이동한다.
POINT 2	무릎을 굽히면서 테이크백을 한다.
POINT 3	팔꿈치를 앞으로 내밀면서 공을 맞힌다.

 톱스핀을 충분히 건 백핸드 드라이브

백핸드 드라이브는 백핸드 쇼트(42쪽)와 달리 테이크백을 충분히 해서 공에 톱스핀을 준다. 펜홀더의 경우는 펜홀더의 백핸드나 이면타법으로 공을 친다. 백핸드로 스윙할 때는 백핸드 쇼트일 때보다 탁구대와의 거리가 필요하다. 또 백핸드는 포핸드보다 팔로만 스윙하기 쉬운데, 몸을 확실히 회전시켜 온몸의 힘으로 라켓을 휘두르자.

| POINT 4 | 임팩트할 때는 손목의 스냅을 살린다. | POINT 5 | 허리를 회전시키는 동시에 라켓을 끝까지 휘두른다. | POINT 6 | 가로 방향으로 폴로스루한다. |

서 있는 위치를 의식하자

탁구대로부터 좀 더 떨어진 위치에서 톱스핀을 걸지 않고 라켓을 세워서 강하게 치면 백핸드 스매시가 된다. 탁구대로부터 떨어진 거리에 따라 적절한 타법을 구사할 수 있도록 연습하자.

쇼트

쇼트는 팔꿈치를 축으로 삼아 공을 밀어낸다.

드라이브

드라이브는 임팩트를 강하게 주며 끝까지 폴로스루한다.

랠리 능력을 키운다

메뉴 048 백핸드 드라이브의 다구 연습

난이도 ★★
시간 3분
횟수 미스 없이 10회 연속

목적 백핸드 쇼트(42쪽)가 아닌 백핸드 드라이브를 익히기 위한 연습이다.

▌송구 담당은 선수의 백사이드로 공을 보낸다.

순서

① 송구 담당은 백크로스로 공을 보내 준다.
② 선수는 확실히 테이크백을 하고 백핸드 드라이브로 받아쳐 백크로스로 보낸다.
③ 미스 없이 10회 연속 성공할 수 있도록 연습한다.

▌선수는 테이크백을 확실히 한다.

▌백핸드 드라이브로 받아친다(강타).

지도자 MEMO 백핸드 드라이브 연습을 하고 있으면 포어사이드에 대한 의식이 소홀해지기 쉽다. 그러므로 코치는 선수가 백사이드만 의식하지 않도록 때때로 포어사이드 혹은 미들로 공을 보내자.

랠리 능력을 키운다

백핸드 쇼트와 롱의 다구 연습

난이도 ★★
시간 5분
횟수 미스 없이 20회 연속

 백핸드 쇼트와 스윙을 끝까지 하는 백핸드 롱은 다른 기술이므로 그 차이를 의식하기 위한 연습이다.

▎송구 담당이 조금 강하게 쳐서 보낸 공을 백핸드 쇼트로 받아친다.

순서

① 송구 담당이 백크로스로 회전이 조금 걸린 위력 있는 공을 보내면 선수는 백핸드 쇼트로 받아쳐 백크로스로 보낸다.

② 송구 담당은 백사이드로 조금 약하게 받아친다. 선수는 확실히 테이크백을 하고 백크로스로 백핸드 롱을 친다.

③ ①~②를 반복한다.

④ 미스 없이 20회 연속 성공할 수 있도록 연습한다.

▎송구 담당이 조금 약하게 쳐서 보낸 공을 백핸드 롱으로 받아친다.

▎백핸드 쇼트와 백핸드 롱을 번갈아 친다.

 백핸드 쇼트(42쪽)와 백핸드 롱을 교대로 치는 연습이다. 백핸드 쇼트로 연결한다는 의식과 백핸드 롱으로 위력 있는 공을 친다는 의식을 가지는 연습이 된다.

랠리 능력을 키운다

메뉴 050 중진에서 강하게 포어크로스 랠리

난이도 ★★
시간 5분
횟수 5분 동안 주고받는다

목적 탁구대로부터 떨어진 중진의 위치에서 랠리를 주고받는다. 실전적인 포핸드 랠리 능력을 키우는 연습이다.

순서
① 중진에서 서로 포어크로스로 포핸드 드라이브를 주고받는다.
② 미스가 많이 나오지 않는 범위에서 최대한 강하게 공을 때린다.
③ 미스를 범하더라도 공을 주우러 가지 않고 다음 공으로 랠리를 재개한다.

■ 중진에서 서로 포어크로스로 포핸드 드라이브를 주고받는다.

■ 미스가 나오지 않는 범위에서 가급적 강하게 공을 때린다.

■ 미스가 나오더라도 공을 줍지 않고 다른 공으로 랠리를 재개한다.

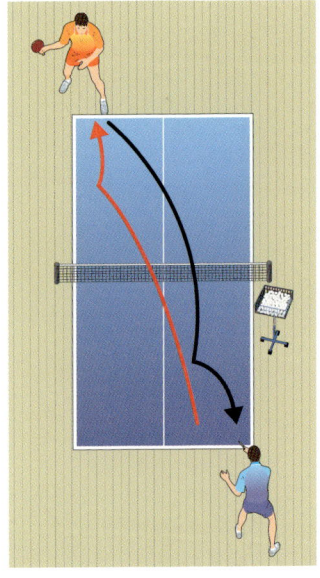

지도자 MEMO 포어크로스로 랠리를 주고받는 연습이지만 메뉴 008과는 목적이 다르다. '랠리 횟수'는 의식하지 말고 강한 회전을 건 위력 있는 공으로 랠리를 펼친다. 좀 더 실전적인 포핸드를 익히는 것이 목적이다.

랠리 능력을 키운다

메뉴 051 변화를 주며 포어크로스로 치기

난이도 ★★
시간 5분
횟수 5분 동안 주고받는다

> **목적** 다양한 코스로 공을 치는 실전적인 포핸드 랠리 연습이다.

■ 크로스의 상대가 받기 어려운 코스나 미들로 공을 보낸다.

■ 가급적 전부 포핸드로 대응한다.

■ 미스가 나오더라도 공을 줍지 않고 다른 공으로 랠리를 재개한다.

순서

① 서로 포어크로스로 포핸드 드라이브를 주고받는다.
② 포어사이드~미들의 범위에서 자유롭게 코스를 바꾼다.
③ 미스를 범하더라도 공을 주우러 가지 않고 다른 공으로 랠리를 재개한다.

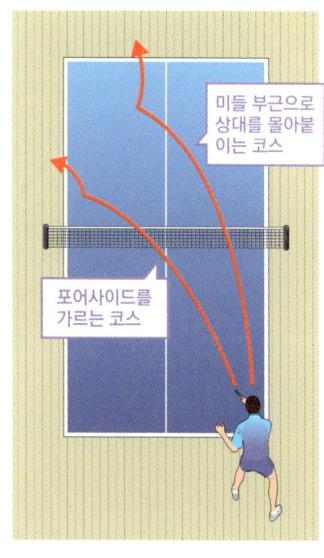

미들 부근으로 상대를 몰아붙이는 코스

포어사이드를 가르는 코스

 **지도자 MEMO** 코스를 포어크로스만으로 한정하더라도 활용하기에 따라서는 연습에 변화를 줄 수 있다. 같은 포어크로스라도 포어사이드를 가르는 공부터 미들 부근으로 상대를 몰아붙이는 공까지 다양한 코스 공략이 가능하다. 위력과 코스에 변화를 주면 상당히 실전적인 연습이 된다.

랠리 능력을 키운다

난이도 ★★
시간 5분
횟수 미스 없이 30회 연속

메뉴 052

3구 풋워크①
포어사이드로 움직이기

목적 코트 전체로 오는 공을 포핸드로 치기 위한 풋워크를 키우는 연습이다. 포어사이드로 움직이는 동작을 강화할 수 있다.

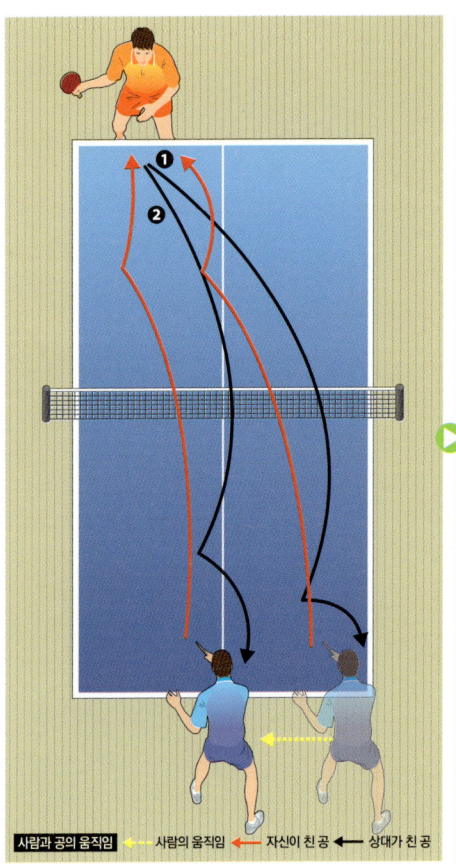

포어사이드 코너 부근→미들에서 포핸드를 친다.

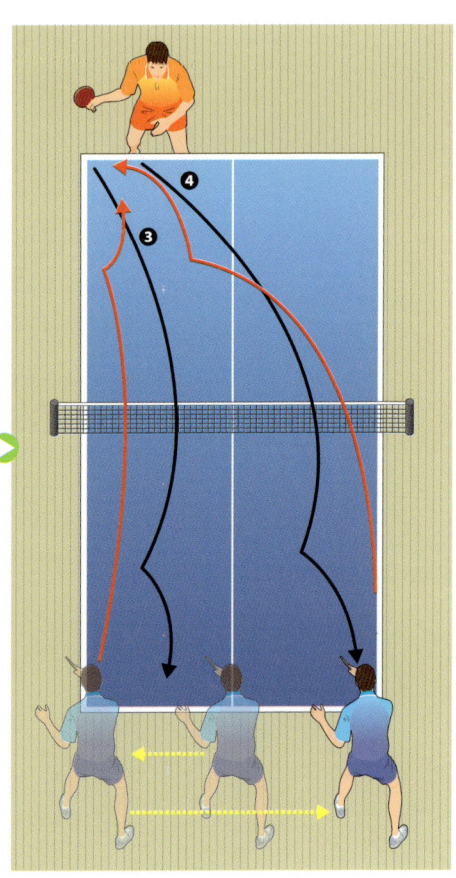

백사이드에서 포핸드를 쳤으면 재빨리 포어사이드로 움직인다.

순서

① 상대는 포어사이드 코너 부근으로 공을 보낸다. 선수는 포핸드로 받아쳐 포어크로스로 보낸다. ② 상대는 미들로 받아친다. 선수는 그 공을 포핸드로 받아쳐 상대의 포어사이드로 보낸다. ③ 상대는 백사이드로 받아친다. 선수는 약간 돌아서서 포핸드로 받아쳐 상대의 포어사이드로 보낸다. ④ 상대는 다시 포어사이드 코너 부근으로 받아친다. 선수는 움직이며 포핸드로 받아쳐 포어크로스로 보낸다.

지도자 MEMO 포어사이드→미들, 미들→백사이드로의 풋워크는 거리가 짧지만 백사이드→포어사이드는 이동 거리가 갑자기 늘어난다. 지면을 확실히 차면서 움직이자.

랠리 능력을 키운다

난이도 ★★
시간 5분
횟수 미스 없이 30회 연속

메뉴 053 3구 풋워크 ② 돌아서기

목적 코트 전체로 오는 공을 포핸드로 치기 위한 풋워크를 키우는 연습이다. 돌아서는 움직임을 강화할 수 있다.

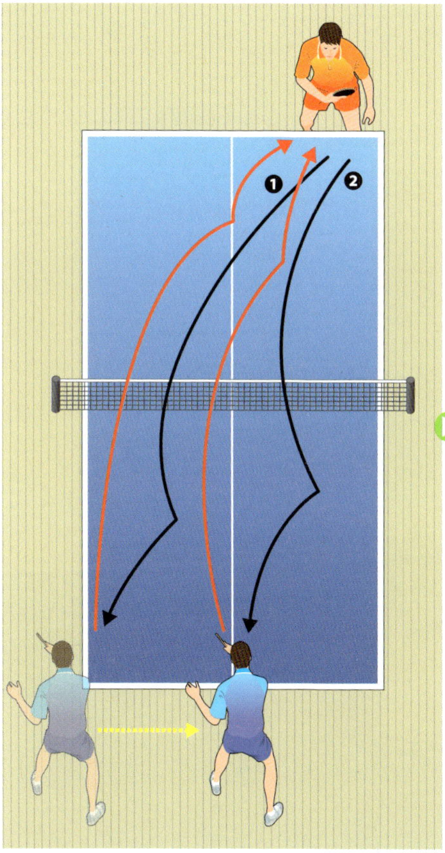

백사이드 코너 부근→미들에서 포핸드를 친다.

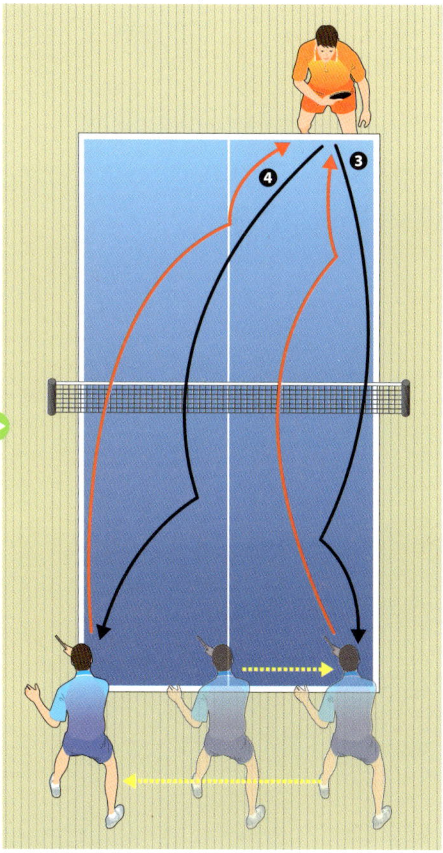

포어사이드에서 포핸드를 쳤으면 백사이드로 크게 돌아서서 포핸드를 친다.

순서

① 상대는 백사이드로 백핸드 쇼트를 댄다. 선수는 그 공을 포핸드로 받아쳐 백크로스로 보낸다. ② 상대는 미들로 받아친다. 선수는 그것을 포핸드로 받아쳐 백사이드로 보낸다. ③ 상대는 포어스트레이트로 받아친다. 선수는 그것을 포핸드로 받아쳐 상대의 백사이드로 보낸다. ④ 상대는 백사이드로 받아친다. 선수는 크게 돌아서서 백크로스로 포핸드를 친다.

지도자 MEMO 메뉴052와는 반대로 포어사이드에서 공을 친 다음 크게 돌아서는 것이 핵심이다.

랠리 능력을 키운다

난이도 ★★
시간 5분
횟수 미스 없이 30회 연속

메뉴 054 4구 1세트의 시스템 연습 ①

목적: 포핸드와 백핸드를 섞어서 치면서 풋워크를 연습하는 4구 1세트의 시스템 연습이다.

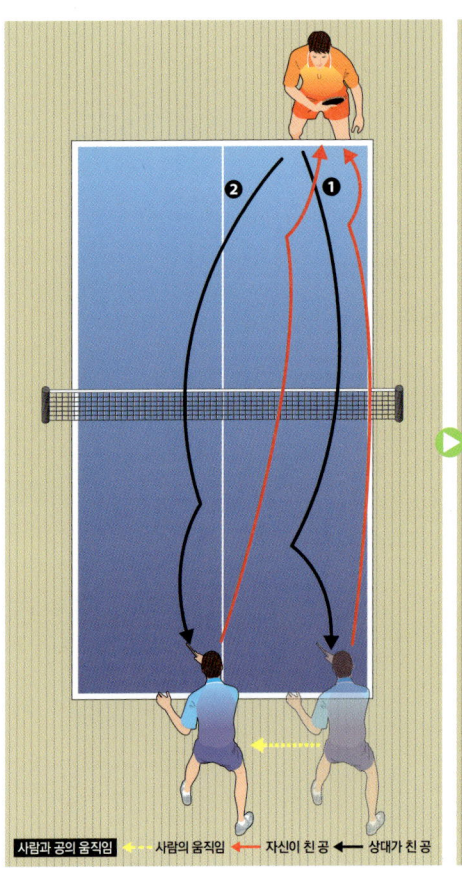
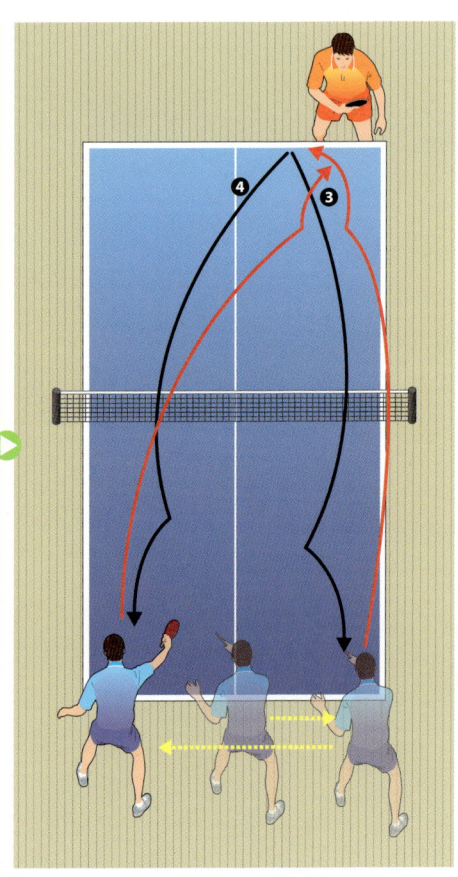

사람과 공의 움직임 ← 사람의 움직임 ← 자신이 친 공 ← 상대가 친 공

▍포어사이드→미들에서 포핸드를 친다.

▍다시 포어사이드에서 포핸드를 친 다음 백사이드에서 백핸드를 친다.

순서

① 상대는 백핸드로 쳐서 포어사이드로 보내고, 선수는 그것을 포핸드로 받아쳐 상대의 백사이드로 보낸다. ② 상대는 미들로 받아친다. 선수는 조금 이동해서 포핸드로 받아쳐 상대의 백사이드로 보낸다. ③ 상대는 다시 포어사이드로 공을 보낸다. 선수는 상대의 백사이드를 노리고 포핸드로 받아친다. ④ 상대는 백크로스로 받아친다. 선수는 백핸드로 받아쳐 백크로스로 보낸다.

지도자 MEMO: 실전에서는 포어사이드로 온 공은 포핸드, 백사이드로 온 공은 백핸드로 대응한다. 미들로 온 공은 포핸드나 백핸드 둘 다로 대응할 수 있지만, 기본적으로는 공격력이 있는 포핸드로 치는 편이 합리적이라고 할 수 있다.

| 난이도 ★★
| 시간 5분
| 횟수 미스 없이 30회 연속

메뉴 055 | 4구 1세트의 시스템 연습 ②

랠리 능력을 키운다

목적: 포핸드와 백핸드를 섞어서 치면서 풋워크를 연습하는 4구 1세트의 시스템 연습이다.

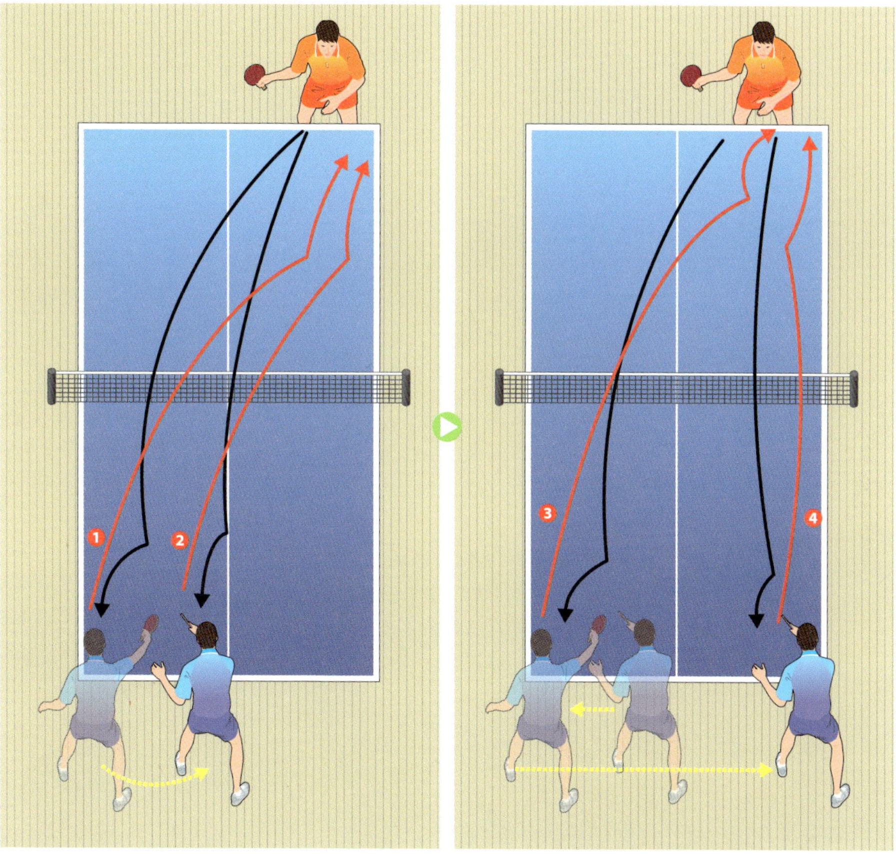

백사이드로 오는 공을 백핸드, 미들로 오는 공을 포핸드로 친다.

다시 백사이드로 오는 공을 백핸드로 친 다음 포어사이드로 움직여서 포핸드를 친다.

순서

① 선수는 백사이드로 온 공을 백핸드로 받아쳐서 상대의 백사이드로 보낸다.
② 미들로 온 공을 포핸드로 쳐서 백사이드로 보낸다.
③ 백사이드로 온 공을 백핸드로 쳐서 백크로스로 보낸다.
④ 포어스트레이트로 온 공을 스트레이트를 노리고 포핸드로 친다.

지도자 MEMO: 4구 1세트의 연습이다. 초급자는 미스를 범하지 않는 것으로 충분하지만, 중급자 이상이라면 4구째의 포핸드를 강하게 크로스로 치는 등 좀 더 실전적인 연습으로 변형시키자.

 랠리 능력을 키운다

메뉴 056 포핸드 2구 – 백핸드 2구 다구 연습

난이도 ★★
시간 5분
횟수 50~100구 1세트

목적 포핸드, 백핸드의 타구 코스와 강도를 자유롭게 조절하는 연습이다.

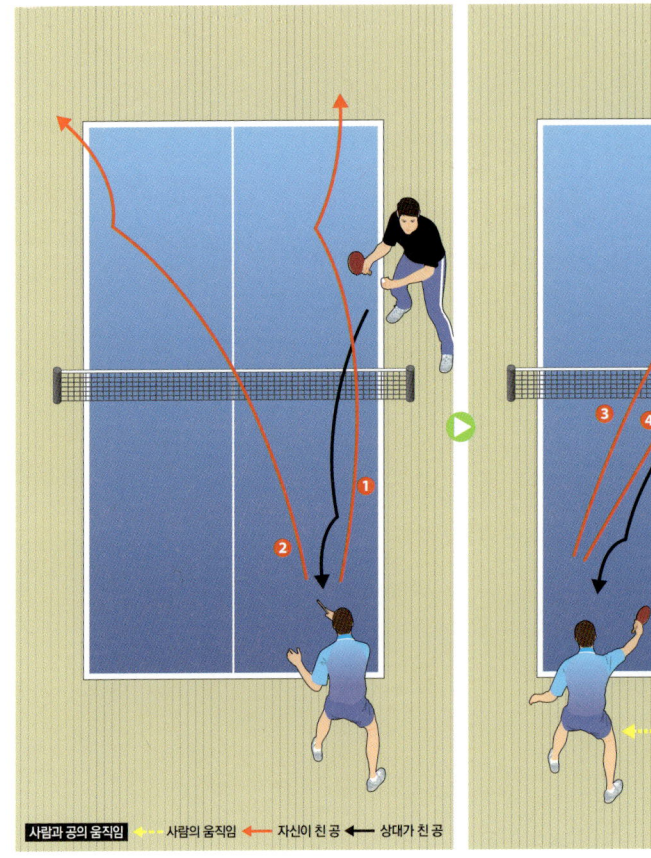

포핸드로 칠 때는
코스를 나눈다.

백핸드로 칠 때는
백핸드 쇼트와 백핸드 롱으로 나누어 친다.

순서

① 선수는 포어사이드로 온 공을 스트레이트로 친다.
② 다시 한 번 포어사이드로 온 공을 크로스로 친다.
③ 백사이드로 온 공을 백핸드 쇼트로 받아쳐 백크로스로 보낸다.
④ 다시 한 번 백사이드로 온 공을 백핸드 롱으로 강타해 백크로스로 보낸다.

지도자 MEMO
1구째와 2구째의 포핸드는 코스를 바꿔서 치고, 백핸드 1구째는 백핸드 쇼트로, 2구째는 백핸드 롱으로 강하게 친다. 단순한 2구–2구 연습도 이렇게 변화를 주면 실전적인 연습이 될 것이다.

랠리 능력을 키운다

메뉴 057 — 랜덤 풋워크 다구 연습

난이도 ★★★
시간 5분
횟수 50~100구 1세트

목적 코트 전체에 걸쳐 무작위로 오는 공에 대응하는 연습이다.

▌백사이드로 온 공은 백핸드로 받아친다.

▌받아치는 코스는 상대의 백사이드 혹은 포어사이드로 고정한다.

▌백사이드로 공격하기 좋은 공이 오면 돌아서서 강하게 친다.

순서

① 선수는 코트 전체에 무작위로 오는 공을 풋워크를 구사하며 포핸드와 백핸드로 받아친다.
② 받아치는 코스는 연습 상대의 백사이드 혹은 포어사이드로 고정한다.
③ 미들로 온 공은 가급적 포핸드로 처리한다.
④ 백사이드로 온 공이라도 공격하기 좋은 공이라면 돌아서서 포핸드로 공격한다.

지도자 MEMO

코트 전체에 랜덤으로 오는 다양한 공에 대응한다. 여기에서는 다구 연습이지만, 연습 상대가 대응할 수 있다면 랠리 연습으로 해도 상관없다. 경기에서는 어떤 코스로 공이 올지 알 수 없으므로 랜덤 풋워크 연습은 매우 실전적인 연습이라 할 수 있다. 여유가 있다면 백사이드의 공은 돌아서서 공격하기 바란다.

랠리 능력을 키운다

메뉴 058 올 코트 랠리 연습

난이도 ★★★
시간 3분
횟수 시간 내 무제한

목적 탁구대로부터 거리를 두고 서서 코트 전체를 사용해 랠리를 한다.
공을 정확히 받아치는 기술을 숙달하는 연습이다.

순서
① 코트 전체를 사용해 랠리를 펼친다.
② 미스를 범하면 다른 공으로 랠리를 시작해 3분 동안 계속한다.
③ 일부러 약하게 공을 칠 필요는 없지만, 강타는 서로 피하면서 랠리가 계속되도록 조절한다.

■ 코스를 따로 정하지 않고 공을 주고받는다.

■ 스매시 등으로 점수를 따내려 하지 말고 랠리가 계속되도록 의식한다.

One Point! 어드바이스
올 코트 연습은 탁구대와 적절히 거리를 두는 것이 중요하다. 상대의 공에 따라 대응하기 편한 거리가 달라진다. 탁구대와의 거리를 조절해 보면서 대응이 가장 용이하고 위력 있는 공을 칠 수 있는 균형 잡힌 거리를 찾자.

■ 풋워크를 의식하며 랠리 능력을 높인다.

지도자 MEMO 올 코트 랠리 연습은 실전에 가까운 형태의 연습이지만, 이 연습에서는 결정타를 날리기보다 서로 미스를 줄여서 랠리를 이어나가는 것을 우선한다.

랠리 능력을 키운다

포핸드 드라이브의 다구 연습

난이도 ★★
시간 3분
횟수 미스 없이 10회 연속

> **목적** ▶ 포핸드 드라이브를 거는 법과 요령을 익히기 위한 연습이다.

▎송구 담당은 치기 좋은 공을 보낸다.

순서

① 송구 담당이 1구씩 공을 보내면 선수는 포어크로스로 드라이브를 건다.

② 1구마다 자세와 타구점 등을 확인하면서 미스 없이 10회 연속 성공을 목표로 연습한다.

▎선수는 포어크로스로 드라이브를 건다.

One Point! 어드바이스

포핸드 드라이브를 익히기 위한 연습이다. 온몸을 사용해 위력 있는 공을 보내자. 드라이브는 현대 탁구의 중핵을 이루는 기술이다. 초급자일 때부터 이러한 다구 연습으로 드라이브를 익히자.

드라이브는 톱스핀 볼에 대한 드라이브와 백스핀 볼에 대한 드라이브가 있다. 이 연습에서 송구 담당은 선수가 확실히 드라이브를 걸 수 있도록 톱스핀이나 백스핀이 강하게 걸린 공이 아니라 너클 볼에 가까운 느린 공을 보낸다.

랠리 능력을 키운다

메뉴 060 백핸드 드라이브의 다구 연습

난이도 ★★
시간 3분
횟수 미스 없이 10회 연속

목적 백핸드 드라이브를 거는 법과 요령을 익히기 위한 연습이다.

■ 송구 담당은 치기 쉬운 공을 보낸다.

순서

① 송구 담당은 1구씩 공을 보내고, 선수는 백크로스로 백핸드 드라이브를 건다.

② 1구마다 자세와 타구점 등을 확인하면서 미스 없이 10회 연속 성공을 목표로 연습한다.

■ 백크로스로 백핸드 드라이브를 건다.

지도자 MEMO
초급자일 때는 랠리 도중에 드라이브를 걸기가 어려우므로 이러한 다구 연습을 통해 회전을 거는 감각을 익힌다. 송구 담당은 톱스핀을 강하게 건 공이나 백스핀을 건 공이 아니라 너클 볼에 가까운 느린 공을 보낸다.

One Point! 어드바이스
백핸드 드라이브는 팔꿈치를 크게 앞으로 내밀고 팔꿈치를 중심으로 온몸을 사용해 친다. 손목도 사용할 수 있도록 연습하자.

랠리 능력을 키운다

드라이브의 풋워크① 좌우 풋워크

난이도 ★★★

시간 3분

횟수 미스 없이 20회 연속

목적

포핸드 드라이브의 안정성과 좌우 풋워크를 동시에 단련하는 메뉴이다.

▎포어사이드로 온 공을 포어스트레이트로 드라이브.

순서

① 선수는 포어사이드로 온 공을 포핸드 드라이브를 걸어 상대의 백사이드로 보낸다.

② 상대가 백사이드로 받아친 공을 선수는 돌아서서 포핸드 드라이브를 건다.

③ 이것을 반복한다.

▎백사이드로 온 공을 백크로스로 드라이브.

지도자 MEMO

연습 상대는 블록으로 드라이브를 받아치는데, 선수가 드라이브를 건 위력 있는 공을 지정된 코스로 안정되게 받아치려면 그 나름의 역량이 요구된다. 안정된 리턴이 어려울 경우는 다구 연습으로 전환하자.

One Point! 어드바이스

풋워크에 너무 신경을 쓰면 드라이브의 회전량이 떨어지기 쉽다. 회전량과 위력이 끝까지 유지되도록 20구 전부를 확실히 스윙하자.

랠리 능력을 키운다

메뉴 062
드라이브의 풋워크②
포핸드-백핸드의 전환

난이도 ★★★
시간 3분
횟수 미스 없이 30회 연속

 목적 ▶ 포핸드와 백핸드 드라이브의 안정성, 그리고 풋워크를 동시에 단련하는 메뉴이다.

▎포어사이드로 온 공을 포어스트레이트로 드라이브한다.

▎백사이드로 온 공을 백크로스로 드라이브한다.

순서

① 상대는 백핸드로 포어사이드에 공을 보낸다.
② 선수는 포어사이드로 온 공을 포핸드 드라이브로 쳐서 스트레이트로 보낸다.
③ 상대는 블록으로 백사이드에 보낸다.
④ 선수는 백사이드의 공을 백핸드 드라이브로 쳐서 백크로스로 보낸다.
⑤ 이것을 반복한다.

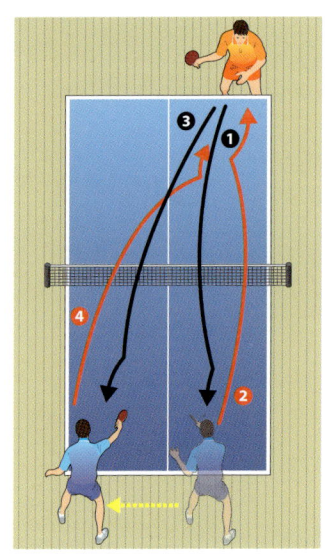

One Point! 어드바이스

포핸드 드라이브와 백핸드 드라이브는 자세도 타이밍도 다르기 때문에 처음에는 미스를 자주 범할 것이다. 익숙해지기 전에는 템포를 낮추거나 백핸드는 쇼트로 연결하면 도움이 될 것이다.

 지도자 MEMO ▶ 백사이드에서도 백핸드 드라이브를 치자. 포핸드 드라이브와 백핸드 드라이브는 구질도 다르기 때문에 연습 상대에게도 높은 수준이 요구된다. 랠리가 잘 이어지지 않는다면 다구 연습으로 전환하자.

랠리 능력을 키운다

메뉴 063 드라이브의 풋워크③ 2구 랠리 후 움직여서 치기

난이도 ★★★
시간 3분
횟수 미스 없이 30회 연속

목적 돌아서서 치는 드라이브의 안정성과 풋워크를 동시에 단련한다. 특히 포어사이드로 움직이며 드라이브를 거는 기술을 강화할 수 있다.

■ 백핸드 드라이브 후 돌아서서 포핸드 드라이브.

■ 포어사이드로 움직여서 포핸드 드라이브.

순서

① 선수는 백사이드로 온 공을 백핸드 쇼트로 받아쳐 백크로스로 보낸다.

② 백크로스로 공이 돌아오면 돌아서서 백크로스로 포핸드 드라이브를 건다.

③ 스트레이트로 공이 돌아오면 포어사이드로 움직여서 포핸드 드라이브를 건다.

 지도자 MEMO 통상적인 2구 랠리 후 포어사이드로 움직이기(55쪽)보다 공격적인 랠리 연습이다. 실력이 향상되면 랠리에 드라이브를 섞는 것이 당연해지므로 이 메뉴 이외에도 랠리 연습, 풋워크 연습 속에 드라이브 타법을 도입하자.

랠리 능력을 키운다

드라이브의 풋워크 ④ 2구-1구 연습

난이도 ★★★
시간 3분
횟수 미스 없이 30회 연속

목적 ▶ 포핸드 드라이브 연타를 실전적으로 배우는 연습이다.

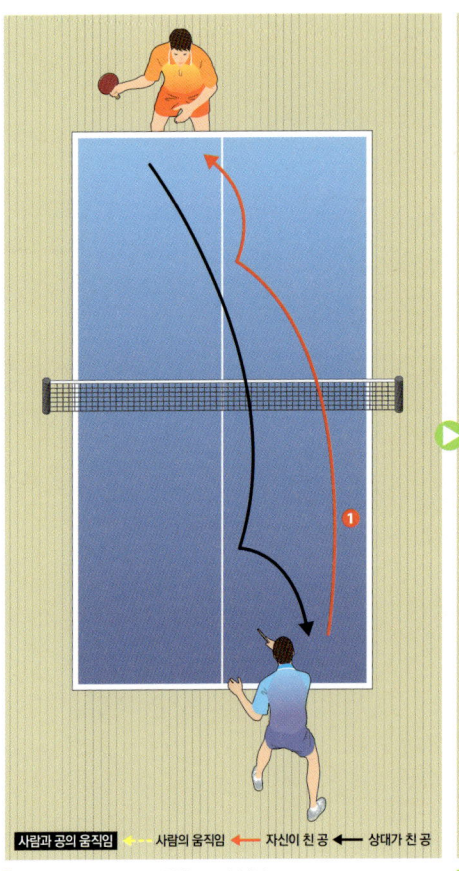

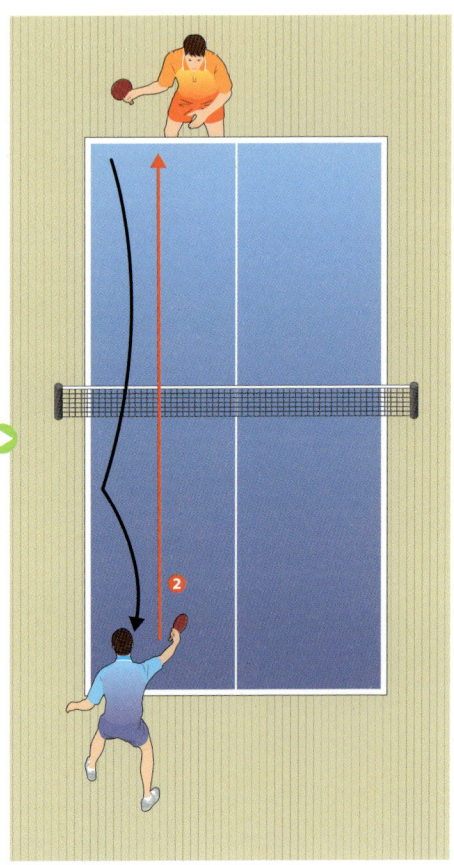

사람과 공의 움직임 ← 사람의 움직임 ← 자신이 친 공 ← 상대가 친 공

포어크로스로 2구 연속 드라이브. 상대는 포핸드로 블록한다.

백사이드로 온 공은 백핸드 드라이브로 스트레이트에 보낸다.

순서

① 선수는 포핸드로 2구 연속 드라이브를 친다. 상대는 포어크로스로 블록한다.

② 선수는 백사이드로 온 3구째 공을 백핸드 드라이브로 받아쳐 스트레이트로 보낸다.

③ 이것을 반복한다.

지도자 MEMO 무조건 포핸드-백핸드를 1구마다 전환하는 연습은 그다지 실전적이지 못하다. 이 연습처럼 포핸드를 연타하는 패턴을 도입하는 것이 좀 더 실전적인 요소를 더할 수 있다.

랠리 능력을 키운다

메뉴 065 코트 2/3에서 랜덤 올 포어사이드

난이도 ★★★
시간 3분
횟수 미스 없이 30회 연속

목적 포어사이드에 무작위로 오는 공에 대응하는 연습이다. 풋워크를 강화할 수 있다.

▎연습 상대는 포어사이드에서 미들까지 무작위로 공을 보낸다.

순서

① 상대는 포어사이드에서 미들까지 탁구대의 3분의 2 범위에 공을 보낸다.
② 선수는 전부 포핸드 드라이브로 받아친다.
③ 랠리 연습일 경우는 전부 상대의 백사이드로 받아친다. 다구 형식으로 연습해도 좋다.

▎기본적으로는 전부 포핸드 드라이브로 받아친다.

▎여유가 있으면 강타도 섞는다.

이 지역을 사용한다

지도자 MEMO 포어사이드에서 미들까지 탁구대의 3분의 2 범위에 무작위로 오는 공에 대해 풋워크를 구사하며 움직이는 연습이다. 랠리 연습도 가능하지만 다구 연습으로도 적합하다.

랠리 능력을 키운다

메뉴 066 포어크로스로 오는 커트 받아치기

난이도 ★★★
시간 3분
횟수 미스 없이 30회 연속

목적 커트 볼을 받아치는 법을 익히기 위한 기본 연습이다. 먼저 포어크로스로 오는 공에 대해 연습한다.

순서
① 선수가 포어크로스로 롱 서비스를 넣으면 상대는 포핸드 커트로 받아친다.
② 포핸드 드라이브로 연결한다.
③ 30회 연속 성공을 목표로 연습한다.

▌커트 볼이 오면 코스와 길이를 파악하고 이동한다.

▌테이크백을 할 때 자세를 낮추면 안정적으로 커트 볼을 받아칠 수 있다.

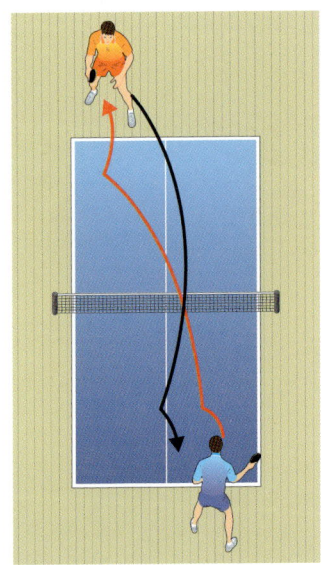

▌바운드의 정점에서 톱스핀을 걸어 받아친다.

지도자 MEMO 상대가 커트맨일 경우, 일단 미스 없이 커트 볼을 받아치지 못한다면 랠리가 되지 않는다. 포어크로스로 오는 커트 볼을 받아치기 위한 기본 연습으로서 도입하자.

랠리 능력을 키운다

메뉴 067 백크로스로 오는 커트 받아치기

난이도 ★★★
시간 3분
횟수 미스 없이 30회 연속

목적 백크로스로 오는 커트 볼을 받아치기 위한 연습이다.

▎백크로스의 드라이브는 실전에서 커트맨을 상대할 때도 중요하다.

순서
① 선수가 백크로스로 롱 서비스를 넣으면 상대는 백핸드 커트로 받아친다.
② 백크로스로 포핸드 드라이브를 건다.
③ 30회 연속 성공을 목표로 연습한다.

▎바운드의 정점에서 드라이브로 친다.

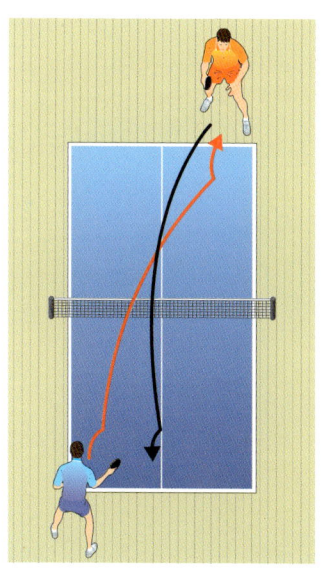

▎무게중심은 아래에서 위로. 몸을 조금 뻗으며 발돋움하는 느낌으로 친다.

지도자 MEMO 백크로스로 오는 커트 볼은 백핸드 드라이브로 대응해도 좋지만 포핸드가 더 안정적이고 위력도 강하므로 포핸드로 대응하는 것을 기본으로 삼자. 커트 볼은 롱 볼보다 시간적으로 여유가 있으므로 상대가 포어사이드로 커트를 하더라도 어느 정도 대응할 시간이 있다.

랠리 능력을 키운다

메뉴 068 코트 전체로 오는 커트 받아치기

난이도 ★★★
시간 5분
횟수 미스 없이 10회 연속

목적 무작위로 오는 커트 볼을 받아치는 발전형 연습이다. 좀 더 실전적인 움직임을 익힐 수 있다.

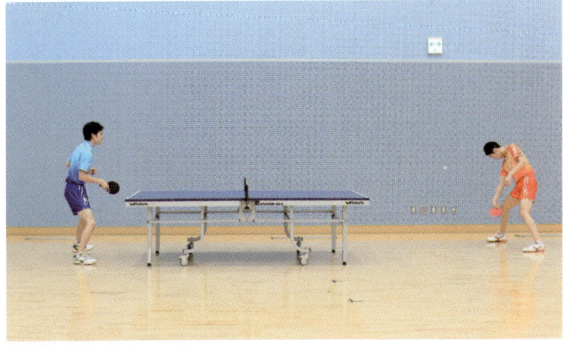

▌커트 코스를 코트 전체로 한다.

순서

① 선수가 포어크로스로 롱 서비스를 넣으면 상대는 포핸드 커트로 받아친다.

② 선수는 포핸드 드라이브로 포어사이드에 연결한다.

③ 커트맨은 코스를 계속 바꾼다. 선수는 전부 상대의 포어사이드를 노리고 받아친다.

▌기본적으로는 어떤 코스로 오든 포핸드 드라이브로 대응한다.

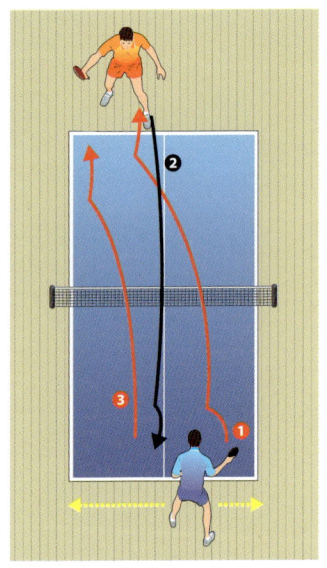

▌코스 변경에 대응할 수 있도록 연습한다.

지도자 MEMO 커트맨의 기본 전략은 커트 코스와 깊이를 바꾸면서 선수의 미스를 유도하는 것이다. 코스 변경에 대응할 수 있도록 코트 전체를 사용하는 연습을 해 두자. 또 커트 볼은 항상 정점일 때 받아치도록 하자.

랠리 능력을 키운다

메뉴 069 커트 받아치기의 다구 연습

난이도 ★★★
시간 5분
횟수 미스 없이 10회 연속

 커트 받아치기 연습을 효율적으로 하기 위한 다구 연습이다.

순서

① 송구 담당은 탁구대로부터 수 미터 떨어진 곳에서 다구로 커트 볼을 보낸다.
② 선수는 드라이브로 받아친다.

▌송구 담당이 탁구대로부터 떨어져서 다구로 커트 볼을 보낸다.

▌1구씩 확실히 드라이브로 받아친다.

지도자 MEMO 커트맨이 없는 팀도 적지 않을 것이다. 공격형 선수가 커트맨 역할을 하며 연습하는 것도 좋지만, 그렇게 해서는 안정적으로 좋은 커트 볼을 보내기가 어렵다. 그럴 때는 이 연습처럼 탁구대로부터 수 미터 떨어진 곳에서 다구로 커트 볼을 보내면 효율적으로 커트 받아치기를 연습할 수 있다. 다구 연습이라고 하면 탁구대 위에서 빠른 템포로 공을 보낸다는 이미지가 강할 텐데, 이와 같이 탁구대로부터 떨어진 곳에서 공을 보내면 연습의 폭을 넓힐 수 있다.

랠리 능력을 키운다

메뉴 070
효율적인 랠리 연습 ①
2구-2구 & 포핸드-백핸드

난이도 ★★★★
시간 3분
횟수 미스 없이 30회 연속

 서로의 랠리 능력을 효율적으로 높일 수 있는 연습이다.

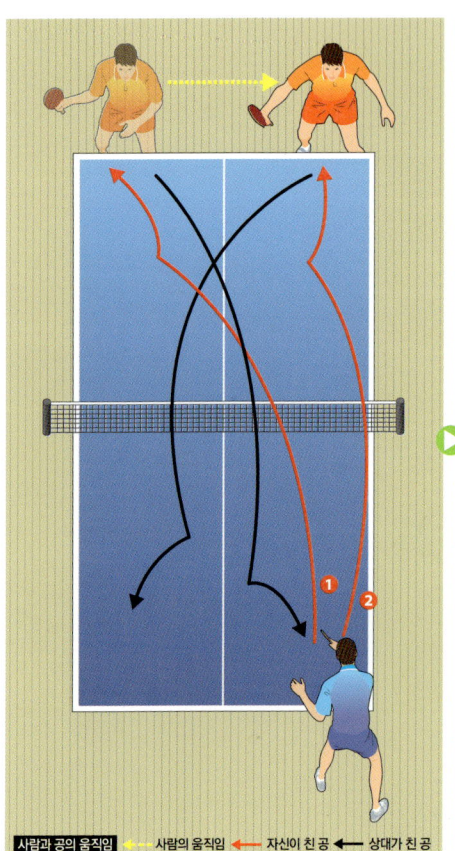

선수는 포어사이드에서 상대의 포어사이드, 백사이드로 1구씩 공을 보낸다.

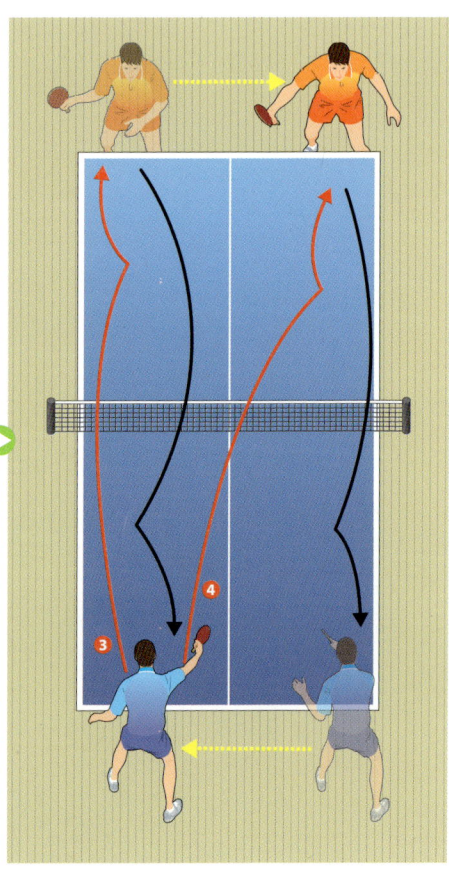

백사이드에서 1구씩 포어사이드와 백사이드로 공을 보낸다.

순서

① 선수는 포핸드로 상대의 포어사이드에, 상대는 포어크로스로 공을 보낸다. ② 상대의 백사이드로 받아친다. 상대는 백크로스로 받아친다. ③ 백크로스로 온 공을 상대의 포어사이드에 스트레이트로 받아친다. 상대도 스트레이트로 받아친다. ④ 이 공을 상대의 백사이드로 받아친다. 상대는 스트레이트로 포어사이드에 받아친다.

 지도자 MEMO
2구-2구 연습(메뉴024)과 포핸드-백핸드의 전환(메뉴015)을 조합한 연습이다. 이렇게 하면 두 명이 함께 풋워크 연습을 하는 동시에 포핸드-백핸드를 전환은 물론, 타구 코스를 크로스-스트레이트로 전환하는 연습도 할 수 있다.

랠리 능력을 키운다

효율적인 랠리 연습 ②
3구 & 좌우 풋워크

난이도 ★★★★
시간 3분
횟수 미스 없이 30회 연속

목적 ▶ 서로의 랠리 능력을 효율적으로 높일 수 있는 연습이다.

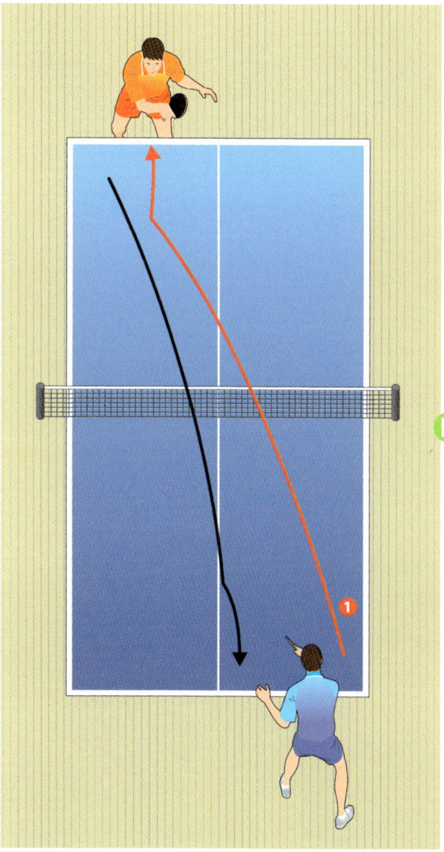

■ 선수가 포핸드로 친 공을 상대는 미들로 받아친다. 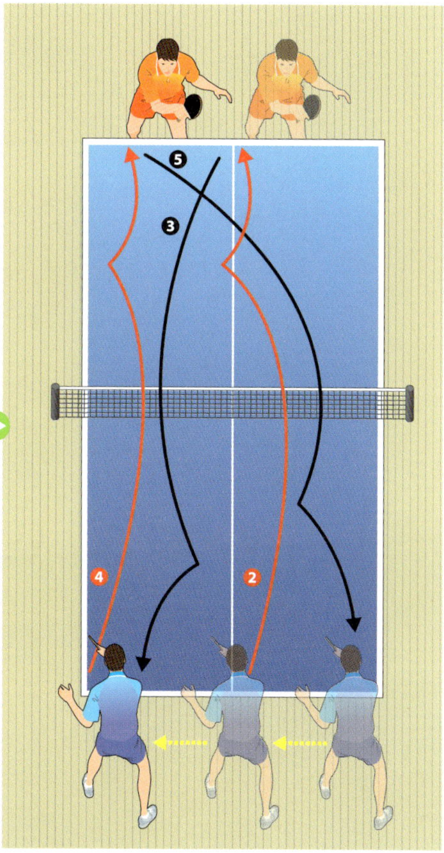 ■ 코스를 매번 바꾼다.

순서

① 선수는 포핸드로 상대의 포어사이드에, 상대는 포핸드로 선수의 미들에 공을 보낸다.
② 미들로 움직여 포핸드로 상대의 미들에 공을 보낸다.
③ 상대는 미들로 움직여 포핸드로 백사이드에 공을 보낸다.
④ 상대는 포핸드로 포어사이드에 공을 보낸다. 이것을 반복한다.

지도자 MEMO
코스가 매번 바뀌어 매우 복잡하다. 머리를 쓰면서 연습하지 않으면 금방 실패하기 때문에 집중력이 요구된다.

랠리 능력을 키운다

고난이도 풋워크 연습 ①
좌우 풋워크

난이도 ★★★★
시간 3분
횟수 미스 없이 30회 연속

목적
난이도를 높인 풋워크 연습이다.
연습 상대에게도 높은 기술 수준이 요구된다.

순서
① 선수는 포어사이드와 미들에서 1구마다 좌우로 움직이며 상대의 백사이드로 받아친다.
② 다만 상대는 단순히 쇼트로 받아치는 것이 아니라 톱스핀을 걸어 위력 있는 공을 보낸다.

▌연습 패턴 자체는 통상적인 좌우 풋워크와 같다.

톱스핀을 강하게 건다

▌차이는 톱스핀을 강하게 걸어서 친다는 점이다.

 지도자 MEMO
응용하기에 따라서 단순한 풋워크 연습(메뉴015나 017)을 중급자나 상급자도 활용할 수 있는 연습으로 만들 수 있다. 여기에서는 연습 상대가 단순히 쇼트로 받아치는 것이 아니라 톱스핀을 걸어 뻗어 나가는 위력 있는 공을 보냄으로써 연습의 난이도를 높인다.

▌서로 미스를 범할 확률이 높기 때문에 난이도 높은 연습이 된다.

랠리 능력을 키운다

메뉴 073 고난이도 풋워크 연습 ② 2구-2구

난이도 ★★★★
시간 3분
횟수 미스 없이 30회 연속

목적
난이도를 높인 2구-2구의 풋워크 연습이다. 연습 상대에게도 높은 기술 수준이 요구된다.

순서

① 선수는 포핸드로 2구, 백핸드로 2구씩 움직이면서 친다.
② 상대는 단순히 쇼트로 받아치는 것이 아니라 톱스핀을 걸어서 보낸다.

▎연습 패턴 자체는 통상적인 포핸드 2구, 백핸드 2구 연습과 같다.

톱스핀을 강하게 건다

▎상대는 톱스핀을 강하게 걸어 받아친다.

▎서로 공격하기 어려운 공에 대응하는 능력을 키운다.

지도자 MEMO
2구-2구 연습(메뉴024)의 경우, 예를 들어 1구는 강하게 보내고 다음 공은 약하게 보내는 등 공의 위력과 깊이를 바꾼다. 이런 의식을 가지면 실전에서도 통용되는 기술로 만들 수 있다.

랠리 능력을 키운다

메뉴 074 고난이도 풋워크 연습 ③ 2구 랠리 후 움직여서 치기

난이도 ★★★★
시간 3분
횟수 미스 없이 30회 연속

목적: 난이도를 높인 2구 랠리 후 움직여서 치기 연습이다. 연습 상대에게도 높은 기술 수준이 요구된다.

▎연습 패턴 자체는 통상적인 2구 랠리 후 움직여서 치기 연습과 같다.

순서

① 선수는 백핸드, 돌아서서 포핸드, 포어사이드로 이동해 포핸드의 순서로 움직인다.

② 상대는 단순히 쇼트로 받아치는 것이 아니라 톱스핀을 걸어 위력 있는 공을 보낸다. 특히 선수가 돌아서서 친 드라이브에 대해서는 톱스핀을 건 공을 포어사이드의 대응하기 어려운 코스로 보낸다.

받아치기 어려운 공을 보낸다

▎상대의 공이 어려워진다.

 지도자 MEMO

메뉴022의 2구 랠리 후 포어사이드로 움직여서 치기 연습의 난이도를 높인 연습이다. 상대는 백사이드로 2구, 포어사이드로 1구를 받아치는데, 전부 톱스핀을 걸어서 위력을 높인다. 연습 상대에게는 실전적이면서도 어려운 과제가 된다.

▎서로 미스가 나오지 않도록 집중하며 어려운 공에 대응한다.

랠리 능력을 키운다

메뉴 075 — 랜덤 풋워크 다구 연습

난이도 ★★★★
시간 3분
횟수 50~100구 정도

목적 ▶ 랜덤 풋워크 연습은 종합적인 랠리 능력을 높이는 연습이다.

■ 송구 담당은 코트 전체에 톱스핀 볼을 보낸다.

■ 포어사이드의 공은 포핸드 드라이브로 대응한다.

■ 백사이드의 공은 백핸드 드라이브로 대응한다.

■ 여유가 있으면 돌아서서 공격한다.

순서

① 송구 담당은 코트 전체에 톱스핀 볼을 보낸다.
② 선수는 포어사이드의 공은 포핸드, 백사이드의 공은 백핸드로 받아치지만, 여유가 있으면 백사이드의 공도 돌아서서 포핸드로 공격한다.
③ 미스를 범하면 다음 공으로 랠리를 재개한다.

지도자 MEMO
백사이드까지 포함한 랜덤 풋워크다. 좀 더 공격적인 플레이와 풋워크를 의식하자. 미스를 범하면 다른 공으로 랠리를 재개한다.

랠리 능력을 키운다

메뉴 076 포핸드 드라이브 3분 랠리

난이도 ★★★
시간 3분
횟수 시간 내 무제한

목적 포어크로스로 자유롭게 포핸드 드라이브를 주고받는 연습이다.

▎중진에서 드라이브를 주고받는다.

순서
① 서로 중진에서 포핸드 드라이브로 랠리를 주고받는다.
② 미스를 범하면 볼 트레이에서 공을 꺼내 즉시 랠리를 재개한다.
③ 시간(3분) 내에는 휴식 없이 집중해서 공을 친다.

▎미스를 두려워하지 말고 과감하게 강한 회전을 건다.

▎풋워크를 이용해 다른 코스로의 공격에도 대응한다.

> **지도자 MEMO**
> 현대 탁구에서 포핸드 드라이브는 공수 양면에 걸쳐 중핵이 되는 기술이다. 특히 중진에서의 드라이브 랠리는 중급 이상의 선수라면 반드시 연습해 두어야 한다. 실수를 두려워하지 말고 시간을 정해 집중적으로 연습하면 드라이브 볼에 익숙해질 수 있을 것이다.

랠리 능력을 키운다

올 코트 드라이브 3분 랠리

난이도 ★★★★
시간 3분
횟수 시간 내 무제한

 정해진 시간 동안 올 코트에서 드라이브를 주고받음으로써 드라이브 랠리에 익숙해진다.

순서

① 서로 중진에서 포핸드 드라이브로 랠리를 주고받는다.

② 코스는 미들에서의 포핸드 드라이브 랠리로 시작해 코트 전체로 확대한다. 포핸드로 대응할 수 없을 때는 백핸드 드라이브로 받아치며, 경우에 따라서는 블록 등으로 버틴다.

③ 시간(3분) 내에는 휴식 없이 집중해서 공을 친다.

▌코스를 제한하지 않고 코트 전체를 이용해 연습한다.

▌포어사이드의 공은 포핸드 드라이브, 백사이드의 공은 백핸드 드라이브로 대응한다.

▌드라이브로 대응하기 어려운 공이 오면 블록으로 버틴다.

 메뉴076의 드라이브 랠리 연습을 코트 전체로 확장한 연습이다. 메뉴076과 마찬가지로 미스를 범하더라도 공을 주우러 가지 않고 3분이면 3분 등 정해진 시간 동안 랠리에 집중하는 것이 중요하다.

랠리 능력을 키운다

메뉴 078 좌우 풋워크의 다구 연습

난이도 ★★★
시간 3분
횟수 30구 정도

목적 포핸드를 치기 위해 크게 움직이는 풋워크 연습이다.

■ 백사이드의 깊은 공에 대응한다.

순서
① 송구 담당은 좌우로 1구씩 폭넓게 공을 보낸다.
② 선수는 좌우로 움직이며 포핸드 드라이브로 강타한다.

■ 송구 담당은 포어사이드로도 공을 보낸다.

■ 좌우로 크게 흔들어주면 좀 더 폭넓은 풋워크 능력을 기를 수 있다.

지도자 MEMO 통상적인 풋워크 연습은 포어사이드~미들의 범위에서 실시하지만, 이 메뉴는 좌우 코너로 크게 흔드는 공에 대응하기 위한 연습이다. 백사이드로 돌아갈 때 돌아설 여유가 없다면 백핸드로 대응해도 상관없다. 선수의 수준에 맞춰 아슬아슬하게 쫓아갈 수 있을 정도의 템포로 공을 보내주자.

랠리 능력을 키운다

초시계 랠리 ①
좌우 풋워크

난이도 ★★★
시간 1분 30초
횟수 시간 내 무제한

초시계를 이용한 풋워크 강화 연습이다. 메뉴086까지의 8개 메뉴가 한 세트를 이룬다. 이 연습에서는 좌우 풋워크를 단련한다.

순서

① 볼 트레이를 준비한다. 상대는 백핸드 쇼트로 좌우 코스에 공을 보내며 선수는 좌우로 움직인다.

② 미스를 범하면 새 공으로 랠리를 재개한다. 시간이 지나면 역할을 교대한다.

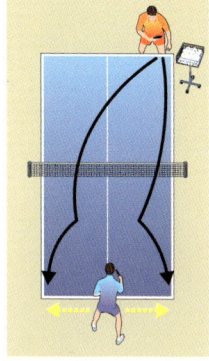

지도자 MEMO 1구 1구마다 풋워크를 이용하여 좌우로 빨리 움직이며 빠른 타점에서 간결하게 스윙하는 것이 목표다.

움직임은 통상적인 좌우 풋워크.

미스를 신경 쓰지 않고 시간 내에 최대한 많은 공을 친다.

랠리 능력을 키운다

초시계 랠리 ②
중진에서의 좌우 풋워크

난이도 ★★★
시간 1분 30초
횟수 시간 내 무제한

중진에서의 풋워크 연습으로, 좌우로 좀 더 크게 움직이는 풋워크가 요구된다. 더 강력한 공을 칠 수 있게 된다.

순서

① 상대는 포핸드 드라이브로 좌우에 공을 보낸다. 선수는 중진에서 좌우로 움직이며 받아친다.

② 미스를 범하면 새 공으로 랠리를 재개한다.

③ 1분 30초가 지나면 상대와 역할을 교대한다.

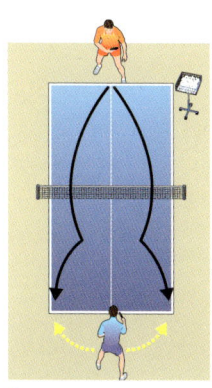

지도자 MEMO 이 연습에서는 중진으로 내려가 메뉴079와 같은 요령으로 움직인다. 메뉴079보다 풋워크를 크게 구사해 강한 공을 치는 것이 목표다.

중진에서의 좌우 풋워크.

미스를 신경 쓰지 않고 시간 내에 최대한 많은 공을 친다.

랠리 능력을 키운다

메뉴 081 초시계 랠리③ 2구-1구의 풋워크

목적: 2구-1구의 풋워크 연습이다. 크고 정확하게 움직이는 것이 중요하다.

난이도 ★★★
- 시간: 1분 30초
- 횟수: 시간 내 무제한

순서
① 상대는 백핸드 쇼트를 보내며, 선수는 2구 랠리 후 움직여서 치기(메뉴022)와 같은 요령으로 움직인다.
② 미스를 범하면 새 공으로 랠리를 재개한다.
③ 1분 30초가 지나면 상대와 역할을 교대한다.

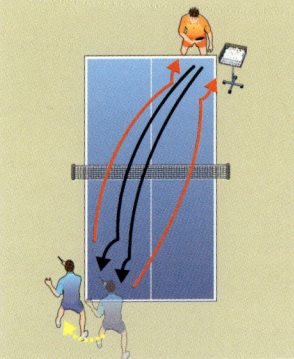
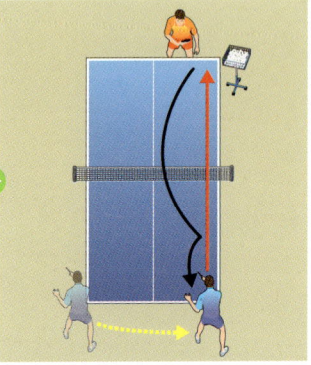

2구 랠리 후 포어사이드로 크게 움직여서 친다.

미스를 신경 쓰지 않고 시간 내에 최대한 많은 공을 친다.

지도자 MEMO: 포어사이드로 크게 움직일 때는 다리를 교차시키지 않는 것이 중요하다. 백핸드 후에 돌아설 때는 크게 움직인다.

랠리 능력을 키운다

메뉴 082 초시계 랠리④ 2구-2구의 풋워크

목적: 포어사이드와 백사이드로 2구씩 오는 공에 맞춰 좌우로 크게 움직이면서 각각 포핸드와 백핸드로 받아치는 연습이다.

난이도 ★★★
- 시간: 1분 30초
- 횟수: 시간 내 무제한

순서
① 상대는 백핸드로 좌우에 2구씩 공을 보낸다.
② 선수는 포어사이드의 공은 포핸드로, 백사이드의 공은 백핸드로 받아친다.
③ 미스를 범하면 새 공으로 랠리를 재개한다.
④ 1분 30초가 지나면 상대와 역할을 교대한다.

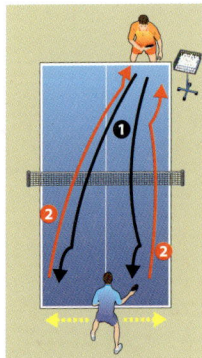

코스는 통상적인 2구-2구.

미스를 신경 쓰지 않고 시간 내에 최대한 많은 공을 친다.

지도자 MEMO: 익숙해지면 좌우의 2구째 공을 강하게 친다. 이동할 때 가급적 다리를 교차시키지 않도록 주의하자.

랠리 능력을 키운다

초시계 랠리⑤
좌우로 움직이며 백핸드 치기

난이도	★★★
시간	1분 30초
횟수	시간 내 무제한

목적 좌우로 크게 움직이면서 백핸드로 받아치는 연습이다. 작고 재빠른 스텝이 필요하다.

순서
① 상대는 백핸드로 미들과 백사이드에 2구씩 공을 보낸다.
② 선수는 풋워크를 이용해 전부 백핸드로 받아친다.
③ 미스를 범하면 새 공으로 랠리를 재개한다.
④ 1분 30초가 지나면 상대와 역할을 교대한다.

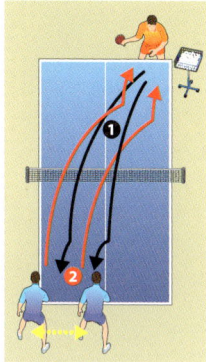

좌우로 움직이며 백핸드로 받아치기.

미스를 신경 쓰지 않고 시간 내에 최대한 많은 공을 친다.

지도자 MEMO 익숙해지면 좌우의 2구째 공을 강하게 친다. 이동할 때는 작은 스텝으로 평행하게 움직인다.

랠리 능력을 키운다

초시계 랠리⑥
미들-올 코트

난이도	★★
시간	1분 30초
횟수	시간 내 무제한

목적 어느 쪽으로 올지 알 수 없는 공에 대해 정확한 판단을 내리고 재빠른 풋워크를 구사해 포핸드, 백핸드로 대응한다.

순서
① 상대가 미들로 공을 보내면 선수는 포핸드로 받아친다.
② 상대는 무작위로 공을 보내며, 선수는 이에 대응한다.
③ 상대는 다시 미들로 공을 보낸다. 이것을 1분 30초 동안 반복한다.

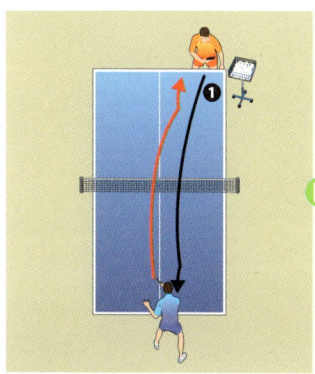
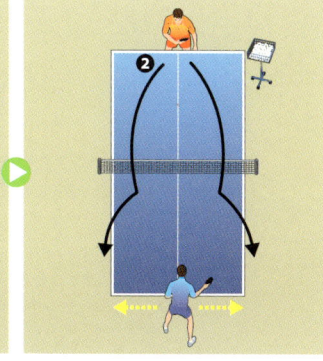

1구째는 미들, 다음 공은 무작위 코스를 반복한다.

미스를 신경 쓰지 않고 시간 내에 최대한 많은 공을 친다.

지도자 MEMO 미들→포어사이드 또는 백사이드→미들……을 반복한다. 특히 포어사이드로 움직인 뒤에 미들로 돌아가기가 어려우니 주의한다.

랠리 능력을 키운다

초시계 랠리 ⑦ 쇼트-돌아서기

목적 재빨리 돌아서서 포핸드로 치는 움직임과 정확히 백핸드로 받아치는 움직임의 숙련도를 높이기 위한 연습이다.

난이도 ★★★
시간 1분 30초
횟수 시간 내 무제한

순서

① 상대는 백핸드로 백사이드에 공을 보내며, 선수는 백핸드로 받아치거나 돌아서서 포핸드로 받아친다. 이것을 반복한다.
② 미스를 범하면 새 공으로 랠리를 재개한다.
③ 1분 30초가 지나면 상대와 역할을 교대한다.

지도자 MEMO 백핸드 쇼트와 돌아서서 포핸드를 반복하는 연습이다. 포핸드의 타구를 최대한 빠른 박자로 하며 전환을 빠르게 한다.

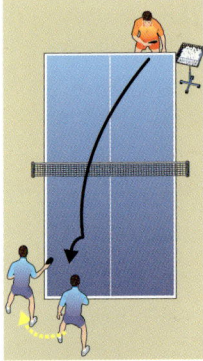
백사이드에서의 쇼트-돌아서기.

미스를 신경 쓰지 않고 시간 내에 최대한 많은 공을 친다.

랠리 능력을 키운다

초시계 랠리 ⑧ 2/3에서 랜덤 올 포어사이드

목적 무작위 코스로 보내는 공에 대해 재빠른 풋워크로 대응해 포핸드로 받아치는 연습이다.

난이도 ★★★
시간 1분 30초
횟수 시간 내 무제한

순서

① 상대는 백핸드로 탁구대의 3분의 2 범위를 무작위로 노린다.
② 선수는 전부 포핸드로 받아친다.
③ 미스를 범하면 새 공으로 랠리를 재개한다.
④ 1분 30초가 지나면 상대와 역할을 교대한다.

지도자 MEMO 재빨리 돌아오며, 작은 스텝을 구사해 스탠스를 일정하게 유지한다.

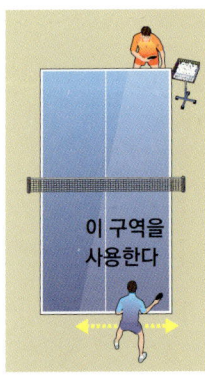
랜덤 올 포어사이드.

미스를 신경 쓰지 않고 시간 내에 최대한 많은 공을 친다.

제 4 장

공격력을 키운다

드라이브 타법과 서비스, 리시브를 중심으로
공격력을 높이는 연습 방법을 소개한다.
연습 상대에 따라서는 수비력을 향상시키는 연습도 된다.
수비와 공격력을 동시에 높일 수 있도록 응용해 나가자.

공격력을 키운다

기술
해설

백스핀에 대한 드라이브

| POINT 1 | 적당한 스탠스를 취한다. | POINT 2 | 라켓을 아래로 떨어트리듯이 백스윙을 시작한다. | POINT 3 | 팔뿐만 아니라 허리를 사용하며 온몸을 낮춘다. 라켓을 완전히 내린 상태. |

▶▶ **상대의 백스핀에 지지 않도록 문질러 올린다**

공에 강한 톱스핀(상회전)을 걸어서 치는 것이 드라이브. 톱스핀을 걸면 공의 궤도가 호를 그리듯이 형성되며 안정된 스트로크로 연결된다. 드라이브는 크게 두 가지 패턴으로 나눌 수 있다. 위의 사진에서 소개하는 것은 상대의 백스핀에 대해 드라이브를 거는 방법이다.

포인트는 테이크백을 할 때 몸을 낮추고 공을 문질러 올려서 강한 톱스핀을 거는 것이다. 다만 스윙의 방향이 지나치게 '수직'이 되면 위력이 없어지거나 상대의 코트로 넘어가지 않는 등의 미스가 늘어나니 적당한 스윙 자세를 연구하자.

124쪽에서는 상대의 톱스핀 볼에 대해 덮어씌우듯이 드라이브를 거는 법을 소개한다. 두 종류의 드라이브를 상황에 맞춰 사용하는 법을 마스터하자.

| POINT 4 | 위로 추켜 올리듯이 스윙한다. | POINT 5 | 상반신이 뜨지 않도록 주의하며 폴로스루에 들어간다. | POINT 6 | 팔꿈치를 굽히며 폴로스루를 마친다. |

몸을 낮추지 않으면
팔만으로 치게 되기 쉽다.

수직으로 문질러 올리면
공을 제대로 맞히기 어렵다.

수직으로 문질러 올리면 공의 위력이
사라져 미스가 나게 된다.

공격력을 키운다

톱스핀에 대한 드라이브

POINT 1	적당한 스탠스로 선다.
POINT 2	허리의 위치가 낮아지지 않도록 라켓을 조금 뒤쪽으로 뺀다.
POINT 3	라켓을 뺐으면 허리를 중심으로 스윙에 들어간다.

공에 대해 정면을 향하면 충분한 스윙을 할 수 없다.

라켓의 위치가 높으면 회전이 걸리지 않는다.

테이크백이 너무 크면 타이밍을 맞추지 못한다.

| POINT 4 | 라켓을 대각선 위를 향해 올린다. | POINT 5 | 공의 윗부분을 문지르듯이 스윙한다. | POINT 6 | 충분히 폴로스루를 한다. |

팔부터 스윙에 들어가면
팔로만 치게 된다.

팔을 너무 뻗으면
공을 맞히기 어려워진다.

폴로스루가 커지면
다음 공에 대한 대응이 늦어진다.

공격력을 키운다

기술해설: 스매시

POINT 1 공이 오는 위치로 재빨리 움직인다.

POINT 2 뒷발에 체중을 실으면서 테이크백에 들어간다.

POINT 3 크게 테이크백한 뒤 체중을 앞발로 옮기면서 스윙.

POINT 4 임팩트 순간 힘을 최대한으로 싣는다.

POINT 5 라켓을 휘두르면서 체중을 완전히 앞발로 옮긴다.

POINT 6 팔꿈치를 굽히고 폴로스루를 마친다.

▶▶ 백스윙으로 모은 힘을 공에 싣는다

높게 뜬 찬스볼을 온몸을 사용한 강한 스윙으로 때려서 포인트를 따는 기술이다. 백스윙으로 힘을 충분히 모으고, 임팩트 순간 최대 힘을 실을 수 있도록 스윙한다.

포인트는 체중 이동이다. 오른손잡이의 경우 테이크백을 할 때 오른발에 체중을 싣고 있다가 임팩트 순간 왼발을 내딛고 중심을 이동하면서 스윙한다.

공격력을 키운다

블록

POINT 1 공이 오는 정면으로 들어간다.

POINT 2 작게 테이크백한다.

POINT 3 공을 잘 보고 타이밍을 맞춘다.

POINT 4 공의 위력에 밀리지 않도록 컨트롤하며 받아친다.

▶▶ 상대가 친 공의 위력을 이용해 받아친다

상대가 친 드라이브나 스매시를 받아넘기는 기술이다. 높은 위치로 온 타구를 누르듯이 친다. 통상적인 스윙과 달리 최소한으로 스윙하며 상대가 친 공의 위력을 이용해 받아친다. 블록을 할 때 자신도 모르게 상대의 움직임에 이끌려 스윙이 커지는 경우가 많은데, 상대가 친 공의 위력을 이용하면서 컨트롤이 가능하도록 작게 스윙해야 한다.

공격력을 키운다

메뉴 087 다구 연습으로 하회전 공을 포핸드 드라이브

난이도 ★★

시간 3분

횟수 미스 없이 10회 연속

하회전 공을 드라이브로 확실히 받아치기 위한 연습이다.
드라이브 공격을 익히는 기본 연습이다.

순서

① 송구 담당은 백스핀 볼을 원바운드 후 탁구대 밖으로 나갈 정도의 길이로 보낸다.
② 선수는 드라이브를 한다.
③ 이 움직임을 반복한다.

■ 송구 담당은 포어사이드로 깊게 하회전 공을 보낸다.

■ 크로스로 포핸드 드라이브를 건다.

■ 타구점이 너무 떨어지지 않도록 주의한다.

 지도자 MEMO

하회전 공을 드라이브로 공격하는 것은 공격의 기본이라고 해도 과언이 아니다. 커트 혹은 하회전 서비스를 드라이브로 공격하기 위해서라도 열심히 연습해 두자.

공격력을 키운다

메뉴 088 커트를 드라이브로 받아치기

난이도 ★★
시간 3분
횟수 시간 내 무제한

목적 커트로 돌아온 공에 대해 드라이브로 공격하는 연습이다. 공격 센스를 익힐 수 있다.

순서

① 서로 백크로스를 노리고 백핸드 커트로 연결한다.

② 몇 차례 주고받았으면 백핸드 혹은 돌아서서 포핸드로 드라이브를 건다.

③ 이 움직임을 반복한다.

■ 몇 차례 커트를 연결한다. 커트가 허술해지지 않도록 주의한다.

■ 돌아서서 드라이브를 건다.

■ 상대는 드라이브를 블록하며, 그 후에는 코트 전체를 사용해 랠리를 펼친다.

지도자 MEMO 초급자 간의 경기 혹은 여성 선수의 경기에서는 자칫 서로 공격을 하지 못하고 커트로 랠리를 펼치는 전개가 중심이 되곤 하는데, 이것은 바람직하지 않다. 실전에서 상대의 커트를 과감하게 드라이브로 공격하기 위해서라도 필요한 연습이다.

공격력을 키운다

메뉴 089 변화를 준 커트를 드라이브로 받아치기

난이도 ★★
시간 3분
횟수 시간 내 무제한

 상대가 보낸 커트의 길이와 높이를 파악해 정확히 드라이브를 거는 연습이다.

■ 백핬드로 커트를 연결한다.

순서

① 서로 백크로스를 노리고 백핬드 커트로 연결한다.
② 몇 차례 주고받았으면 선수는 백핬드 혹은 돌아서서 포핬드로 드라이브를 건다.
③ 상대는 커트를 짧게 혹은 길게 보내는 등 변화를 준다.
④ 이것을 반복한다.

■ 상대는 측면을 가르거나 스톱을 하는 등 커트로 변화를 준다.

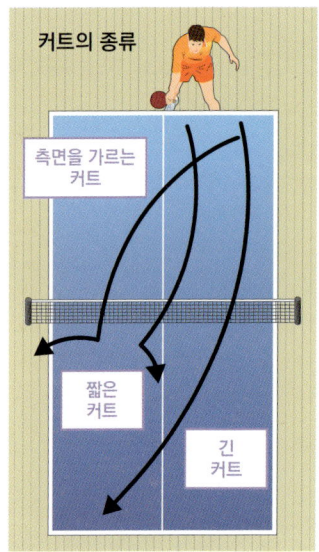

커트의 종류

측면을 가르는 커트

짧은 커트

긴 커트

■ 돌아서서 포핬드 드라이브를 건다. 칠 수 없으면 스톱으로 연결.

 지도자 MEMO

짧은 스톱 느낌의 커트나 탁구대를 미끄러지듯 나아가는 길고 날카로운 커트, 조금 쉬운 공 등 다양한 변화를 준 커트를 받아칠 수 있도록 하는 연습이다. 연습 상대는 상대가 공격하기 어려운 커트를 연습할 수 있다.

공격력을 키운다

메뉴 090 백스핀과 톱스핀에 대한 드라이브의 다구 연습

난이도 ★★

시간 3분

횟수 미스 없이 10회 연속

 상대의 공에 따라 적절한 드라이브를 구사하기 위한 연습이다.

■ 백스핀 볼이 오면 드라이브.

순서

① 송구 담당은 백스핀 볼과 톱스핀 볼을 1구씩 교대로 보낸다.
② 선수는 양쪽 모두 드라이브로 받아친다.
③ 이 움직임을 반복한다.

■ 톱스핀 볼이 오면 덮어씌우듯이 드라이브를 건다.

■ 두 종류의 드라이브를 의식적으로 구분해서 사용한다.

 지도자 MEMO
하회전 공과 상회전 공에 대한 드라이브는 다른 기술이다(122~125쪽). 실전에서는 하회전에 대해 드라이브로 공격하면 상회전 공이 돌아올 때가 많다(상대가 커트맨이 아닌 한). 그러므로 양쪽의 요소를 전부 포함하는 연습이 효과적이다.

메뉴 091 · 공격력을 키운다
백크로스로의 드라이브 & 블록

난이도 ★★★
시간 3분
횟수 미스 없이 10회 연속

목적 ▶ 백크로스로의 드라이브와 블록 능력을 높이기 위한 연습이다.

순서

① 상대는 백핸드, 선수는 포핸드로 백 크로스 랠리를 펼친다.
② 선수는 리시브 혹은 3구째부터 드라이브를 건다.
③ 상대는 백핸드로 블록한다.

▎백사이드에서 준비한다.

▎백크로스로 포핸드 드라이브를 건다.

One Point! 어드바이스

블록의 목적의식

선수의 드라이브가 안정되어 있지 않다면 연습 상대는 리턴 코스가 일정하도록 안정되게 블록한다. 반대로 선수의 드라이브가 안정적이라면 단순히 블록을 하는 것이 아니라 쇼트를 하거나 카운터의 느낌으로 받아치는 등 블록에 변화를 주자. 때때로 코스를 바꿔도 무방하다.

▎상대는 확실히 블록한다.

지도자 MEMO

안정된 드라이브를 연속으로 거는 것은 현대 탁구에서 필수 기술이다. 하회전 공을 드라이브 걸 수는 있지만 연속으로 치지 못하는 선수도 적지 않다. 한편 연습 상대는 드라이브에 대한 블록 능력을 단련할 수 있다.

공격력을 키운다

메뉴 092 포어크로스로의 드라이브 & 블록

난이도 ★★★
시간 3분
횟수 미스 없이 10회 연속

목적 포어크로스로의 드라이브와 블록 능력을 높이기 위한 연습이다.

포어크로스로 드라이브를 건다.

순서
① 서로 포어크로스로 포핸드 랠리를 펼친다.
② 선수는 리시브 혹은 3구째부터 드라이브를 건다.
③ 상대는 포핸드로 블록한다.

코스는 포어크로스로 고정한다.

상대는 블록을 한다. 여유가 있다면 카운터로 공격한다.

지도자 MEMO 포어크로스로의 드라이브 & 블록 연습이다. 10구 이상 미스 없이 랠리를 계속할 수 있게 되면 블록 담당은 때때로 상대의 백사이드로 블록하거나 카운터의 느낌으로 받아치는 등 변화를 주자.

공격력을 키운다

메뉴 093 드라이브 코스 전환

난이도 ★★★
시간 3분
횟수 미스 없이 10회 연속

목적 드라이브 코스를 전환하는 움직임과, 포핸드 블록과 백핸드 블록을 전환하는 움직임을 익히는 연습이다.

▎포어크로스로 드라이브를 건다.

순서

① 선수는 포어크로스로 드라이브를 걸어 보낸다.
② 상대는 포핸드로 블록한다.
③ 선수는 포어스트레이트로 드라이브를 건다.
④ 상대는 백핸드로 블록한다.

▎상대는 포핸드로 블록한다.

▎포어스트레이트로 드라이브를 걸고, 상대는 백핸드로 블록한다.

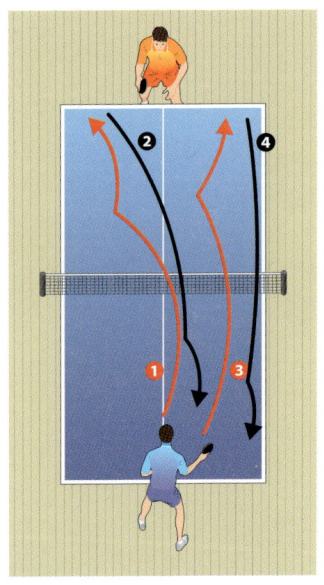

지도자 MEMO 드라이브의 코스를 포어크로스와 포어스트레이트로 전환하는 연습으로, 상대에게는 포핸드 블록과 백핸드 블록을 전환하는 연습이 된다. 연습이 지나치게 단조로워지지 않도록 패턴을 바꾸며 연습하자.

공격력을 키운다

메뉴 094 3구째 공격으로 시작하는 포어크로스 드라이브

난이도 ★★★
시간 3분
횟수 시간 내 무제한

목적 3구째 공격의 형태로 시작하는 포어크로스로의 드라이브와 블록 능력을 높이기 위한 연습이다.

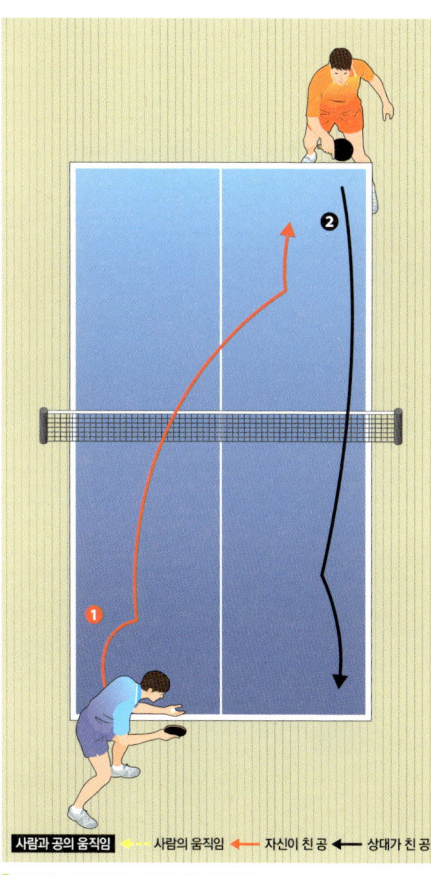

상대는 하회전 서비스를 커트로 리시브한다.

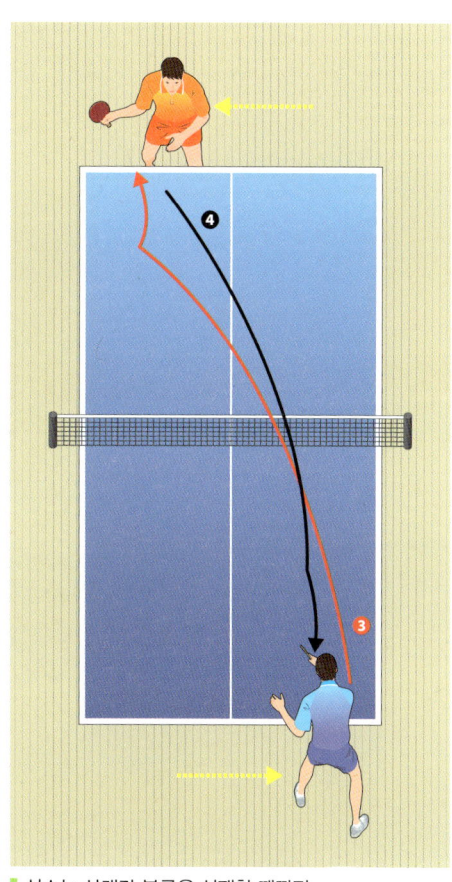

선수는 상대가 블록을 실패할 때까지 포어크로스로 드라이브를 건다.

순서

① 선수는 상대의 백사이드로 하회전 서비스를 넣는다.
② 상대는 커트로 받아서 포어사이드에 보낸다.
③ 선수는 포어크로스로 드라이브를 건다.
④ 상대는 포핸드로 블록한다. 선수는 다시 드라이브를 건다.
⑤ 이것을 반복한다. 미스가 나와도 공을 주우러 가지 않고 즉시 다음 공으로 서비스를 넣는다. 3분 동안 계속한다.

지도자 MEMO 3구째 드라이브 공격을 시작으로 연속해서 드라이브를 거는, 실전 공격력을 높이기 위한 연습이다. 상대에게는 리시브 후 포핸드 블록을 단련하는 연습이 된다.

공격력을 키운다

메뉴 095 3구째 공격으로 시작하는 백핸드 드라이브

난이도 ★★★
시간 3분
횟수 시간 내 무제한

목적 3구째 공격으로 시작하는 백크로스로의 백핸드 드라이브와 블록 능력을 높이기 위한 연습이다.

■ 상대의 백크로스로 하회전 서비스를 넣는다.

■ 백크로스를 노리고 커트로 리시브한다.

■ 백핸드 드라이브를 걸 때 손목의 테이크백에 주의한다.

■ 상대의 백크로스로 강한 백핸드 드라이브를 보낸다.

순서

① 볼 트레이를 놓고, 선수는 백크로스로 하회전 서비스를 넣는다.
② 상대는 커트로 받아친다.
③ 선수는 백핸드 드라이브를 건다.
④ 상대는 블록하거나 백핸드 드라이브로 받아친다.
⑤ 미스가 나오면 즉시 다음 공을 사용해 서비스부터 연습을 재개한다.

지도자 MEMO 백크로스로 백핸드 드라이브를 주고받는 연습이다. 찬스볼이 오면 돌아서서 포핸드 드라이브를 걸어도 무방하다. 몇 차례 랠리가 이어졌다면 스트레이트로 보내는 연습도 해 보자.

공격력을 키운다

메뉴 096
3인 1조 드라이브 & 블록 연습

난이도 ★★★
시간 3분
횟수 시간 내 무제한

목적 ▶ 3인 1조가 되어 드라이브와 블록을 동시에 하는 **효율적인 연습이다.**

■ A는 포어사이드, B는 백사이드로 온 공에 대응한다.

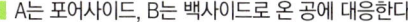

■ C는 혼자서 코트 전체에 무작위로 공을 보낸다.

■ 복식과는 달리 같은 코스로 공이 오면 A(혹은 B)가 연속해서 대응한다.

순서

① 탁구대의 한쪽에 2명(A, B), 다른 한 쪽에 1명(C)이 선다. A는 포어사이드, B는 백사이드로 온 공을 각각 포핸드 드라이브로 공격한다. 코스는 포어사이드나 백사이드로 보낸다.

② C는 혼자서 블록으로 대응한다. 블록한 공을 A, B가 공격한다.

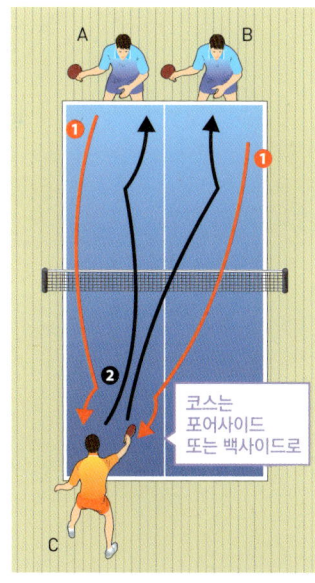

코스는 포어사이드 또는 백사이드로

지도자 MEMO
2명이 있는 쪽은 복식처럼 교대로 공을 치는 것이 아니라 자신의 담당 코스(A는 포어사이드, B는 백사이드)로 온 공을 친다. 그러므로 혼자서 연속으로 공격하는 경우도 생긴다.

공격력을 키운다

메뉴 097 3인 1조 드라이브 & 블록 다구 연습

난이도 ★★★
시간 3분
횟수 시간 내 무제한

 3인 1조가 되어 공격력과 방어력을 동시에 키우는 효율적인 연습 메뉴이다.

순서

① 송구 담당(A), 공격 담당(B), 블록 담당(C)을 그림처럼 배치한다. A가 백스핀 볼을 보낸다.

② B는 드라이브 공격(코스는 무작위).

③ C는 블록하거나 여유가 있으면 카운터로 공격한다.

■ A는 송구 담당. C는 블록 담당

■ B는 드라이브 공격을 연습한다.

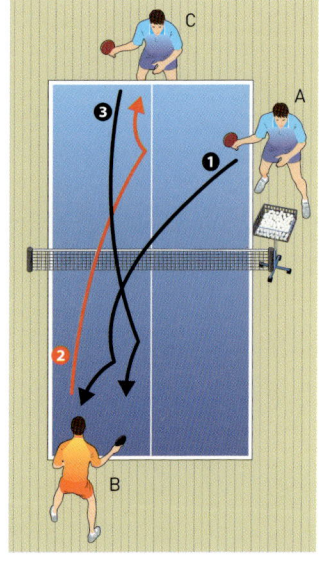

■ C는 여유가 있으면 카운터 공격을 한다.

지도자 MEMO

세 번째 선수가 블록이나 카운터 공격을 함으로써 비효율적인 대기 시간을 줄이는 것이 목적이다. 이와 같은 3인조 연습 방법은 역할을 바꿔 가며 하면 전원이 효율적으로 참가할 수 있다.

공격력을 키운다

메뉴 098 무작위 다구 공격

난이도 ★★★
시간 3분
횟수 50~100구 정도

목적: 종합적인 공격력을 키우기 위한 연습이다. 무작위로 오는 공에 대해 풋워크를 구사하면서 온몸을 사용한 강한 타구를 의식한다.

송구 담당은 다양한 코스와 속도로 공을 보낸다.

어려운 공은 연결한다.

여유가 있으면 강하게 공격한다.

순서

① 송구 담당은 다양한 코스와 회전의 공을 보낸다. 선수는 포어사이드로 온 공은 포핸드로 받아친다.

② 백사이드로 온 공은 백핸드로 받아친다(여유가 있으면 돌아서서 포핸드).

③ 미들로 온 공은 상황에 따라 포핸드, 백핸드를 판단해 대응한다.

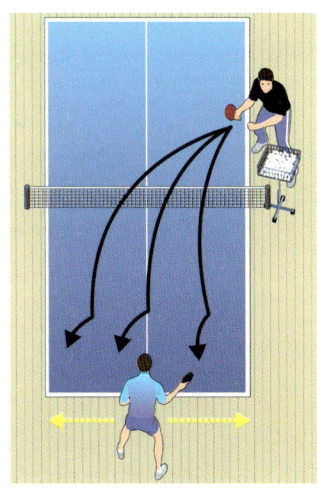

지도자 MEMO: 코스를 정하지 않고 무작위로 오는 다양한 구질의 공에 대해 드라이브와 스매시 등을 섞어서 연습하는 방법이다. 서로 자유롭게 랠리를 펼치면 상대가 미스를 범할 때도 있어서 생각한 만큼의 연습이 이루어지지 않기도 한다. 때문에 무작위 연습은 다구 형식이 더 효율적인 경우가 있다.

공격력을 키운다

메뉴 099 포핸드 강화 연습

난이도 ★★★
시간 3분
횟수 시간 내 무제한

 목적 ▶ 크로스로 강한 포핸드를 치기 위한 연습이다.

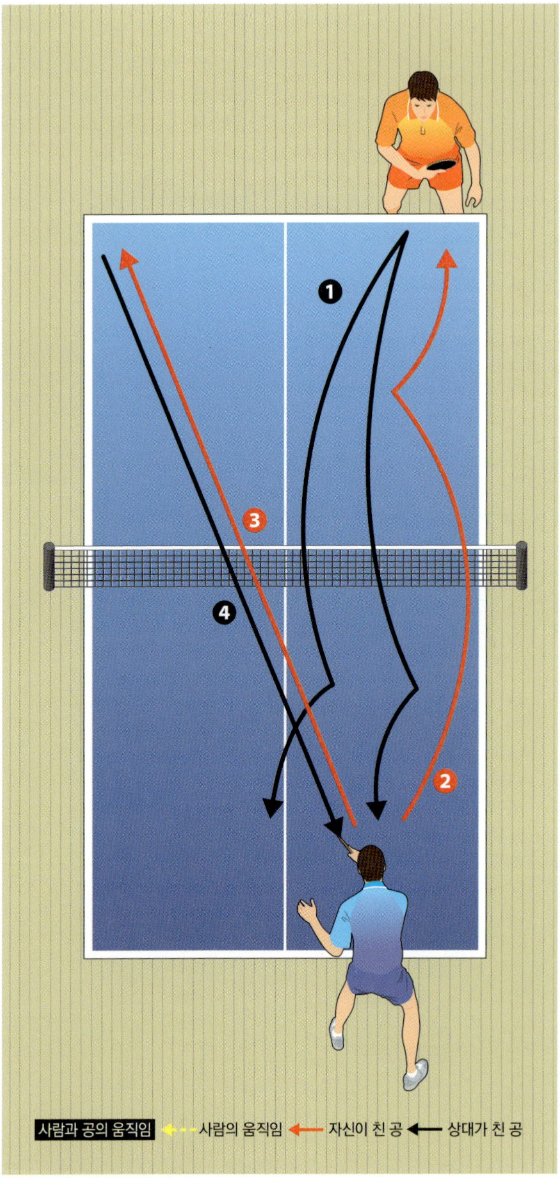

순서

① 상대는 포어사이드~미들의 범위에 무작위로 쇼트를 친다.
② 선수는 좌우로 움직이면서 포핸드로 받아쳐 스트레이트로 보낸다.
③ 4~5구째를 드라이브나 스매시로 강하게 쳐서 크로스로 보낸다.
④ 상대는 카운터 드라이브로 받아쳐 크로스로 공을 보내며, 그 다음에는 코트 전체를 사용해 랠리를 펼친다.

사람과 공의 움직임 ← 사람의 움직임 ← 자신이 친 공 ← 상대가 친 공

 지도자 MEMO 공격력을 높이기 위해서는 '결정타를 날린다'는 감각을 익혀야 한다. 포핸드 랠리를 펼치는 가운데 공을 풀 스윙으로 강하게 치는 감각을 익혀 보자.

■ 포어크로스로 공을 보낼 때는 최대한 강하게 치려고 의식한다.

공격력을 키운다

메뉴 100

백사이드 앞 쇼트 서비스를 시작으로 3구째 공격①

난이도 ★★★
시간 3분
횟수 시간 내 무제한

 목적 무작위로 오는 리시브에 대해 임기응변으로 움직이며 공격하는 연습이다. 실전적인 3구째 공격을 익힐 수 있다.

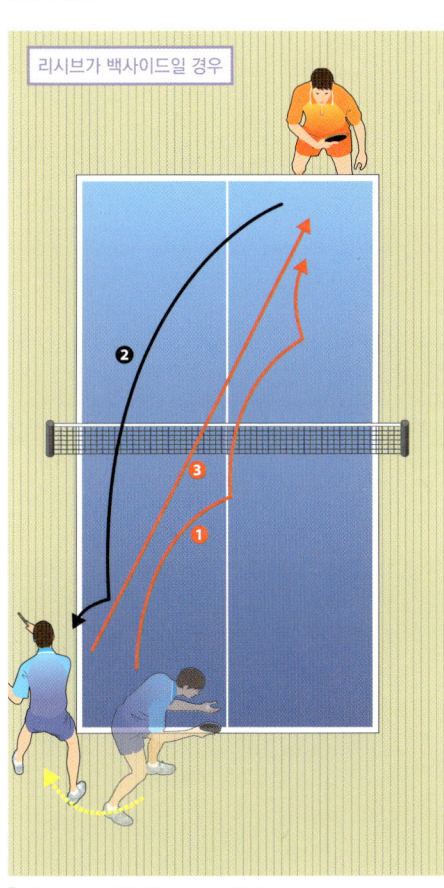

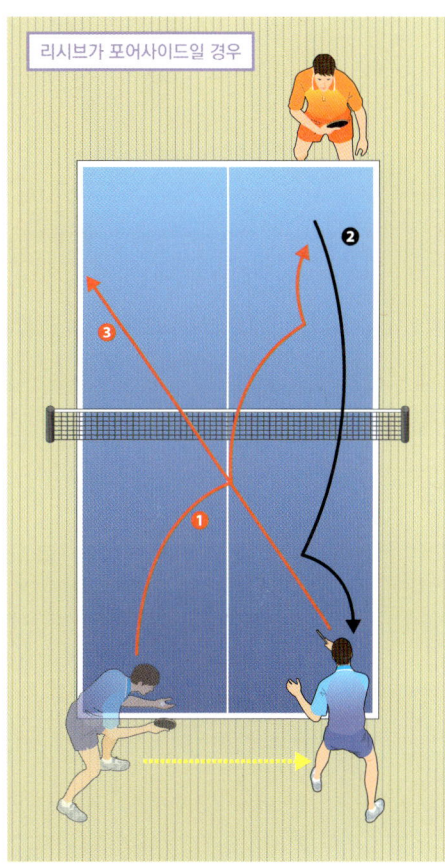

리시브가 백사이드로 왔을 경우는 돌아서서 백크로스로 공격한다.

리시브가 포어사이드로 왔을 경우는 포어크로스로 공격한다.

순서

① 선수는 백사이드에서 상대의 백사이드 앞으로 짧은 하회전 서비스를 넣는다. ② 상대는 포어사이드나 백사이드로 리시브한다. ③ 백사이드로 공이 오면 돌아서서 백크로스로 포핸드 드라이브 공격을 한다. 포어사이드로 오면 포어크로스로 포핸드 드라이브 공격을 한다. ④ 상대는 블록으로 받아친다. 그 후에는 코트 전체를 사용해 랠리를 펼친다.

 지도자 MEMO 쇼트 서비스로 상대의 강한 리시브를 봉쇄하면서 3구째에 선수를 쳐서 공격하기 위한 연습법이다. 리시브의 코스가 포어사이드든 백사이드든 안정적으로 공격할 수 있도록 연습하자.

 # 플릭

공격력을 키운다

포핸드

POINT 1 라켓 면이 바깥쪽을 향하도록 테이크백한다.

POINT 2 팔꿈치를 펴고 라켓을 연다.

백핸드

POINT 1 팔꿈치를 바깥쪽으로 열고 테이크백한다.

POINT 2 팔꿈치부터 아래를 중심으로 스윙한다.

▶▶ **팔꿈치를 중심으로 간결하게 스윙한다**

플릭은 탁구대 위의 짧은 공을 톱스핀을 걸어서 치는 기술이다. 탁구대 위의 공은 백스핀이 걸려 있을 때가 많기 때문에 적절한 타이밍에 공을 맞혀 스핀을 걸지 않으면 미스를 범하기 쉽다.
플릭을 성공시키려면 타구점까지 정확히 이동해서 손목을 유연하게 사용해 공을 맞혀야 한다.

| POINT 3 | 바운드의 정점에서 임팩트한다. |
| POINT 4 | 앞으로 폴로스루. |

POINT 3 대각선 앞으로 폴로스루.

테이크백에서 손목이 충분히 굽혀지지 않았다. 팔꿈치에서 라켓까지가 일직선인 상태다.

손목을 굽히지 않으면 유연한 움직임이 나오지 않아 공의 변화를 컨트롤할 수 없다.

플릭을 구사할 때는 손목의 경직에 주의

플릭 미스는 대개 손목이 경직되어 있는 것이 원인이다. 테이크백을 할 때 손목이 굽혀질 정도로 긴장을 풀지 않으면 공을 컨트롤하지 못한다.

공격력을 키운다

메뉴 101 백사이드 앞 쇼트 서비스를 시작으로 3구째 공격②

난이도 ★★★
시간 3분
횟수 시간 내 무제한

목적 무작위로 오는 리시브에 대한 3구째 공격 연습이다. 실전적인 플릭과 백핸드 드라이브 공격을 익힐 수 있다.

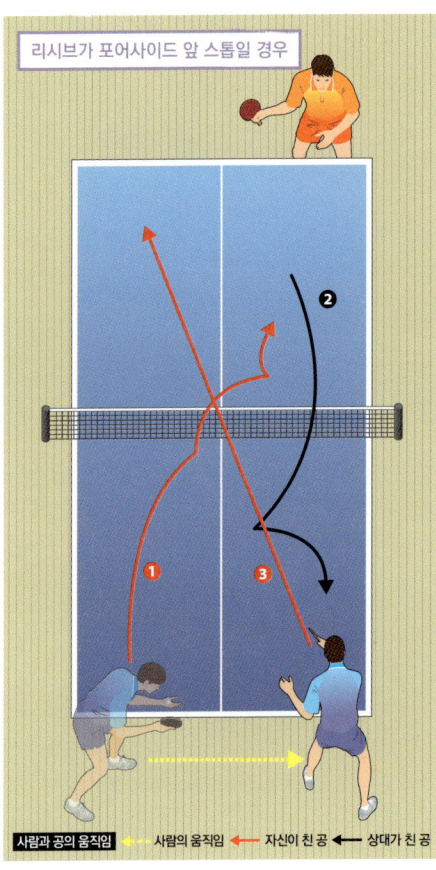

리시브가 포어사이드 앞 스톱일 경우

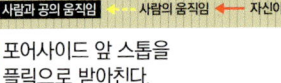

포어사이드 앞 스톱을 플릭으로 받아친다.

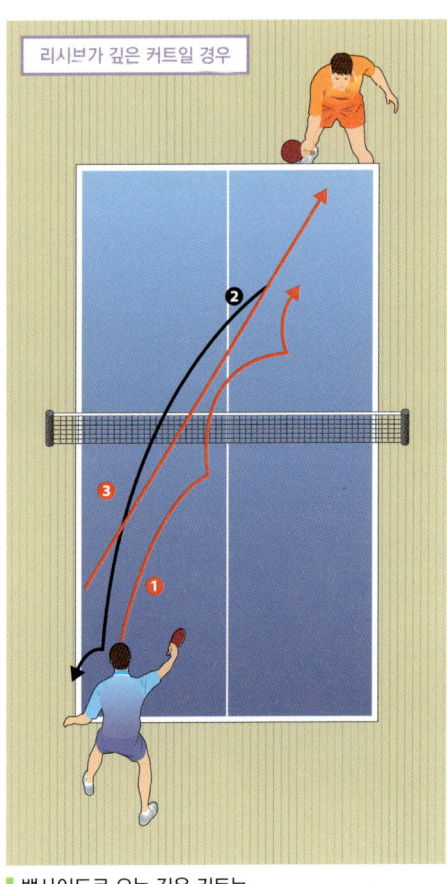

리시브가 깊은 커트일 경우

백사이드로 오는 깊은 커트는 백핸드 드라이브로 대응한다.

순서

① 선수는 백사이드에서 상대의 백사이드 앞으로 짧은 하회전 서비스를 넣는다. ② 상대는 포어사이드 앞 스톱이나 백크로스로 깊은 커트 중 하나로 리시브한다. ③ 포어사이드 앞 스톱일 경우는 크로스를 노리고 플릭으로 3구째 공격을 한다. 깊은 커트일 경우는 크로스를 노리고 백핸드 드라이브로 공격한다. 상대는 이 공을 블록한다. 이후에는 코트 전체를 사용해 랠리를 펼친다.

지도자 MEMO 3구째 공격 연습을 하다 보면 치기 쉽도록 리시브를 하기 쉬운데, 이 연습에서는 받아치기 어려운 커트를 보낸다. 따라서 좀 더 실전적이 되며, 리시브를 하는 쪽에도 매우 좋은 연습이 된다.

공격력을 키운다

메뉴 102 포어사이드 앞 쇼트 서비스를 시작으로 3구째 공격①

난이도 ★★★
시간 3분
횟수 시간 내 무제한

목적
포어사이드 앞으로 오는 리시브에 대한 3구째 공격이나 포어사이드 앞으로 오는 쇼트 서비스에 대한 리시브를 익히는 실전적인 연습이다.

순서

① 선수는 상대의 포어사이드 앞으로 하회전 커트 서비스를 넣는다. ② 상대는 플릭이나 스톱으로 포어사이드 앞에 리시브한다. ③ 스톱이라면 플릭으로 공격하고, 플릭이라면 카운터 드라이브로 역습한다.

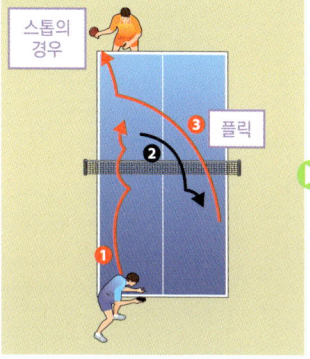

포어사이드 앞의 커트 서비스는 플릭이나 스톱으로 리시브할 때가 많다.

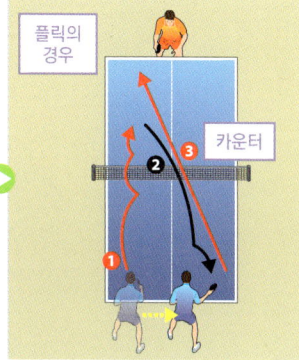

양쪽 모두 대응할 수 있도록 연습한다.

지도자 MEMO
포어사이드 앞으로 리시브할 때는 오른발을 깊게 내딛을 필요가 있다. 이렇게 되면 포어사이드의 깊은 공에 대응하기가 어렵기 때문에 득점으로 이어질 확률이 높아진다.

공격력을 키운다

메뉴 103 포어사이드 앞 쇼트 서비스를 시작으로 3구째 공격②

난이도 ★★★
시간 3분
횟수 시간 내 무제한

목적
치키타나 포어크로스로의 드라이브를 구사하는 실전적인 3구째 공격을 익히는 연습이다.

순서

① 선수는 상대의 포어사이드 앞에 하회전 쇼트 서비스를 넣는다.
② 상대는 백사이드 앞으로 리시브하거나 포어크로스로 깊은 커트를 보낸다.
③ 백사이드로 오면 치키타로 공격하고, 포어사이드로 오면 포어크로스로 드라이브 공격을 한다.

상대가 백사이드 앞으로 리시브하면 과감하게 치키타를 노린다.

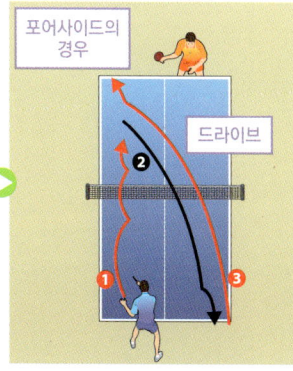

포어사이드의 깊은 곳으로 공이 왔다면 포핸드 드라이브로 받아진다.

지도자 MEMO
백사이드 앞으로 리시브가 왔을 경우는 치키타를 구사해 적극적으로 공격한다.

공격력을 키운다

메뉴 104 백크로스의 롱 서비스를 시작으로 3구째 공격

난이도 ★★★

⏱ 시간 3분

🔁 횟수 시간 내 무제한

목적 백사이드로 오는 리시브에 대한 백핸드 드라이브 공격과 허술한 리시브에 대한 포핸드 공격을 익히는 3구째 공격 연습이다.

순서

① 선수는 백크로스로 서비스를 넣는다.

② 리시브가 백사이드로 오면 스트레이트로 백핸드 드라이브 공격을 한다. 리시브가 허술할 때는 돌아서서 포핸드로 공격한다.

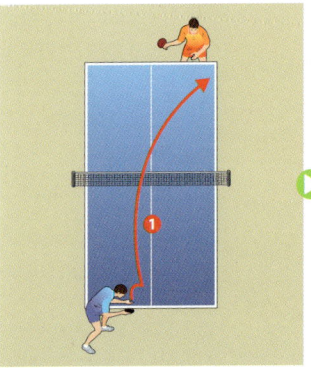

롱 서비스는 리스크도 있지만 허술한 리시브가 올 가능성도 생긴다.

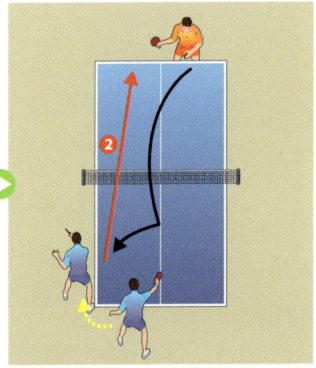

허술한 리시브가 오면 즉시 돌아서서 포핸드로 공격한다.

지도자 MEMO 롱 서비스에 대해서는 롱 볼로 리시브하는 경우가 보통이므로 이것을 노린다. 그러므로 서비스를 넣은 뒤에는 조금 후방으로 스텝을 밟아 탁구대와 거리를 벌리는 편이 좋다.

공격력을 키운다

메뉴 105 포어사이드로의 롱 서비스를 시작으로 3구째 공격

난이도 ★★★

⏱ 시간 3분

🔁 횟수 시간 내 무제한

목적 상대의 리시브를 간파해 간결하게 받아치는 3구째 공격을 익히기 위한 연습이다. 80% 정도의 힘으로 치는 것이 중요하다.

순서

① 선수는 포어사이드로 롱 서비스를 넣는다.

② 상대는 포어사이드로 드라이브를 건다.

③ 선수는 스트레이트로 드라이브를 건다.

포어사이드로의 롱 서비스는 상대로부터 공격당할 우려가 있다.

강한 리시브가 오더라도 동요하지 말고 카운터로 반격한다.

지도자 MEMO 자칫 상대로부터 역습을 당할 수 있지만, 상대가 예상하지 못했다면 유리한 전개로 이끌 수 있는 전술이다. 특히 3구째에 스트레이트를 노릴 수 있다면 결정력도 높아진다.

공격력을 키운다

스톱

POINT 1 바운드 직후를 노려서 라켓을 공 밑으로 집어넣는다.

POINT 2 공에 따라서는 하회전을 걸지만, 대부분은 맞히기만 해도 된다.

POINT 3 공을 원하는 코스로 컨트롤하려면 손목의 유연성이 중요하다.

POINT 4 공이 라켓에서 떨어지면 다음 공에 대비해 자세를 취한다.

▶▶ 짧고 낮게 넘기려면 손목의 컨트롤이 중요

리시브 등을 할 때 상대에게 공격당하지 않도록 짧게 받아넘기는 기술이다. 탁구대 위에서 두 번 바운드될 정도의 길이가 기준이다. 네트보다 바운드가 높게 뜨면 스매시 등의 공격을 당하므로 짧고 낮게 넘기는 것을 명심하자.

공을 컨트롤하려면 바운드 직후에 공을 맞혀야 하며 손목이 유연해야 한다.

공격력을 키운다

메뉴 106

하프 롱 서비스 후 미들을 공격하는 3구째 공격

목적 ▶ 하프 롱 서비스로 시작하는 3구째 공격 패턴의 연습이다. 실전에서 포어사이드 앞 서비스와 조합하면 효과적이다.

난이도	★★★
시간	3분
횟수	시간 내 무제한

순서

① 선수는 미들부터 포어사이드의 범위에 하프 롱 서비스를 넣는다.

② 상대는 포어크로스로 루프 드라이브를 건다.

③ 3구째 공격으로 상대의 미들에 카운터 드라이브를 걸어 공격한다.

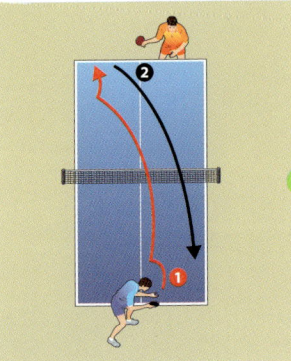

지도자 MEMO 상대의 중심을 포어사이드로 쏠리게 할 수 있는 서비스다. 상대의 자세가 무너졌다면 미들로의 3구째 공격으로 결정타를 먹이자.

미들부터 포어사이드의 범위에 하프 롱 서비스를 넣는다.

리시브를 위해 포어사이드로 움직인 상대의 미들을 노려 공격한다.

공격력을 키운다

메뉴 107

스톱 리시브에 대한 대응

목적 ▶ 스톱 리시브에 대응하는 법을 익힌다. 칠 수 있는 공은 공격하고 칠 수 없는 공은 스톱으로 연결하는(더블 스톱) 선구안을 키운다.

난이도	★★★
시간	3분
횟수	시간 내 무제한

순서

① 선수는 상대의 미들 앞으로 하회전 서비스를 넣는다.

② 상대는 스톱 리시브한다.

③ 리시브가 낮고 짧을 경우는 이쪽도 스톱으로 연결한다(더블 스톱). 공이 떴거나 긴 커트라면 드라이브로 공격한다.

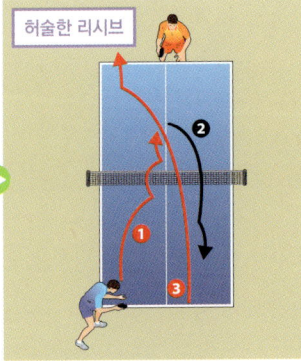

빈틈없는 리시브

허술한 리시브

지도자 MEMO 서비스는 하회전인 척하면서 너클(무회전) 서비스를 해도 무방하다. 상대는 이따금 플릭으로 리시브하는 등 변화를 주자.

상대의 스톱을 공격하기 어려울 때는 이쪽도 스톱으로 연결한다.

상대의 스톱이 허술하다면 공격한다.

공격력을 키운다

메뉴 108 — 5구째를 염두에 둔 3구째 공격 ①

난이도 ★★★
시간 3분
횟수 시간 내 무제한

목적 3구째 공격(백핸드 드라이브)으로 기회를 만들고 5구째 공격(포핸드 강타)으로 득점을 노리는 연습이다.

| 백사이드 앞으로 쇼트 서비스를 넣는다. | 3구째를 백핸드 드라이브. | 5구째에 돌아서서 스트레이트로 스매시. |

순서

① 선수는 백사이드 앞으로 쇼트 서비스를 넣는다. ② 백사이드로 온 리시브를 백핸드 드라이브로 공격해 백크로스에 보낸다. ③ 다시 백사이드로 돌아온 공을 돌아서서 스트레이트로 드라이브나 스매시 공격한다.

지도자 MEMO 상대의 수준이 높아지면 3구째 공격은 좀처럼 득점으로 연결되지 않는다. 그러므로 3구째 공격이 블록당한 뒤에 다시 공격하는 5구째 공격 연습이 필요하다.

공격력을 키운다

메뉴 109 — 5구째를 염두에 둔 3구째 공격 ②

난이도 ★★★
시간 3분
횟수 시간 내 무제한

목적 3구째에 백핸드 드라이브로 공격하고 5구째에 포핸드 드라이브로 득점을 올리는 공격 패턴을 익힌다.

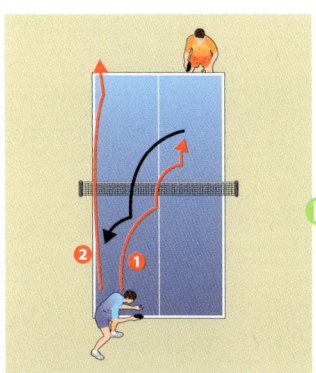
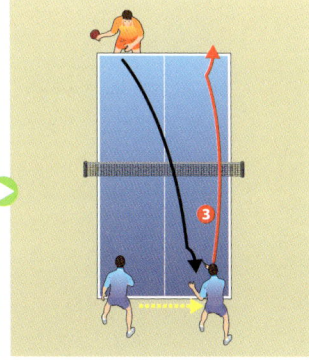

| 3구째에는 백핸드 드라이브로 상대의 포어사이드를 노린다. | 5구째에는 포핸드 드라이브로 상대의 백사이드를 노린다. |

순서

① 선수는 백사이드 앞으로 쇼트 서비스를 넣는다.
② 백사이드로 리시브가 오면 백스트레이트를 노리고 백핸드 드라이브를 건다.
③ 포어사이드로 온 공을 드라이브로 포어스트레이트에 보낸다.

지도자 MEMO 5구째 공격을 염두에 둔 3구째 공격은 다양한 패턴이 있다. 이 패턴은 크로스로 공격할 때보다 난이도가 높지만, 상대로서도 대응하기 어렵다.

공격력을 키운다

5구째를 염두에 둔 3구째 공격 ③

난이도 ★★★
⏱ 시간 3분
🔁 횟수 시간 내 무제한

목적 3구째에 백핸드 드라이브 공격 후 5구째에 포어스트레이트로의 공격으로 연결하는 연습이다.

순서

① 선수는 미들 앞으로 하회전 계열의 쇼트 서비스를 넣는다.

② 상대는 치키타로 백사이드에 리시브한다.

③ 상대의 백크로스로 백핸드 드라이브를 건다.

④ 상대가 블록하면 돌아서서 포핸드로 스트레이트를 공격한다.

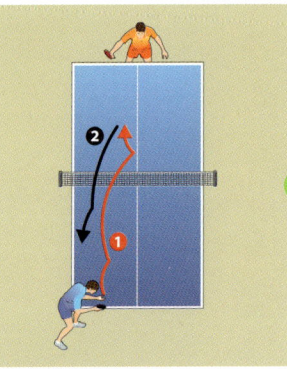

치키타로 리시브한 경우를 가정한 연습이다.

치키타를 백핸드 드라이브로 받아치고, 다음 공을 포핸드로 공격한다.

 일부러 상대의 치키타를 유도한 다음 백핸드 드라이브로 공격하는 패턴이다.

공격력을 키운다

5구째를 염두에 둔 더블 스톱 ①

난이도 ★★★
⏱ 시간 3분
🔁 횟수 시간 내 무제한

목적 3구째에 더블 스톱을 공격적으로 구사하고 5구째의 공격으로 득점하는 패턴을 연습한다.

순서

① 선수는 백사이드 앞으로 쇼트 서비스를 넣는다.

② 상대의 스톱 리시브를 더블 스톱으로 받아 백사이드 앞에 보낸다.

③ 느슨해진 상대의 리턴을 백사이드 깊은 곳을 노려 백핸드 드라이브로 공격한다.

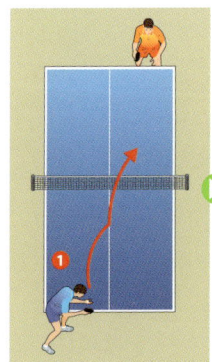
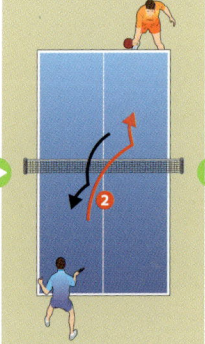
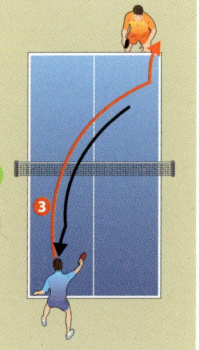

상대의 스톱 리시브를 미리 예측한다.

상대의 스톱을 더블 스톱.

상대의 스톱이 느슨하다면 공격한다.

 상대의 스톱을 더블 스톱하면 상대는 탁구대 앞쪽으로 다가오게 된다. 그 후 5구째에 깊은 백핸드 드라이브를 걸면 매우 효과적인 공격이 된다.

공격력을 키운다

5구째를 염두에 둔 더블 스톱 ②

난이도 ★★★

⏱ 시간 3분

🔁 횟수 시간 내 무제한

목적
3구째에 더블 스톱 후 5구째에 포어사이드로 플릭 공격을 하는 패턴 연습이다.

순서

① 선수는 포어사이드 앞으로 쇼트 서비스를 넣는다.

② 포어사이드 앞으로 온 스톱 리시브를 더블 스톱으로 포어사이드 앞에 보낸다.

③ 다시 포어사이드 앞으로 온 공을 포어사이드 깊은 곳을 노리고 플릭으로 공격한다.

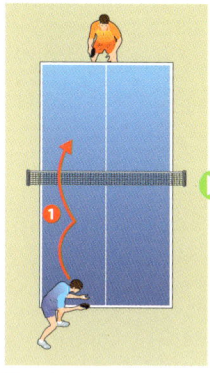 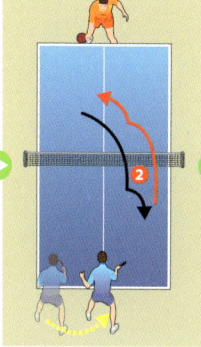 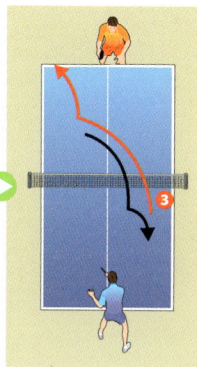

포어사이드 앞으로 쇼트 서비스를 넣는다.

상대의 스톱을 포어사이드로 더블 스톱한다.

허술해진 공을 공격한다.

지도자 MEMO
5구째 공격을 염두에 둔 3구째 공격에는 정말 다양한 패턴이 있다. 이처럼 '공격을 위한 더블 스톱'을 활용하는 것은 중급자, 상급자로 가는 길이 된다.

공격력을 키운다

5구째를 염두에 둔 더블 스톱 ③

난이도 ★★★

⏱ 시간 3분

🔁 횟수 시간 내 무제한

목적
3구째에 더블 스톱 후 5구째에 백사이드로의 스트레이트 공격을 하는 패턴이다.

순서

① 선수는 백사이드 앞으로 쇼트 서비스를 넣는다.

② 상대의 스톱을 더블 스톱으로 포어사이드 앞에 보낸다.

③ 상대의 스톱이 허술해졌을 때 백사이드로의 스트레이트로 5구째 공격을 한다.

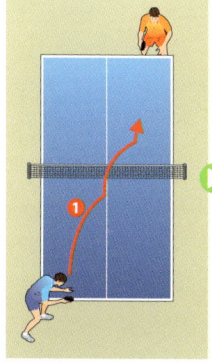 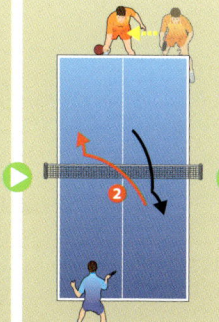 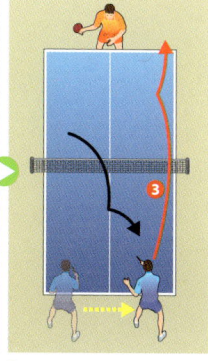

스톱으로 상대를 흔들 수도 있다.

포어사이드 앞으로 보내 상대를 흔든다.

쉬운 공은 언제라도 공격한다.

지도자 MEMO
더블 스톱으로 상대를 좌우로 흔드는 패턴이다. 최종적으로 백사이드가 허술해진 상대를 5구째 공격으로 무너뜨린다.

공격력을 키운다

치키타 리시브 후 공격①

 치키타로 리시브한 다음 공격하는 패턴이다.

난이도 ★★★
시간 3분
횟수 시간 내 무제한

순서

① 상대는 백사이드 앞으로 서비스를 넣는다.
② 선수는 치키타로 상대의 백사이드에 리시브한다.
③ 상대는 크로스로 받아친다.
④ 선수는 백핸드 드라이브로 공격한다.

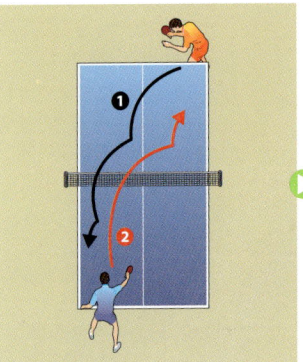

치키타 리시브 후 공격 연습.

치키타 후에 자세가 무너지지 않도록 주의한다.

 **지도자 MEMO** 치키타 리시브는 리시브로 돌아섰을 때도 선수를 칠 수 있는 패턴이다. 공격적인 패턴을 몇 가지 연습하고 그중에서 자신 있는 랠리 패턴을 몸에 각인시키자.

공격력을 키운다

치키타 리시브 후 공격②

 치키타 리시브로 공격하는 패턴의 연습이다. 미들로 공을 보내고 상대의 리시브가 흐트러지는 순간을 노린다.

난이도 ★★★
시간 3분
횟수 시간 내 무제한

순서

① 상대는 백사이드 앞으로 서비스를 넣는다.
② 선수는 미들로 치키타 리시브를 한다.
③ 상대가 받아치면 돌아서서 스트레이트를 노려 포핸드로 공격한다.

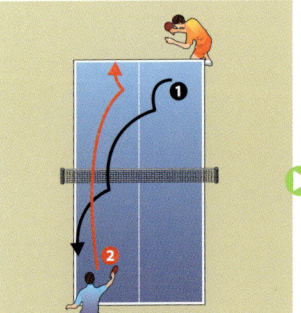

치키타 리시브로 찬스볼을 만든다.

결정타는 포핸드로 날린다.

 **지도자 MEMO** 치키타로 미들에 공을 보내 상대의 리시브가 흐트러지면 스트레이트를 노려 포핸드로 공격해 상대를 단숨에 무너뜨리자.

공격력을 키운다

메뉴 116 플릭 리시브 후의 공격

난이도 ★★★
시간 3분
횟수 시간 내 무제한

목적 상대의 포어사이드 앞 서비스를 플릭으로 리시브한 다음 공격으로 연결하는 연습이다.

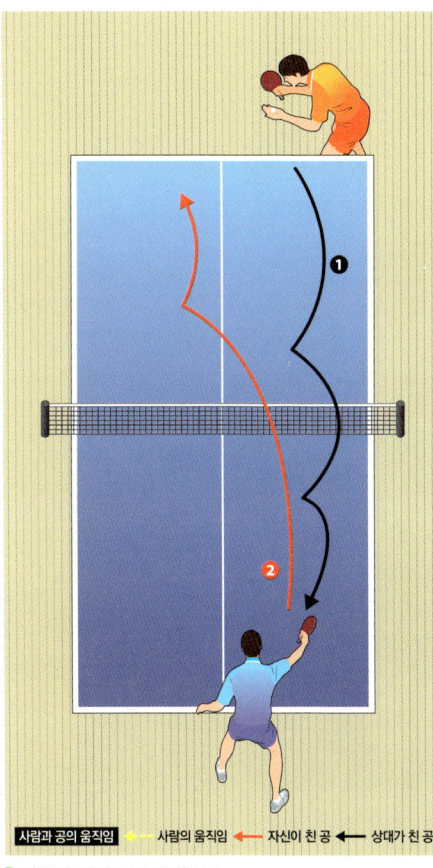

상대의 서비스를 플릭으로 포어크로스에 보낸다.

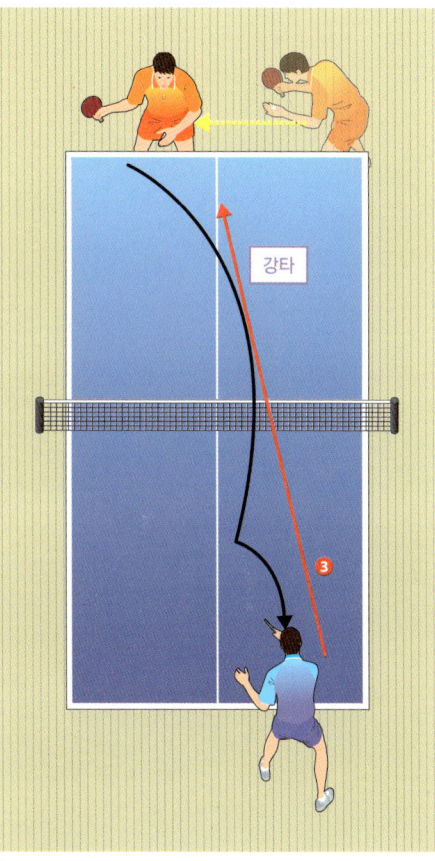

플릭에 대응하느라 포어사이드로 이동한 상대의 미들을 공격한다.

순서

① 상대는 포어사이드 앞으로 서비스를 넣는다.
② 선수는 플릭으로 포어크로스에 공을 보낸다.
③ 상대가 받아친 공을 미들로 드라이브나 스매시한다.

 지도자 MEMO 플릭을 포어사이드로 보내면 카운터로 반격을 당할 때도 있지만, 차분하게 미들을 공격할 수 있게 되면 상대를 무너뜨릴 수 있을 것이다.

공격력을 키운다

메뉴 117 · 서비스 코스를 한정한 올 코트 연습

난이도 ★★★
시간 3분
횟수 시간 내 무제한

목적 서비스의 코스가 정해져 있다는 점 이외에는 게임과 똑같이 코트 전체를 사용하는 실전적인 연습이다.

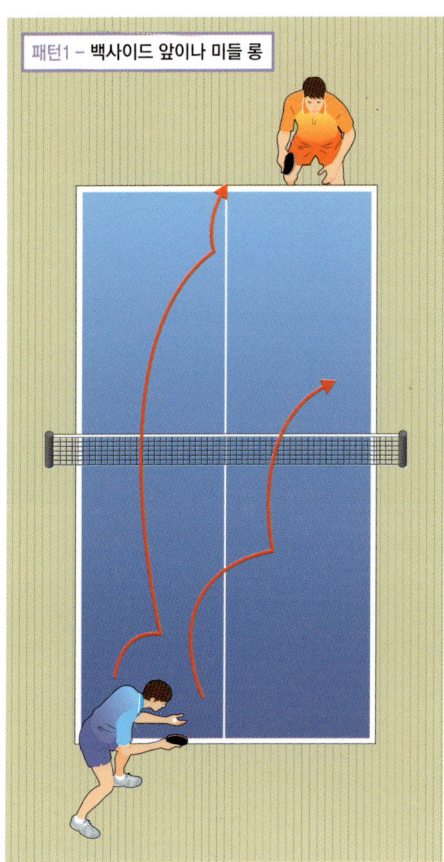

패턴1 - 백사이드 앞이나 미들 롱

패턴2 - 포어사이드 앞이나 백 롱

서비스의 코스를 백사이드 앞이나 미들 롱으로 한정한다.

서비스의 코스를 포어사이드 앞이나 백 롱으로 한정한다.

순서

① 서비스의 코스를 '백사이드 앞이나 미들 롱' 혹은 '포어사이드 앞이나 백 롱'처럼 두 가지 패턴 정도로 한정한다.

② 서비스 이외에는 코트 전체를 사용해 연습한다.

 지도자 MEMO
3구째 공격이나 리시브의 코스를 정해 놓은 시스템 연습과 함께 이처럼 실제 게임에 가까운 자유도 높은 연습 메뉴도 섞도록 하자.

제5장

국가대표팀의 연습법

이 장에서는 국가대표팀에서 실시하는
실제 연습 방법과 노하우를 소개한다.
변형하기에 따라서 중급자도 충분히 소화할 수 있다.
정상급 선수들의 노하우를 배워 보자.

PRACTICE OF THE NATIONAL TEAM

국가대표팀의 연습법

기본개념 | 코스 선택과 공의 깊이

▶▶ 코스 선택은 미들이 포인트

코스 선택에는 크로스와 스트레이트, 그리고 미들이 있다. 일반적으로는 크로스가 미스가 적고 스트레이트는 미스가 늘어나는 경향이 있다. 이것은 크로스가 스트레이트보다 길게 칠 수 있기 때문이다. 그러나 아무리 미스가 적다고 해도 실전에서 크로스만 노린다면 상대에게 패턴을 읽힐 수밖에 없기 때문에 득점을 노리고 공격해도 카운터로 반격을 당할 위험이 높아진다.

이럴 때 선택하면 좋은 코스가 미들이다. 백사이드에서든 포어사이드에서든 미들로 온 공은 대처하기가 쉽지 않다. 특히 강렬한 카운터로 반격하기는 상당히 어려울 것이다. 물론 여유가 있다면 스트레이트를 선택지에 넣어도 좋으나, 미들로의 공격은 공수의 균형이 잡힌 전술 중 하나로서 염두에 두기 바란다.

반대로 상대가 미들로 공격했을 때의 대처를 생각해 두는 것 역시 공수의 균형을 생각할 때 중요하다. 기본적으로 미들의 공은 포핸드로 대처하는 것이 공격적이므로 좋다. 다만 여성 선수의 경우는 앞에서 쇼트로 받아쳐 상대에게 시간을 주지 않는 편이 효과적이라는 견해도 있다.

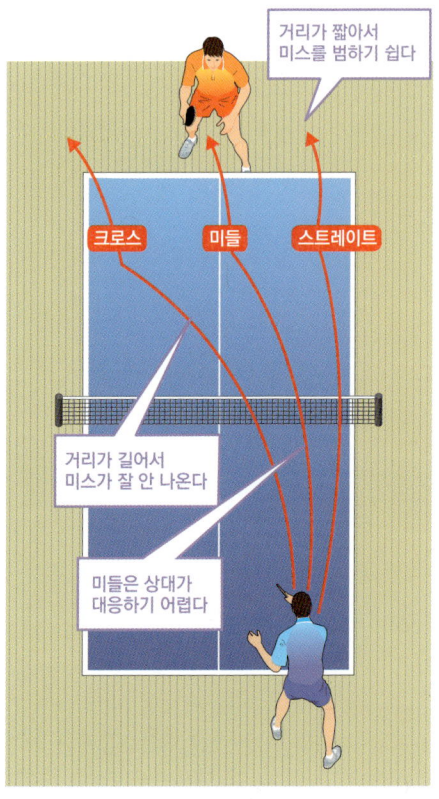

▶▶ 앞뒤로 흔들기에 대해

코스 선택과 함께 염두에 둬야 할 것은 공의 길이다. 구체적으로는 '탁구대에서 두 번 바운드되는 스톱', '두 번째 바운드가 탁구대를 넘어가는 롱 볼', '첫 번째 바운드가 엔드라인에 가깝게 떨어지는 깊은 공'이 있다.

리시브 등을 위해 스톱을 구사할 때는 탁구대 위에서 두 번 바운드될 정도의 길이가 하나의 기준이다. 두 번째 바운드가 탁구대 밖으로 나오면 상대에게 공격을 허용하게 되므로 그다지 효과적이지 않다. 상대의 커트를 탁구대에서 두 번 바운드될 정도의 길이로 스톱하는 것이 전략상 유리하다.

한편, 공의 길이에 대해 오해가 많은 것이 루프 드라이브의 길이다. 일반적으로 롱 볼은 엔드라인 가까운 곳에 아슬아슬하게 떨어지는 긴 공일수록 위력이 있지만, 루프 드라이브는 길이가 어중간하면 상대에게 스매시 공격을 당하기 쉽다. 루프 드라이브는 속도를 낮추고 회전량을 높인 공이다. 이런 공이 탁구대 위에서 두 번 바운드될 정도로 짧게 오면 상대는 대응에 골머리를 앓는다. 반대로 이런 루프 드라이브가 탁구대 밖으로 길게 나오면 스매시나 드라이브로 대응하기 쉬워진다.

서비스의 코스 선정

▶▶ 서비스를 하는 위치, 토스의 높이에 변화를 준다

기본적으로는 백사이드에서 서비스를 하는 사람이 많을 텐데, 미들이나 포어사이드 등 어디에서 서비스를 할지 고민해 보면 전술상으로 많은 힌트를 얻을 수 있다.

또 토스의 높이도 변화를 줄 수 있다면 효과적이다. 로우 토스냐, 하이 토스냐, 미들 토스냐에 따라 회전량과 속도가 달라진다. 하이 토스 서비스는 잘 휘어지고 변화량도 크므로 경기 중에 토스의 높이를 바꾸기만 해도 상대의 균형을 무너트릴 수 있을 것이다.

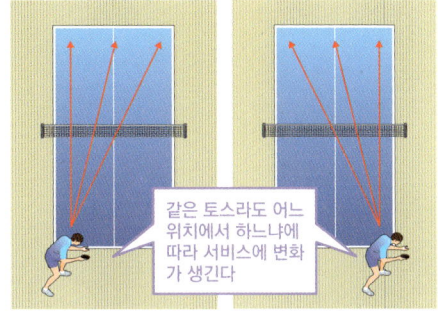

같은 토스라도 어느 위치에서 하느냐에 따라 서비스에 변화가 생긴다

▶▶ 주요 서비스의 종류와 특징

하회전 서비스(58쪽)

가장 많은 선수가 사용하고 있다. 컨트롤이 용이하며, 하회전이 걸리기 때문에 상대가 강타하기 어려운 서비스다.

횡회전 서비스(181쪽)

공의 측면을 문지르듯이 친다. 상대가 하회전으로 착각하거나 바운드의 변화를 간파하지 못하면 리시브 미스로 이어지는 서비스다.

YG 서비스(170쪽)

통상적인 포핸드의 횡회전과 반대 방향으로 회전을 건다. 상대의 예측과 반대쪽으로 휘어져 들어가는 서비스가 된다.

기타

그 밖에 상회전을 거는 롱 서비스나 몸을 웅크리고 강한 회전을 거는 웅크린 자세 서비스 등이 있다.

국가대표팀의 연습법

메뉴 118 미들-랜덤-미들

난이도 ★★★★
시간 5분
횟수 시간 내 무제한

목적 ▶ 피치가 빠른 랠리 속에서 순간 대응력을 키우는 연습법이다.

■ 연습 상대는 1구마다 미들, 랜덤, 미들로 코스를 바꾼다.

순서

① 상대는 미들과 랜덤으로 반복해서 공을 보낸다(미들→랜덤→미들…).
② 선수는 미들로 온 공을 포핸드로 받아친다.
③ 다음에 오는 코스는 무작위이므로 각 코스에 맞춰 대응한다.
④ 다시 미들에 대응한다. 이 움직임을 반복한다.

■ 미들은 포핸드나 백핸드로 대처한다.

One Point! 어드바이스

연습 상대에게도 대응력이 요구되는 연습

이 연습에서는 특히 1구 1구를 정확한 코스로 보내는 것이 중요하다. 또 랜덤 코스의 경우도 선수가 처리하기 어려운 곳으로 보내는 센스가 요구된다. 완전한 랜덤 연습보다 오히려 연습 상대에게 긴장감을 주는 연습법이라고 할 수 있을 것이다.

■ 백사이드는 백핸드로 처리해도 좋지만, 여유가 있다면 돌아서서 공격.

 지도자 MEMO 랜덤 사이에 미들이 들어가는데, 포인트는 미들로 온 공의 처리다. 특히 포어사이드에서 미들의 범위에 온 공을 포핸드로 처리하는 것은 매우 어려운 기술이다. 그러나 그 공을 포핸드로 처리할 수 있게 될 때 풋워크와 공격력이 한층 향상된다.

국가대표팀의 연습법

난이도 ★★★★★
시간 5분
횟수 시간 내 무제한

목적
피치가 빠른 랠리 속에 랜덤 요소를 도입한 연습을 한다.

순서
① 상대는 기본적으로 포핸드, 포어사이드와 미들로 1구씩 공을 보낸다. 선수는 1구마다 좌우로 움직이며 포핸드로 받아친다.
② 상대는 이따금 2구 연속으로 포어사이드나 미들 등 같은 코스로 공을 보낸다. 선수는 여기에 대응한다.
③ 선수도 이따금 상대의 백사이드로 공을 보낸다.

■ 선수는 1구마다 포어사이드와 미들로 움직인다.

■ 때때로 2구 연속 같은 코스로 공이 오므로 이에 대처한다.

■ 메뉴를 패턴화하지 않고 변화를 주어, 순간적인 대응력을 높인다.

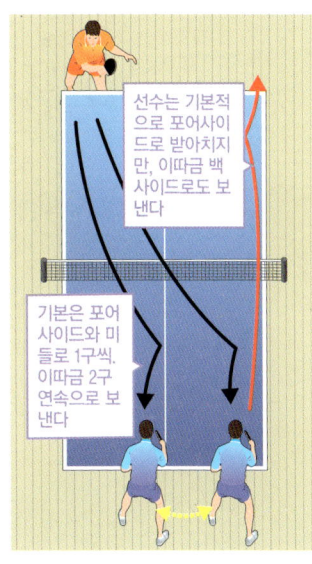

지도자 MEMO
좌우로 1구씩 정해진 패턴대로만 움직이면 실전적인 연습이 되지 않는다. 이따금 불규칙하게 2구 연속 같은 코스로 오는 공에 대응하면 좀 더 실전적인 연습이 된다. 또 가끔 상대의 백사이드로 받아치면 더욱 긴장감을 높일 수 있다.

국가대표팀의 연습법

메뉴 120
고난이도 2구-2구 전환

난이도 ★★★★★

시간 3분

횟수 시간 내 무제한

목적 ▶ 피치가 빠른 랠리 속에서 랜덤 요소가 높은 랠리 연습을 한다.

▎기본적으로는 포어사이드와 백사이드로 2구씩 오는 공을 받아친다.

순서

① 상대는 백핸드로 포어사이드와 백사이드에 2구씩 공을 보낸다.

② 선수는 포어사이드의 2구와 백사이드의 2구를 상대의 백사이드에 받아친다.

③ 상대는 가끔씩 미들로 조금 강하게 공을 보낸다. 이에 대응하고 다시 2구-2구 전환으로 돌아간다.

▎이따금 상대가 미들로 공격한다.

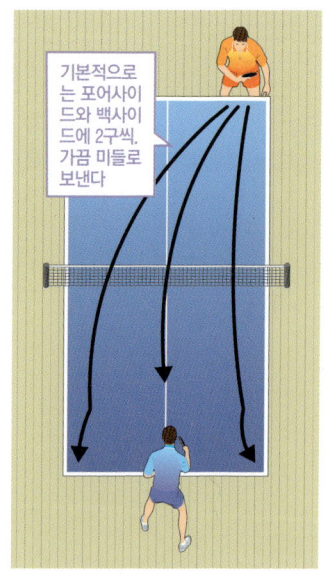

기본적으로는 포어사이드와 백사이드에 2구씩. 가끔 미들로 보낸다

▎동요하지 않고 대처한다.

지도자 MEMO 2구-2구의 포핸드-백핸드 전환 연습(메뉴024)은 다양한 변형이 가능하다. 여기에서 소개한 것처럼 가끔씩 미들 공격을 섞으면 상당히 난이도가 높은 연습 메뉴가 된다.

국가대표팀의 연습법

메뉴 121 고난이도 3구 풋워크

난이도 ★★★★★
시간 3분
횟수 시간 내 무제한

목적 ▶ 3구 풋워크와 랜덤 연습을 조합한 연습이다.

순서

① 상대는 포어사이드, 미들, 백사이드로 1구씩 공을 보낸다. 선수는 이 공을 전부 포핸드로 받아친다.

② 선수는 코트 전체에 공을 보낸다.

③ 상대는 어떤 코스로 공이 오더라도 포어사이드, 미들, 백사이드로 1구씩 공을 보낸다.

▮ 포어사이드, 미들, 백사이드의 공을 전부 포핸드로 받아친다.

▮ 선수는 코트 전체에 공을 보낸다.

▮ 상대는 불규칙한 코스에 대응하면서 처음의 패턴대로 계속 공을 보낸다.

지도자 MEMO 연습 시간을 효과적으로 활용하려면 '연습 상대'를 만들지 않는 것이 중요한데, 이 연습도 마찬가지이다. 한쪽은 전부 포핸드로 3구 풋워크 연습을 하고 다른 한쪽은 랜덤 연습을 한다. 서로 집중하지 않으면 금방 미스를 범하고 만다.

국가대표팀의 연습법

메뉴 122 | 2구 랠리 후 포어사이드로 움직여서 치기의 변형

난이도 ★★★★
시간 7분
횟수 시간 내 무제한

목적 '쇼트-돌아서기-움직여서 포핸드'라는 메뉴022의 랠리에서 코트 전체로 이행하는 연습이다.

▎쇼트, 돌아서서 포핸드, 움직여서 포핸드의 2구-1구 패턴.

순서

① 상대는 백사이드로 공을 보낸다. 선수는 그것을 백핸드(쇼트)로 상대의 백사이드에 받아친다.

② 상대가 백사이드로 보낸 공을 돌아서서 포핸드로 상대의 백사이드에 보낸다.

③ 이어서 포어사이드로 온 공에 대해 풋워크를 구사해 오른쪽으로 크게 움직이며 스트레이트로 포핸드를 친다.

④ ①~③을 반복한다. 몇 차례 반복했으면 ③을 포어크로스로 강타한다.

⑤ 그 후에는 코트 전체를 사용해 랠리를 펼친다.

▎통상적인 패턴으로 몇 차례 랠리를 주고받는다.

▎몇 차례 주고받았으면 움직여서 포핸드로 크로스에 공을 친다.

지도자 MEMO 2구 랠리 후 포어사이드로 움직여서 치기는 중·상급자에게 단조로운 연습이 될 수 있다. 선수가 어느 정도 수준이 될 때는 몇 세트를 반복한 뒤에 포어사이드로 움직여서 포핸드를 크로스로 공격해 보자. 그 뒤에는 코트 전체를 사용하는 실전 훈련으로 이행한다.

국가대표팀의 연습법

메뉴 123
2구-2구 후의 올 코트 연습 ①

난이도 ★★★★
시간 7분
횟수 시간 내 무제한

목적
2구-2구의 포핸드-백핸드 전환 후 올 코트 연습에 들어가는 메뉴이다.

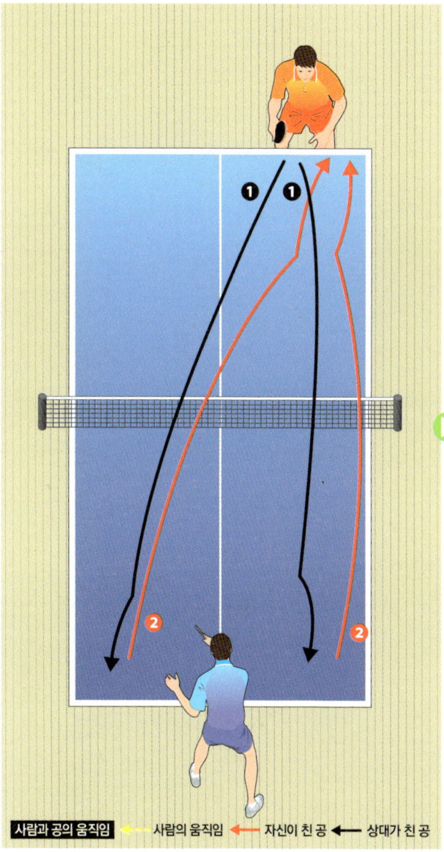

이때부터 랠리로 연결한다

코스를 포어사이드로 바꿔 드라이브 한다

사람과 공의 움직임 / 사람의 움직임 / 자신이 친 공 / 상대가 친 공

상대가 포어사이드와 백사이드로 2구씩 공을 보내면 상대의 백사이드로 받아친다.

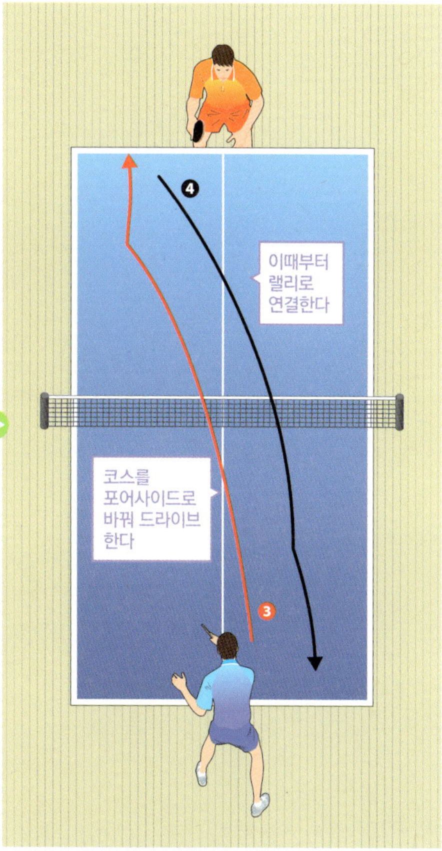

몇 차례 주고받았으면 포어사이드의 공을 포어크로스로 드라이브한다.

순서

① 상대는 포어사이드로 2구, 백사이드로 2구를 보낸다.
② 선수는 상대의 백사이드로 받아친다.
③ 6~7구 정도 주고받았으면 적당한 타이밍에 상대의 포어사이드로 코스를 바꿔 드라이브를 건다.
④ 상대는 크로스로 블록 혹은 카운터로 받아친다. 이후에는 코트 전체를 사용하는 랠리 연습에 들어간다.

지도자 MEMO
수준이 높은 선수는 이 연습처럼 몇 차례 공을 주고받은 다음 코트 전체를 사용하는 랠리 연습으로 이행하는 것이 좋다. 국가대표팀 선수들도 워밍업이나 경기 전에 자발적으로 할 만큼 실전적인 연습이다.

국가대표팀의 연습법

메뉴 124 : 2구-2구 후의 올 코트 연습 ②

난이도 ★★★★
시간 7분
횟수 시간 내 무제한

목적 ▶ 2구-2구 전환 후 올 코트 연습에 들어가는 메뉴이다.

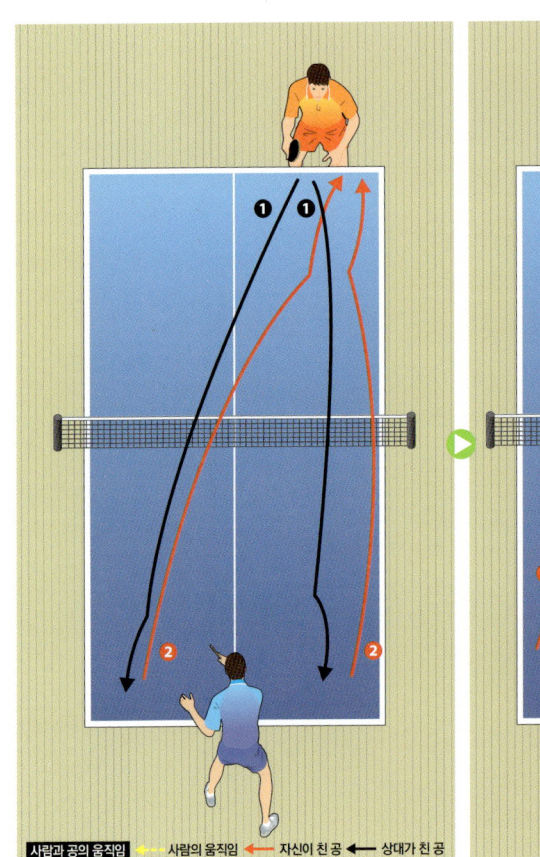
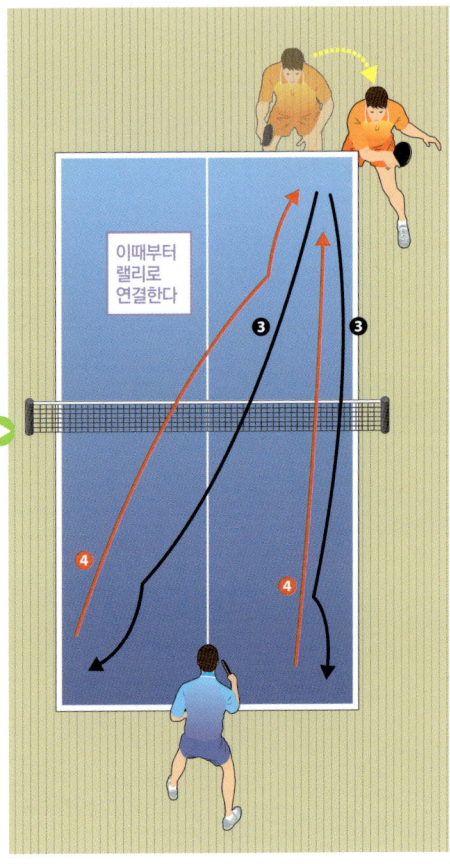

| 사람과 공의 움직임 | ←--- 사람의 움직임 | ← 자신이 친 공 | ← 상대가 친 공 |

■ 2구-2구 연습을 몇 세트 계속한다.

■ 연습 상대는 적당한 타이밍에 돌아서서 포핸드로 공격한다.

순서

① 상대는 포어사이드 2구와 백사이드 2구를 번갈아 보낸다.
② 선수는 상대의 백사이드로 받아친다.
③ 6~7구 정도 주고받았으면 적당한 타이밍에 상대가 돌아서서 포핸드 드라이브로 공격한다.
④ 상대의 공격이 스트레이트라면 카운터, 백크로스라면 블록한다. 이후에는 코트 전체를 사용하는 랠리 연습에 들어간다.

 지도자 MEMO 일정 수준이 넘는 선수에게는 정해진 코스를 반복하는 랠리 연습이 큰 효과가 없다. 이 연습처럼 몇 차례 공을 주고받았으면 코트 전체를 사용해 랠리 연습을 할 계기를 만들어도 좋을 것이다.

국가대표팀의 연습법

메뉴 125 · 2구-2구 후의 올 코트 연습③

난이도 ★★★★
시간 7분
횟수 시간 내 무제한

목적 2구-2구 전환 후 올 코트 연습에 들어가는 메뉴이다.

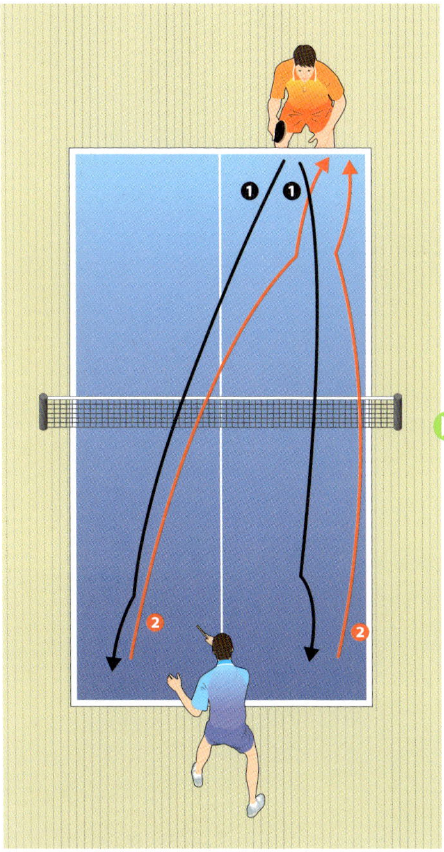

■ 2구-2구 연습을 몇 세트 계속한다.

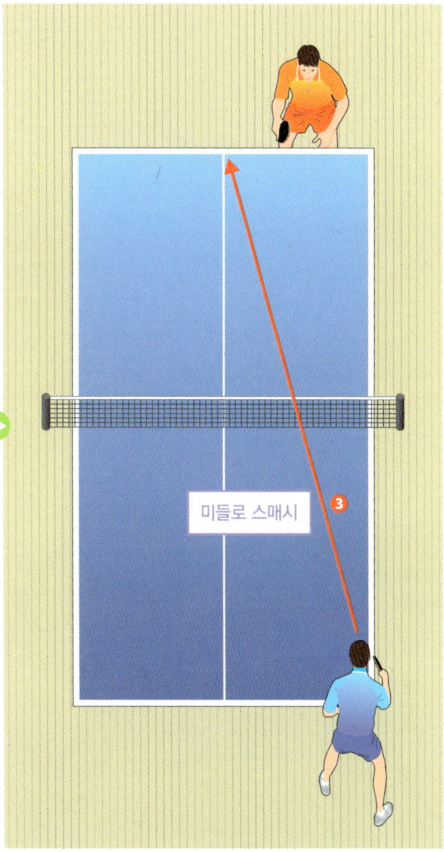

■ 적당한 타이밍에 상대의 미들을 공격한다.
■ 이것을 계기로 올 코트 연습에 들어간다.

순서

① 상대는 포어사이드 2구와 백사이드 2구를 번갈아 보낸다.
② 선수는 상대의 백사이드로 받아친다.
③ 6~7구 정도 주고받았으면 적당한 타이밍에 상대의 미들로 스매시 혹은 강한 드라이브를 건다.
④ 이것을 계기로 코트 전체를 사용해 랠리에 들어간다.

지도자 MEMO
올 코트에 들어가는 계기는 여기에서 소개한 것 이외에도 여러 가지를 생각할 수 있다. 각각에 맞는 패턴을 찾아 연습에 도입하자.

국가대표팀의 연습법

메뉴 126
4구 1세트 시스템 후의 올 코트 연습

난이도 ★★★★
시간 7분
횟수 시간 내 무제한

목적 ▶ 4구 1세트 시스템 연습에서 이어지는 올 코트 연습이다.

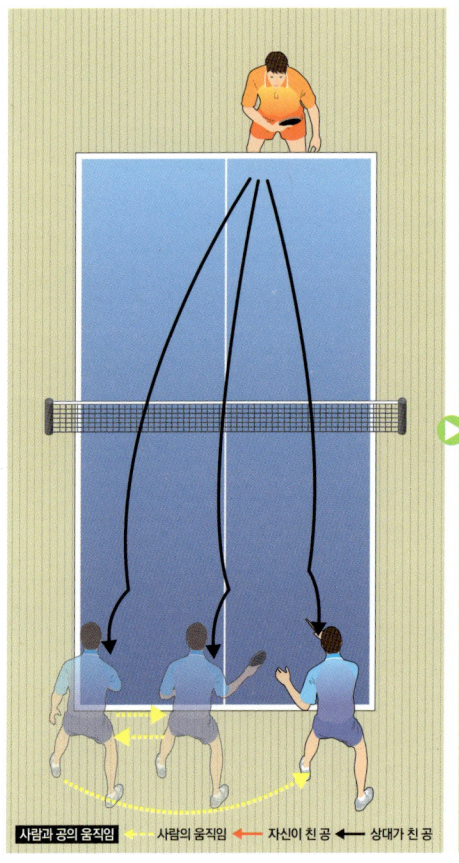
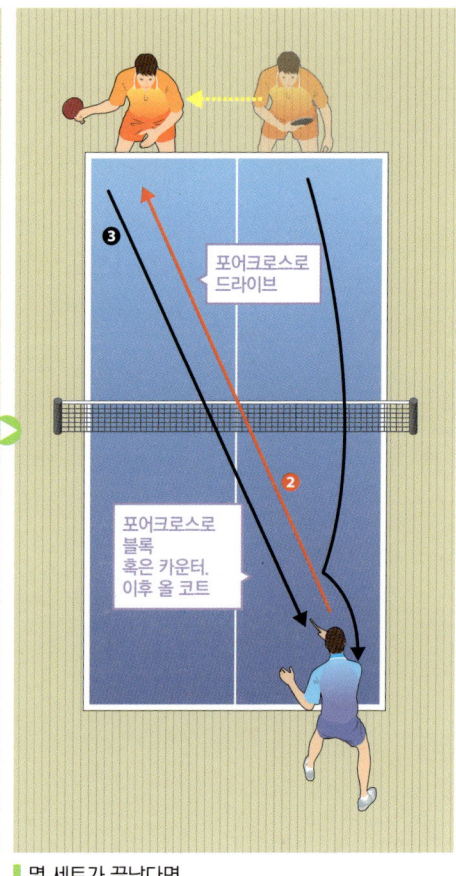

포어크로스로 드라이브

포어크로스로 블록 혹은 카운터. 이후 올 코트

사람과 공의 움직임 ← 사람의 움직임 ← 자신이 친 공 ← 상대가 친 공

■ 4구 1세트 시스템 연습을 몇 세트 계속한다.

■ 몇 세트가 끝났다면
시스템 연습의 마지막 포핸드를 크로스로 공격한다.

순서

① 백사이드→미들(포핸드)→백사이드→움직여서 포핸드의 4구 1세트. 리턴은 상대의 백사이드로 집중한다.

② 선수는 1~2세트를 계속했으면 세트의 마지막 포핸드를 포어크로스로 드라이브 공격한다.

③ 상대는 포어크로스로 블록 또는 카운터 공격한다. 이후에는 코트 전체를 사용하는 랠리 연습에 들어간다.

지도자 MEMO
시스템 연습도 이와 같이 몇 차례 계속했으면 코트 전체를 사용하는 랠리로 전환함으로써 좀 더 실전적인 연습으로 만들 수 있다.

국가대표팀의 연습법

메뉴 127
치키타 리시브 후의 올 코트 연습

난이도 ★★★★
시간 7분
횟수 시간 내 무제한

목적 치키타 리시브 이후의 흔한 전개를 거쳐 올 코트 랠리에 들어가는 연습이다.

상대는 미들~포어사이드 앞으로 쇼트 서비스를 넣는다.

순서

① 상대는 미들에서 포어사이드 앞 부근으로 쇼트 서비스를 넣는다.
② 선수는 이것을 치키타로 상대의 백사이드에 리시브한다.
③ 상대는 백핸드로 백사이드에 깊게 받아친다.
④ 선수는 즉시 돌아와 블록하거나 카운터로 공격한다. 그 후에는 코트 전체를 사용해 랠리를 펼친다.

치키타로 리시브한다.

백크로스로의 랠리 후에 올 코트 연습에 들어간다.

지도자 MEMO 치키타 리시브는 실전적이고 효과적인 기술이지만, 포어사이드 앞의 공을 처리한 뒤에 백사이드 깊은 곳으로 온 공을 처리하기 어려운 것이 유일한 약점이다. 이 연습으로 약점을 극복해 보자.

국가대표팀의 연습법

메뉴 128 치키타 리시브 후의 백핸드 풋워크 연습

난이도 ★★★★★
시간 7분
횟수 시간 내 무제한

목적 치키타 리시브 후 백사이드의 깊은 곳으로 공이 오는 전개를 거쳐 올 코트로 전환하는 연습이다.

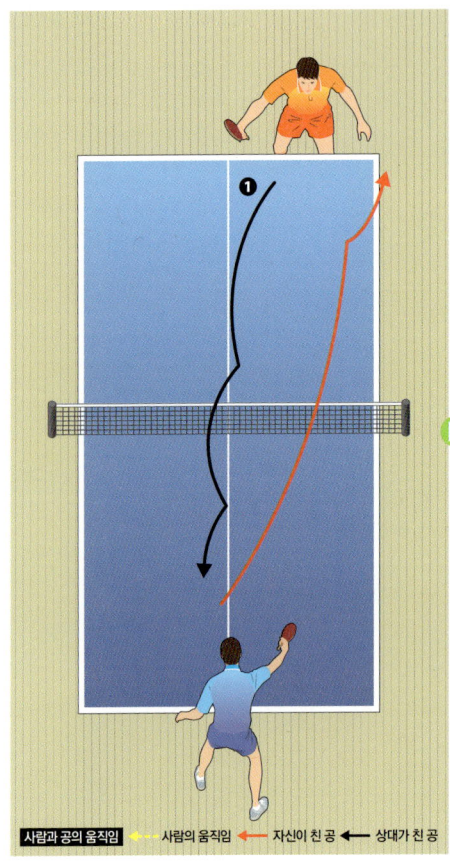

이때부터 랠리로 연결한다

| 사람과 공의 움직임 | 사람의 움직임 | 자신이 친 공 | 상대가 친 공 |

▎쇼트 서비스를 치키타로 리시브한다.

▎치키타를 하기 위해 앞으로 붙은 상태에서 재빨리 돌아와 백핸드로 받아친다.

순서

① 상대는 미들~포어사이드 앞으로 쇼트 서비스를 넣는다. 선수는 그것을 치키타로 상대의 백사이드에 리시브한다. ② 상대는 백핸드로 백사이드의 깊은 곳에 공을 보낸다. ③ 재빨리 돌아와 백핸드로 받아친다. 이후 백사이드~미들로 오는 공을 백핸드로 랠리를 펼친다. ④ 몇 차례 주고받았으면 상대는 포어사이드로 공격한다. 이후에는 코트 전체를 사용하는 랠리 연습에 들어간다.

지도자 MEMO 일반적으로는 포핸드 풋워크 시스템 연습이 많은데, 이것은 백핸드 풋워크 시스템 연습이다.

국가대표팀의 연습법

메뉴 129

시스템 연습 후의 올 코트 연습

난이도 ★★★★

시간 7분

횟수 시간 내 무제한

목적 조금 긴 시스템 연습 이후의 올 코트 연습이다.

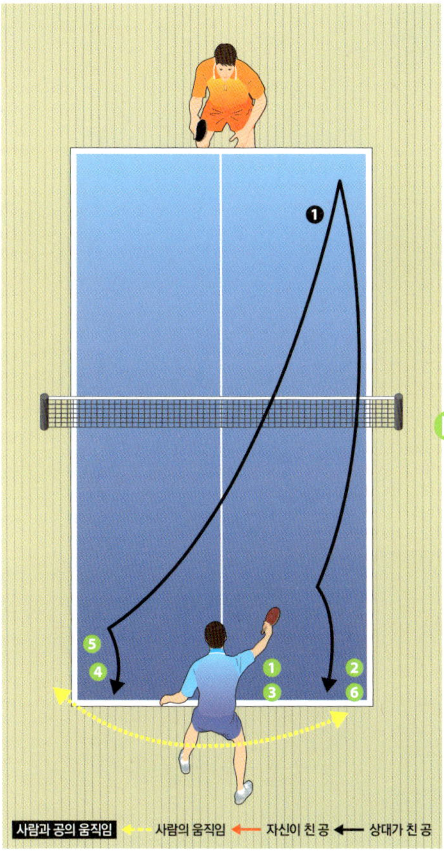

6구 1세트의 시스템 연습으로 시작하는 올 코트 연습.

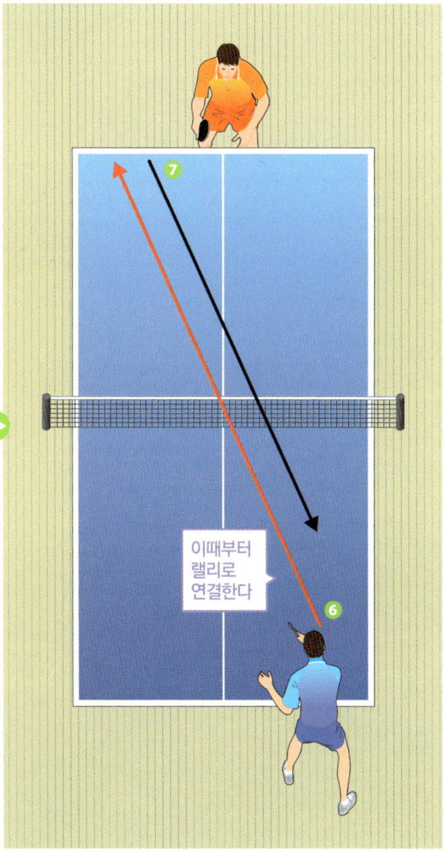

마지막 공을 크로스로 보낸 뒤로는 경기와 똑같이 랠리를 시작한다.

순서

① 상대는 백핸드로 선수를 흔든다.

② 선수는 다음 순서대로 받아친다.

❶ 미들로 온 공을 포핸드 ❷ 포어사이드로 온 공을 포핸드 ❸ 미들로 온 공을 포핸드 ❹ 백사이드로 온 공을 백핸드 ❺ 백사이드로 온 공을 돌아서서 포핸드 ❻ 포어사이드로 온 공을 움직여서 포어크로스 ❼ 상대는 선수가 포어크로스로 친 공을 크로스로 카운터하며, 이를 계기로 올 코트 랠리 연습에 들어간다.

지도자 MEMO

조금 긴 시스템 연습 후 올 코트 연습으로 전환하는 패턴이다. ❷에서 ❸으로 돌아오는 풋워크와 ❺에서 ❻으로 움직이는 풋워크가 중요하다.

국가대표팀의 연습법

메뉴 130 YG 서비스 연습

난이도 ★★★★
시간 1분
횟수 10회

목적 통상적인 횡회전 서브와는 반대 방향으로 횡회전을 거는 YG 서브의 연습이다.

■ 토스를 올린다.

■ 손목을 안쪽으로 당기면서 테이크백한다.

■ 가슴 앞쪽에서 공을 맞힌다.

■ 손목을 바깥쪽으로 열듯이 젖혀서 통상적인 횡회전 서브와는 반대 방향의 역횡회전을 건다.

순서

① 토스를 올린다.
② 통상적인 횡회전 서브와는 반대 방향으로 테이크백을 한다.
③ 공을 라켓으로 문지르듯이 친다.
④ 이것을 10구 정도 반복한다.

지도자 MEMO 국가대표 선수가 구사하는 YG 서브는 누구나 동경하는 기술일 것이다. 그러나 무작정 완성된 형태의 YG 서브를 흉내 내려고 하면 좀처럼 실력이 늘지 않는다. 처음에는 테이크백을 한 상태(세 번째 사진)에서 토스를 올려서 회전을 줘 보자. 그리고 여기에 익숙해지면 이 연습을 실천하기 바란다.

제**6**장

경기에 강해지자

이 장에서는 경기에서 승리하기 위한
실전적인 연습 방법을 소개한다.
다양한 형태의 게임 연습과 복식을 위한 전술,
경기장에서 워밍업을 하는 방법을 배워 보자.

경기에 강해지자

리시브의 요령

▶▶ 리시브의 요령

리시브가 서툰 선수는 커트면 커트, 플릭이면 플릭처럼 어떤 서비스에 대한 리시브의 선택지가 한두 가지에 불과한 경우가 많다. 그러나 어떤 서비스에 대해서든 리시브의 가짓수는 4~5종류가 있다. 즉, 상회전과 하회전, 좌우 횡회전, 그리고 스톱이다. 예를 들어 오른손잡이 선수가 포핸드로 순방향의 횡회전 서비스를 넣었다면,

ⓐ 역방향의 횡회전을 건다.
ⓑ 순방향의 횡회전을 건다.
ⓒ 상회전을 건다(플릭).
ⓓ 하회전을 건다(커트).
ⓔ 살짝 건드려 스톱시킨다.

라는 선택지가 있다는 뜻이다.
이 다섯 가지 가운데 자신 있는 것도 있고 아직은 미숙한 것도 있을지 모른다. 그러나 이 정도의 선택지가 있음을 염두에 두고 연습하면, 경기에서 리시브가 잘 되지 않을 때 해결책을 모색할 여지가 생길 것이다.

▶▶ 회전을 거는 법

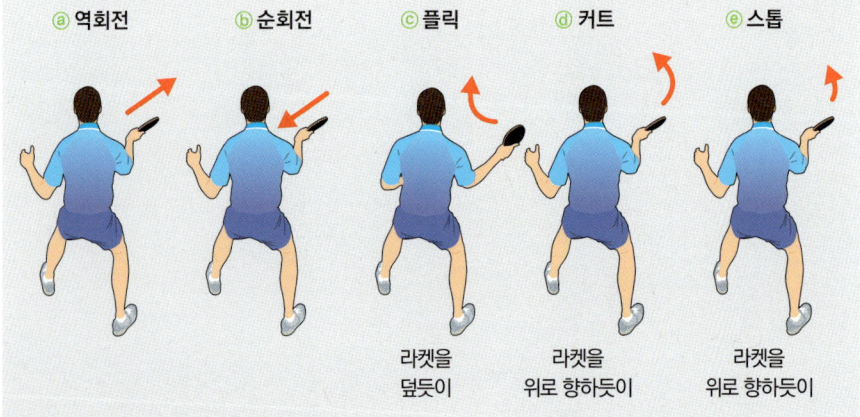

경기에 강해지자

기술 해설 리시브를 하는 위치 &
상회전 리시브

리시브를 하는 위치

POINT 1 리시브를 할 때는 포어사이드 앞에서 백사이드의 깊은 곳까지 모든 코스를 커버할 수 있는 위치에 선다.

POINT 2 서비스가 오면 즉시 반응할 수 있도록 다리를 움직인다.

상회전(플릭) 리시브

POINT 1 서비스의 바운드에 맞춰 라켓을 내민다.

POINT 2 상회전을 걸어 리시브한다.

| 기술 해설 | 경기에 강해지자 |

리시브 : 하회전과 스톱

하회전

POINT 1 서비스의 바운드에 맞춰 라켓을 공 밑으로 집어넣는다.

POINT 2 하회전을 걸어 리시브한다.

스톱

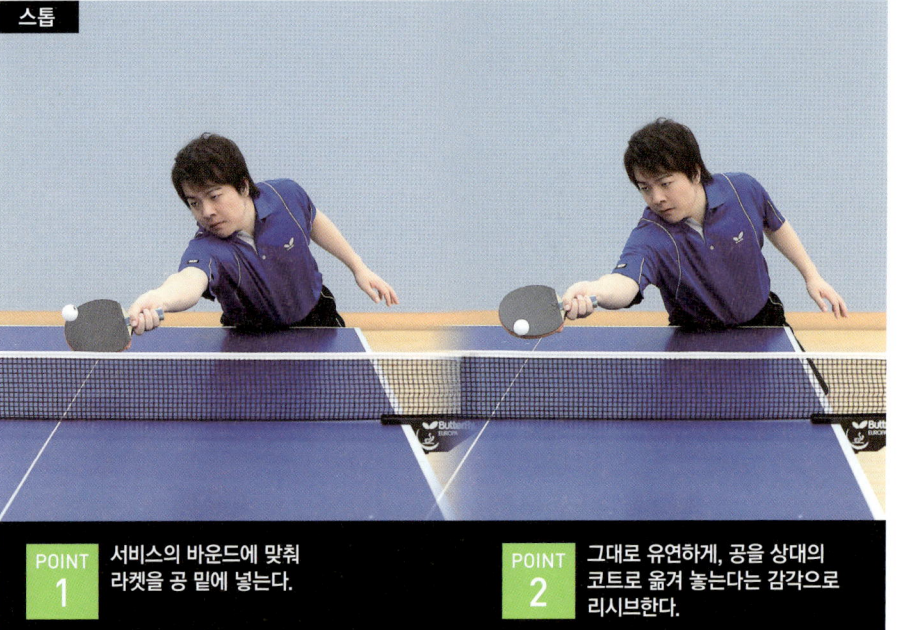

POINT 1 서비스의 바운드에 맞춰 라켓을 공 밑에 넣는다.

POINT 2 그대로 유연하게, 공을 상대의 코트로 옮겨 놓는다는 감각으로 리시브한다.

경기에 강해지자

기술해설 | 리시브 : 횡회전

순회전

서비스의 회전 / 리시브한 공의 회전

POINT 1 서비스의 바운드에 맞춰 손목을 열고 테이크백한다.

POINT 2 그대로 상대의 회전을 거스르지 않고 리시브한다.

역회전

서비스의 회전 / 리시브한 공의 회전

POINT 1 서비스에 대해 바깥쪽에서 감아 넣듯이 리시브한다.

POINT 2 상대의 회전에 지지 않도록 강하게 회전을 건다.

경기에 강해지자

메뉴 131 공식 규칙을 따르는 게임 연습

목적 실전의 분위기와 전략에 익숙해지기 위해서라도 공식 규칙을 따르는 게임 연습을 적극적으로 도입하자.

난이도 ★★
시간 15분
횟수 5게임 매치

순서
① 11점 5게임 매치(3게임 선취)를 한다.
② 게임을 하지 않는 선수는 심판을 본다.

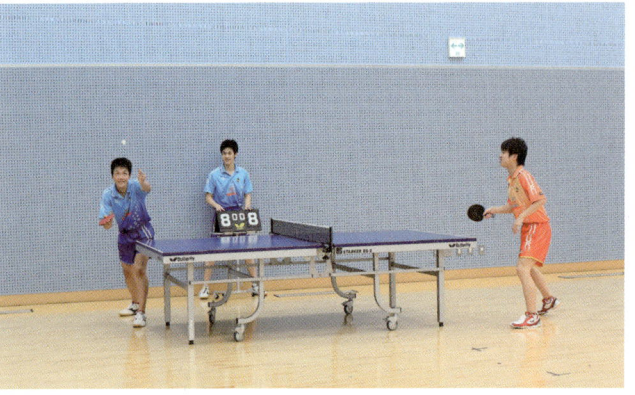

▎게임은 언제나 진지하게 임한다.

지도자 MEMO 실제 게임과 똑같은 상황의 설정이라는 데 의미가 있다. 심판을 두고 긴장감 속에서 경기를 한다. 다만 게임 연습은 시간 효율이 떨어지는 경향이 있다. 메뉴132~135의 방식과 조합하기 바란다.

경기에 강해지자

메뉴 132 7 대 7에서 시작하는 게임 연습

목적 경기 종반의 결정력이나 랠리 능력을 키우기 위한 게임 연습이다. 경기 종반이라는 생각으로 집중해서 임하는 것이 중요하다.

난이도 ★★
시간 2분
횟수 1게임

순서
① 7 대 7의 스코어에서 시작한다. 1게임 매치다.
② 게임이 끝나면 즉시 다음 대전 선수와 게임을 시작한다.

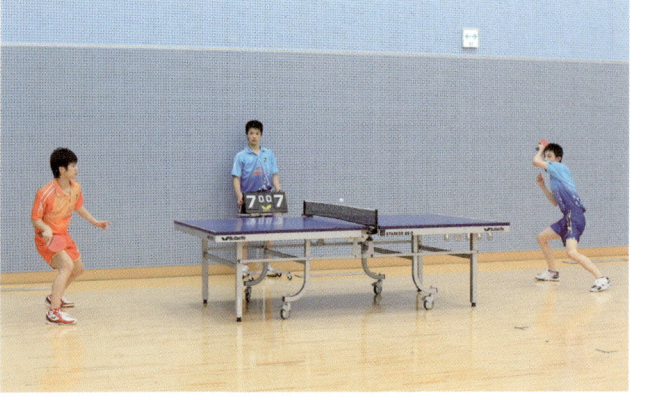

▎7 대 7에서 시작해 긴박한 종반전을 연습한다.

지도자 MEMO 실전에서는 종반전을 진행하는 요령이 중요하다. 7 대 7은 게임 종반의 긴박한 상황을 중점적으로 연습하기 위한 방법이다. 단 시간에 게임이 끝나기 때문에 시간 낭비가 적다는 이점도 있다. 1게임의 시간을 줄임으로써 집중해서 연습에 임할 수 있다.

경기에 강해지자

메뉴 133
7 대 9에서 시작하는 게임 연습

경기 종반에 역전하는 저력과 리드를 끝까지 지키는 전개를 익히기 위한 실전 연습이다. 실전이라는 생각으로 임하는 의식이 중요하다.

난이도 ★★
- 시간 2분
- 횟수 1게임

순서
① 7 대 9의 스코어에서 게임을 시작한다.
② 1게임 매치로 치른다.

 지도자 MEMO
중국 대표팀에서 흔히 볼 수 있는 연습이다. 9점으로 시작하는 쪽이 유리하지만, 승리를 의식한 나머지 수세가 되기 쉬운 점수이기도 하다. 7점으로 시작하는 쪽은 '역전하는 힘', 9점으로 시작하는 쪽은 '앞서고 있어도 강하게 밀어붙이는 힘을 키우는 트레이닝'이 된다.

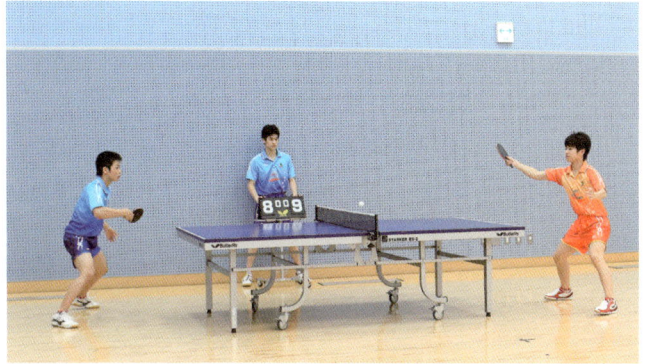

리드하고 있는 쪽은 '리드를 지켜 승리한다'라는 마음,
리드당하고 있는 쪽은 '역전한다'라는 의지를 강하게 가진다.

경기에 강해지자

메뉴 134
청백전·단체전

단체전에 익숙해지기 위한 연습이다. 의도적으로 실력 차이를 두거나 라이벌 의식을 심어주면 다양한 가상 경기를 경험할 수 있다.

난이도 ★★
- 시간 1시간
- 횟수 3경기~5경기

순서
① 팀 인원을 같은 수로 나누고 단체전을 한다.
② 한 팀이 5명 이상일 경우는 복식의 수를 늘리는 등의 방법으로 경기 수를 적당히 조정한다.

 지도자 MEMO
탁구는 개인 스포츠이지만, 팀을 위해서라는 의식이나 동료의 응원에 생각지 못한 힘을 발휘하는 경우도 있다. 합숙 등을 할 때는 청백전을 열면 분위기가 달라질 것이다.

가령 다섯 명이 한 팀일 경우, 한 명이 단식과 복식에 출장해
4단식-1복식을 치르는 등 경기 수를 홀수로 만들면 반드시 승부가 갈린다.

경기에 강해지자

메뉴 135 리그전

실제 리그전에 익숙해지거나
팀 내에서 많은 경기를 하기 위한 연습이다.

	A	B	C
A		0-3	3-0
B	3-0		3-2
C	0-3	2-3	

리그전의 인원은 한 리그에 최대 7명 정도로 조절한다.
그보다 많으면 효율이 떨어지므로 리그를 늘리는 것이 좋다.

난이도 ★★

시간 1시간

횟수 3경기~5경기

순서

① 팀 내에서 리그전 대진표를 만들어 전원과 경기한다.
② 인원이 많을 경우나 수준 차이가 날 경우는 한 리그 낭 5~7명 정도로 나눈다.

지도자 MEMO
리그전을 해서 기록이 남으면 의욕도 고취된다. 인원이 많은 팀의 경우 하루에 모든 경기를 끝내려고 하면 다른 연습을 할 시간이 없어지므로 하루에 1경기씩 1주일 정도에 걸쳐서 하는 것도 좋다.

경기에 강해지자

메뉴 136 자신 없는 서비스에 대한 리시브 다구 연습

리시브 능력을 강화하기 위한 연습법이다.
자신 없는 서비스를 극복해 공격력을 높이자.

자신 없는 서비스를 집중적으로 받는다.

한 가지 서비스에 대해 최소한 두 가지 이상의 리시브 방법을 연습한다.

난이도 ★★

시간 5분

횟수 100구 정도

순서

① 송구 담당은 선수가 자신 없어 하는 서브를 넣는다.
② 선수는 순회전, 역회전, 상회전, 하회전, 스톱의 다섯 가지 리시브를 시험하고 효과적인 것을 반복 연습한다.

지도자 MEMO
취약한 리시브를 집중적으로 연마하는 연습이다. 받기 어려운 서비스도 순회전과 역회전, 상회전, 하회전, 스톱의 다섯 가지 리시브 방법을 조합해 연습하면 안정된 리시브가 가능해진다.

경기에 강해지자

메뉴 137
서비스를 간파해 리시브하는 다구 연습

난이도 ★★
시간 5분
횟수 —

목적
리시브 능력을 강화하기 위한 연습법이다.
자신 없는 서비스를 극복해 공격력을 높이자.

▌상대가 보내는 서비스의 길이를 간파한다.

공의 궤도를 판단한다

▌두 번째 바운드가 탁구대를 벗어나느냐 아니냐가 포인트이다.

궤도에 따라 드라이브나 스톱

▌탁구대를 벗어날 것 같으면 과감하게 테이크백해 드라이브를 건다.

순서

① 송구 담당은 두 번째 바운드가 탁구대를 벗어날까 말까 한 정도의 아슬아슬한 하회전 서브를 미들로 넣는다.

② 선수는 두 번째 바운드가 탁구대를 벗어날 것 같으면 포핸드 드라이브를 걸고, 그 외에는 탁구대 위에서 스톱을 한다.

③ 상대가 드라이브를 걸면 블록을 하고, 스톱이 허술하면 공격한다.

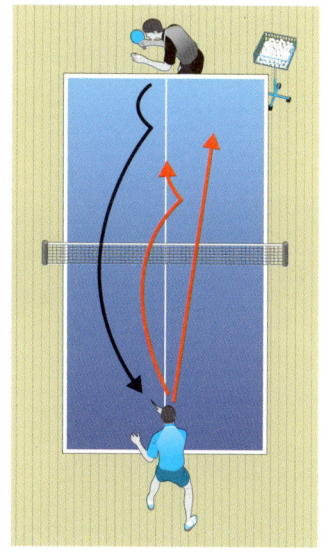

 지도자 MEMO
두 번째 바운드의 위치 판단은 매우 중요하다. 10구 중 3구 정도는 탁구대를 벗어나거나 높이 떠서 찬스볼이 된다. 한편 상대에게는 어려운 코스로 서비스를 넣는 연습이 된다. 두 번째 바운드가 탁구대를 벗어날까 말까 한 아슬아슬한 공을 칠 수 있도록 연습한다.

경기에 강해지자

메뉴 138

하회전 쇼트 서비스를 컨트롤한다

난이도 ★★

시간 5분

횟수 미스 없이 3회 연속

목적 하회전 서비스의 컨트롤을 향상시키기 위한 연습이다. 기술적인 내용은 58쪽을 참고하자.

■ 사진과 같이 마분지 등으로 ①~③의 표적을 만든다.

순서

① 마분지로 ①~③의 표적을 만든다.
② 상대 코트의 포어사이드 앞에 ①, 미들 앞에 ②, 백사이드 앞에 ③의 표적을 놓는다.
③ 하회전의 쇼트 서비스를 넣어 ①의 위치에 바운드시킨다. 성공하면 ②, ③을 순서대로 노린다.
④ 실패하면 ①부터 다시 시작한다. 연속해서 세 표적을 모두 맞힌다.

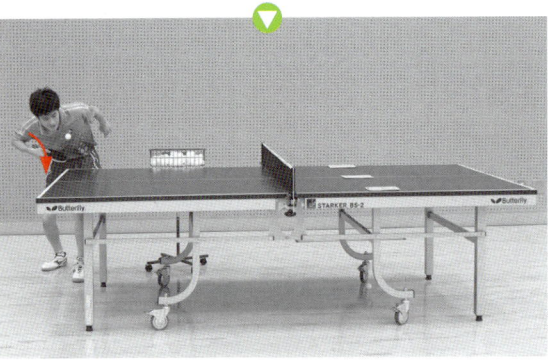

■ 쇼트 서비스를 ①~③의 표적에 바운드시키도록 연습한다.

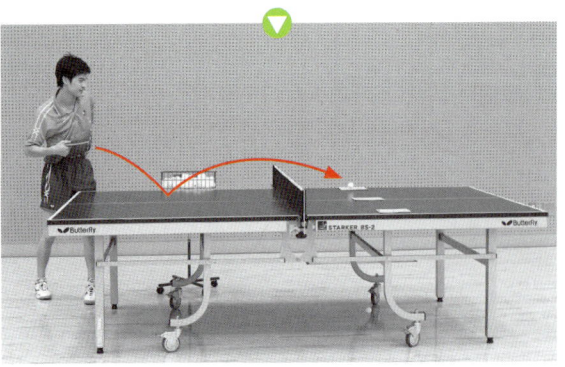

■ 연속해서 ①~③을 맞힐 수 있도록 연습한다.

지도자 MEMO

서비스라고 하면 회전의 종류나 강도에 관심이 집중되는 경향이 있는데, 실전에서는 바운드의 높이와 코스의 정확성 또한 매우 중요하다. 기본이 되는 백사이드 앞의 하회전 쇼트 서비스를 정확히 보낼 수 있도록 연습해 보자. 그런 다음에는 서비스의 길이와 높이를 생각한 대로 컨트롤해 나간다.

경기에 강해지자

기술해설 # 횡회전 서비스

POINT 1 탁구대 옆에 바짝 붙어서 준비한다.

POINT 2 토스를 올린다.

POINT 3 라켓을 몸의 위쪽으로 뺀다.

POINT 4 서비스 직전까지 회전의 종류를 들키지 않도록 주의한다.

POINT 5 임팩트 순간 횡회전을 건다.

POINT 6 횡회전임을 인식하지 못하도록 폴로스루한다.

경기에 강해지자

139

횡회전 쇼트 서비스를 컨트롤한다

난이도	★★
시간	5분
횟수	미스 없이 3회 연속

목적 횡회전 서비스의 바운드 높이와 코스를 정확히 컨트롤하기 위한 연습이다.

▌표적 1, 2, 3을 순서대로 노린다.

순서

① 마분지로 1~3의 표적을 만든다.
② 상대 코트의 포어사이드 앞에 1, 미들 앞에 2, 백사이드 앞에 3의 표적을 놓는다.
③ 횡회전의 쇼트 서비스를 넣어 1의 위치에 바운드시킨다. 성공하면 2, 3을 순서대로 노린다.
④ 실패하면 1부터 다시 시작한다. 연속해서 세 표적을 모두 맞힌다.

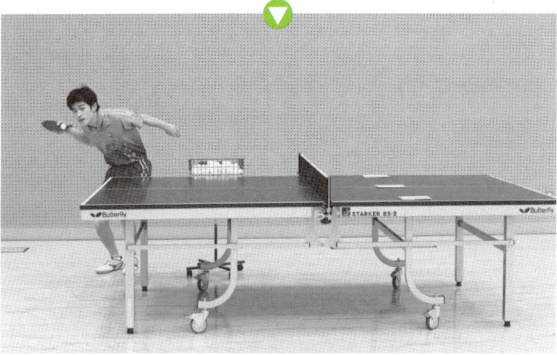

▌횡회전 서비스를 짧게, 그리고 뜨지 않도록 넣는다.

One Point! 어드바이스

서비스는 발의 위치가 포인트

서비스의 포인트는 몸의 방향과 다리의 위치다. 정면을 향하면 서비스를 넣기가 어려우며 상대에게 회전이나 코스를 읽힐 우려가 높다. 상대에게 서 등을 돌리듯이 선다.

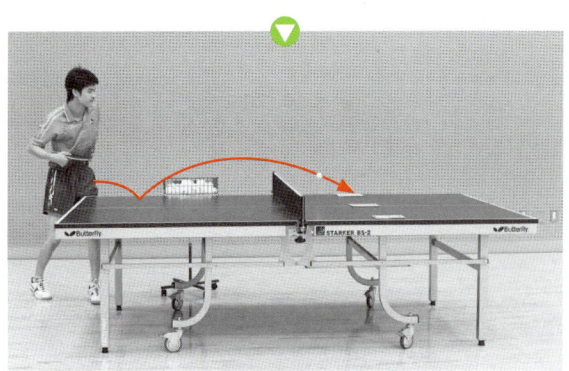

▌3구 연속 성공을 목표로 연습한다.

지도자 MEMO 횡회전 서비스는 하회전보다 짧게 컨트롤하기가 어렵기 때문에 같은 높이라도 하회전보다 공격적인 리시브를 당할 위험성이 높다. 이런 상황을 피하기 위해서는 임팩트 순간을 짧게 하고 폴로스루에 페이크 모션을 넣는 등 상대에게 회전을 읽히지 않도록 연구할 필요가 있다.

경기에 강해지자

메뉴 140 하이 토스 서비스 연습

난이도 ★★
시간 5분
횟수 미스 없이 3회 연속

목적 토스의 높이를 바꿔 서비스하는 연습이다.
특히, 높은 토스(하이 토스)는 반복 연습이 필요한 어려운 기술이다.

▎로우 토스 서비스를 한다.

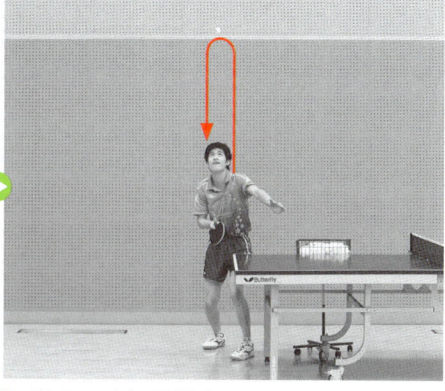

▎미들 토스 서비스를 한다.

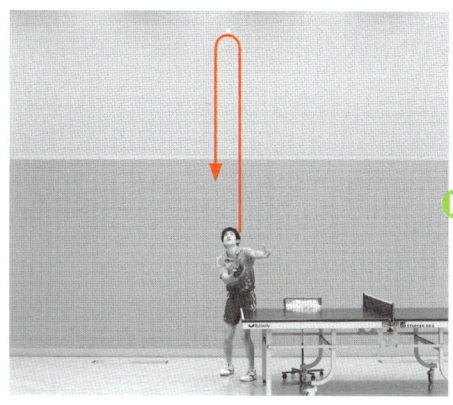

▎하이 토스 서비스를 한다.

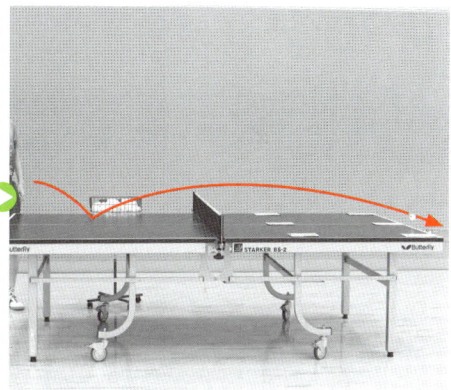

▎토스의 높이를 바꿔도
서비스 미스를 범하지 않도록 연습한다.

순서

① 서비스 표적을 놓는다(180, 182쪽과 같음).
② 통상적인 토스 높이(로우 토스)로 서비스를 한다.
③ 토스를 머리 높이 위로 올려(미들 토스) 서비스한다.
④ 머리 높이보다 훨씬 높게 토스를 올려(하이 토스) 서비스한다.
⑤ ②~④를 연속해서 표적을 맞히면 종료한다.

지도자 MEMO 규칙상 토스의 높이는 손에서 16cm 이상 던져 올려야 한다고 정해져 있다. 그러므로 아무리 높이 올리더라도 규칙 위반은 아니다. 토스가 높을수록 낙하 속도를 회전에 이용할 수 있지만, 그만큼 안정성이 낮아진다. 이와 같은 연습으로 높은 토스를 올리는 감각과 높이에 따른 리듬의 차이를 익히자.

경기에 강해지자

메뉴 141

롱 서비스 연습

난이도 ★★

시간 5분

횟수 미스 없이 3회 연속

목적 상대의 엔드라인을 노리는 롱 서비스의 컨트롤을 향상시키기 위한 연습이다.

■ 엔드라인 근처에 표적을 놓는다.

순서

① 상대 코트 엔드라인 부근의 포어 코너에 ①, 미들에 ②, 백 코너에 ③의 표적을 놓는다.

② ①을 노리고 롱 서비스를 한다. 성공하면 ②, ③을 연속으로 노린다.

③ 3구 연속으로 표적을 맞히면 연습을 종료한다.

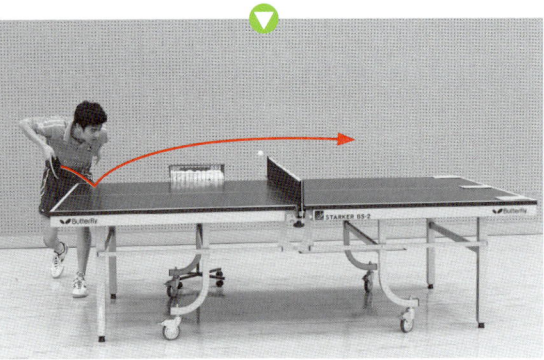

■ 롱 서비스로 표적을 노린다.

One Point! 어드바이스

엔드라인에 아슬아슬하게 떨어뜨린다

쇼트 서비스와는 반대로 롱 서비스는 첫 번째 바운드를 자기 코트 엔드라인의 아슬아슬한 위치에 떨어뜨리면 컨트롤하기가 쉬워진다.

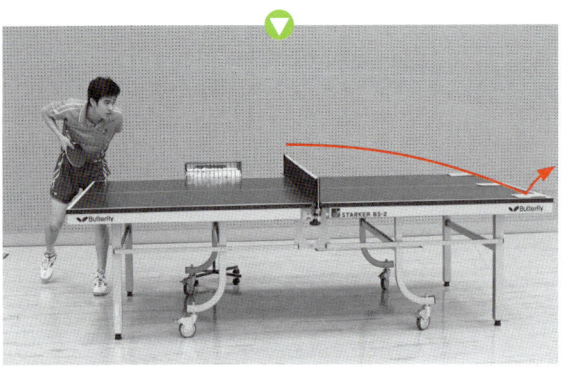

■ 3구 연속 성공을 목표로 연습한다.

지도자 MEMO 경기에서는 공격적인 리시브가 들어올 위험성이 낮은 쇼트 서비스가 중심이 되지만, 때때로 롱 서비스를 섞지 않으면 상대에게 서비스를 읽히고 만다. 롱 서비스는 쇼트 서비스보다 속도가 빠르고 위력 있는 공을 보낼 수 있다.

경기에 강해지자

메뉴 142 같은 모션으로 다른 서비스를 넣기

난이도 ★★
시간 5분
횟수 100구 정도

목적 상대가 서비스 코스와 길이를 간파하지 못하도록 같은 모션으로 다른 서비스를 넣는 연습이다.

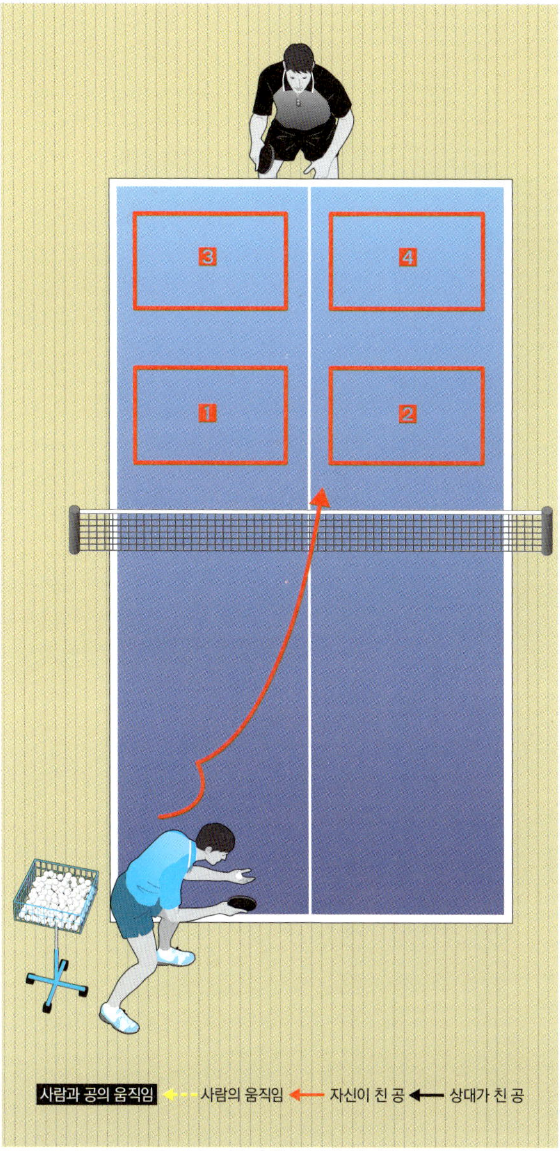

순서

① 리시버를 두고 서비스를 넣는다. 랠리는 하지 않으며, 상대가 리시브를 하면 다음 서비스를 넣는다.

② 서비스는 무작위로 ① 포어사이드 앞, ② 백사이드 앞, ③ 백스트레이트 롱, ④ 백크로스 롱에 보낸다.

③ 5분 동안 서비스를 했으면 리시버로부터 조언을 듣는다.

사람과 공의 움직임 ← --- 사람의 움직임 ← 자신이 친 공 ← 상대가 친 공

지도자 MEMO 쇼트 서비스와 롱 서비스를 최대한 똑같은 자세로 넣는 연습이다. 쇼트 서비스인지 롱 서비스인지 상대가 간파하지 못하게 하는 것이 중요하므로 연습 상대로부터 솔직한 피드백을 받도록 하자.

리시버가 리시브를 하면 그 이상 랠리를 계속하지 않는다.
서브 리시브에 특화된 연습으로 만든다.

경기에 강해지자

같은 모션으로 다른 회전을 주기

난이도	★★
시간	5분
횟수	100구 정도

목적 상대가 회전을 간파하지 못하도록 똑같은 모션으로 다양한 회전을 거는 연습이다. 회전을 확실히 바꿀 수 있는지 확인하는 연습도 된다.

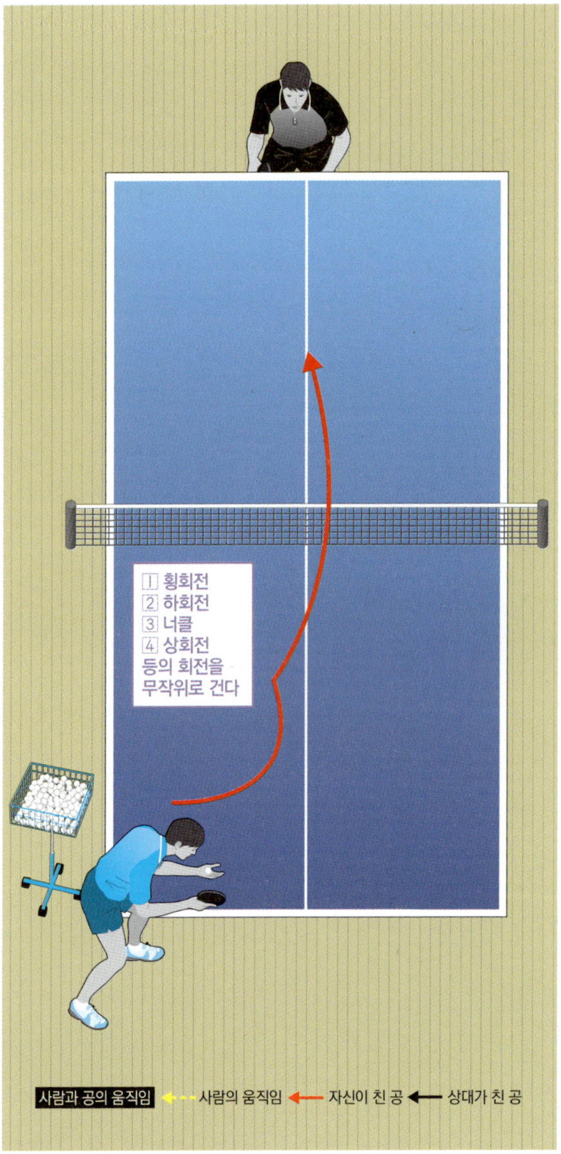

순서

① 리시버를 두고 서비스를 넣는다. 랠리는 하지 않으며, 상대가 리시브를 하면 다음 서비스를 넣는다.

② 백사이드 앞(백사이드 롱, 포어사이드 롱, 포어사이드 앞 등이어도 무방하다) 등으로 코스를 고정한다.

③ 횡회전, 하회전, 너클, 상회전 등 회전을 무작위로 걸며 서비스를 넣는다.

④ 5분이 지나면 리시버로부터 조언을 듣는다.

1 횡회전
2 하회전
3 너클
4 상회전
등의 회전을 무작위로 건다

One Point! 어드바이스

페이크 모션 서비스

상회전을 건 뒤에 하회전을 걸 때의 모션을 넣거나 실제 회전과는 정반대의 모션을 넣어 상대가 회전을 간파하지 못하게 하는 것을 페이크 모션이라고 한다.

 지도자 MEMO 현재는 서비스를 할 때 임팩트 순간을 감추는 것이 규정 위반이다. 예전에 비하면 서비스의 회전을 상대가 간파하지 못하게 하기가 어렵지만, 모션 자체를 작게 하거나 미묘한 페이크 모션을 넣으면 상대에게 회전을 읽히지 않을 수 있다.

사람과 공의 움직임 ← 사람의 움직임 ← 자신이 친 공 ← 상대가 친 공

모든 회전을 똑같은 모션으로 건다. 연습 상대는 연습이 끝난 뒤에 회전과 모션에 대한 의견을 말해준다.

경기에 강해지자

메뉴 144
치키타 리시브의 정확도를 높인다 ①

난이도 ★★
시간 5분
횟수 100구 정도

목적
치키타를 이용한 공격적인 리시브를 익히기 위한 연습이다.
치키타의 기술 요소는 76쪽을 참고하기 바란다.

순서

① 송구 담당은 백사이드 앞으로 쇼트 서비스를 넣는다.
② 선수는 서비스가 허술하다면 백핸드 치키타로 리시브한다.
③ 스트레이트, 크로스 등 다양한 코스를 노린다.
④ 빈틈없는 서비스라면 스톱 리시브를 한다.
⑤ 랠리는 하지 않고 ①~③을 반복한다.

▌상대는 백사이드 앞으로 쇼트 서비스를 넣는다.

▌치키타 리시브로 다양한 코스를 노린다.

One Point! 어드바이스

공격하기 어려운 공은 스톱으로 대응한다

치키타로 리시브할 수 있는 서비스인지 간파하는 것이 중요하다. 기본적으로는 치키타로 공격적인 리시브를 노리고, 공격하기 어려운 공일 때는 커트로 멈추면 될 것이다.

 지도자 MEMO
이 연습은 적극적으로 공격하는 리시브의 일종이다. 최근 들어 정상급 선수들의 경기에서 치키타를 빈번히 볼 수 있게 되었다. 크게 테이크백할 필요 없이 변화무쌍한 타구를 칠 수 있기 때문에 주로 쇼트 서비스에 대한 리시브로 효과적이다.

메뉴 145 치키타 리시브의 정확도를 높인다 ②

난이도	★★
시간	5분
횟수	100구 정도

목적
치키타 리시브 후에 공격으로 연결하는 연습이다. 리시브 후 풋워크를 구사해 대응할 수 있는 위치로 재빨리 돌아가는 것이 중요하다.

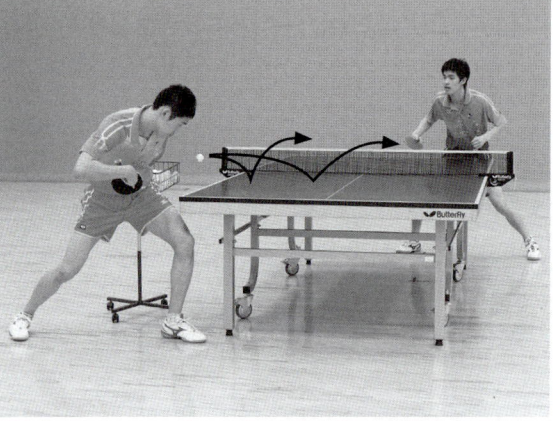

순서
① 상대는 포어사이드 앞이나 백사이드 앞으로 쇼트 서비스를 넣는다.
② 선수는 상대의 포어사이드에 치키타로 리시브한다.
③ 상대가 백사이드로 받아치면 즉시 돌아가서 대응한다.
④ 상대는 공을 받아치지 않으며, ①~③을 반복한다.

▎포어사이드 앞이나 백사이드 앞으로 서비스가 온다.

▎치키타로 리시브한다.

지도자 MEMO
치키타 리시브의 특징 중 하나는 미들 앞 부근이라면 무리하지 않아도 리시브할 수 있다는 점이다. 또 포어사이드 앞이라 해도 풋워크를 구사하면 리시브할 수 있다. 포핸드 플릭이나 스톱으로 읽혔을 경우 효과적인 리시브가 된다. 다만 백사이드 앞이 비므로 재빨리 돌아와 대응할 수 있도록 하자.

One Point! 어드바이스
치키타 리시브는 탁구대 위로 깊숙이 들어가서 하기 때문에 아무래도 돌아오는 것이 늦어지기 쉽다. 요령은 치키타를 하면서 돌아가는 것이다. 이런 연습으로 리시브 후에 돌아가는 움직임을 의식적으로 익혀 두자.

경기에 강해지자

메뉴 146 포어사이드 앞 쇼트 서비스에 대한 플릭 리시브

난이도 ★★
시간 5분
횟수 100구 정도

목적
쇼트 서비스에 플릭으로 대응하는 연습이다.
오른발을 탁구대 밑까지 크게 내딛는 것이 중요하다.

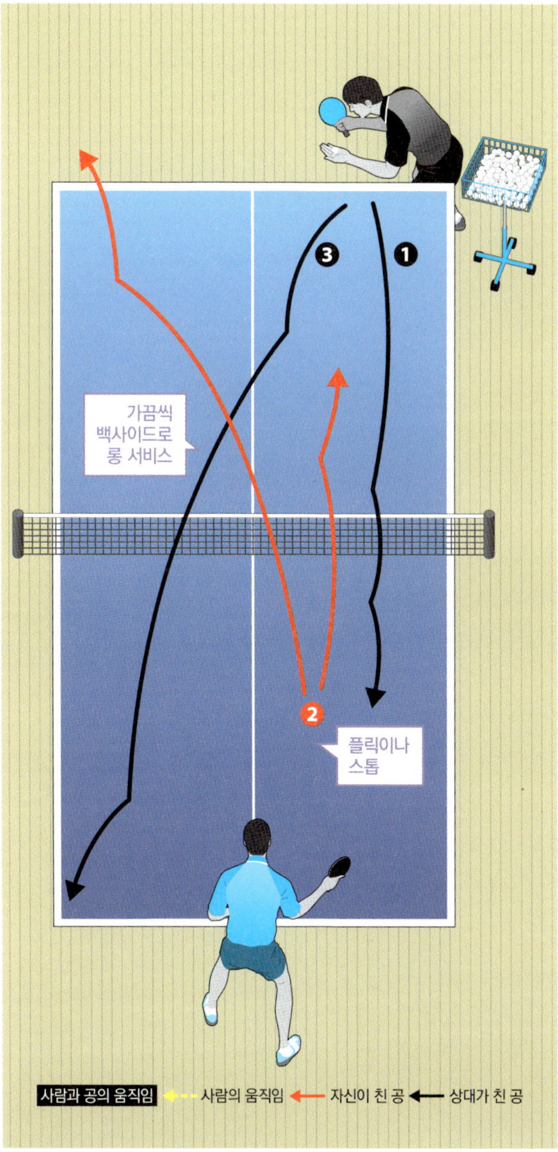

순서

① 송구 담당은 포어사이드 앞으로 쇼트 서비스를 넣는다.

② 선수는 서비스가 허술하면 플릭, 빈틈이 없으면 스톱한다. 리시브 후에는 재빨리 원래의 위치로 돌아온다.

③ 송구 담당은 선수가 너무 일찍 움직이면 가끔씩 백사이드로 롱 서비스를 넣어 견제한다.

가끔씩 백사이드로 롱 서비스

플릭이나 스톱

사람과 공의 움직임 ---▶ 사람의 움직임 ◀— 자신이 친 공 ◀— 상대가 친 공

One Point! 어드바이스

2단 모션으로 상대의 허를 찌른다

커트를 할 것처럼 동작을 취하다 다시 한 번 테이크백해 플릭을 한다. 이렇게 하면 커트라고 판단한 상대의 허를 찌를 수 있다.

지도자 MEMO
플릭할 수 있는 공인지 판단하는 것과, 플릭하기 어려운 공은 확실히 스톱하는 것이 포인트다. 또한 포어사이드 앞으로 발을 내딛으면 백사이드 앞이 허술해지기 쉽다. 서비스의 코스를 정확히 파악한 다음 발을 움직인다.

서비스가 허술하면 플릭, 빈틈이 없으면 스톱 등 상황을 판단해 리시브한다.

경기에 강해지자

메뉴 147 서비스의 코스를 정확히 컨트롤한다

난이도 ★★
시간 5분
횟수 미스 없이 6회 연속

목적 상대가 코스와 길이를 간파할 수 없는 자세로 원하는 곳에 서비스를 넣기 위한 연습법이다. 서비스의 컨트롤 능력을 높인다.

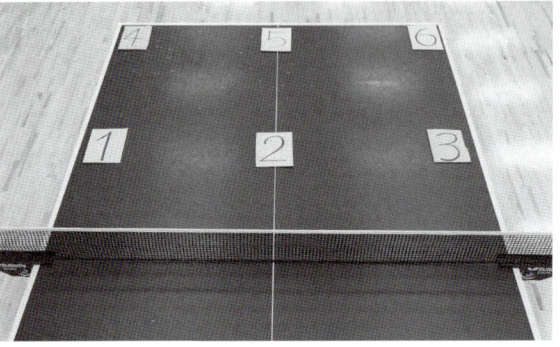

순서
① 마분지로 ①~⑥의 표적을 만든다.
② 쇼트 서비스로 ①~③, 롱 서비스로 ④~⑥을 순서대로 노린다.
③ 미스 없이 ⑥까지 맞히면 성공.

■ ①~⑥의 표적을 순서대로 노린다.

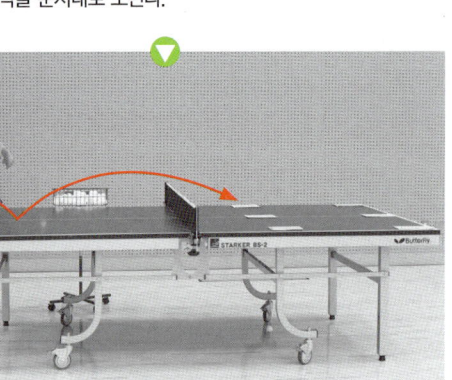

■ 서비스의 코스와 길이를 컨트롤한다.

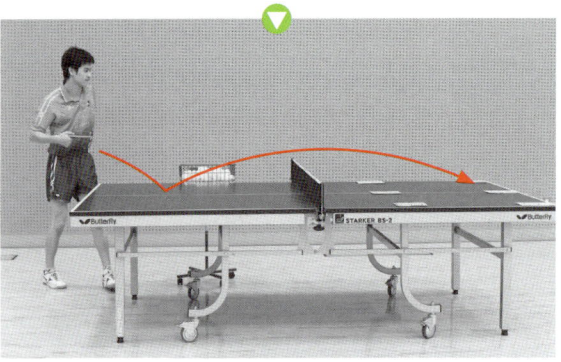

지도자 MEMO 서비스의 정확성을 높이기 위한 연습이다. 미스를 범하지 않는다면 6구 만에 끝나는 연습이지만, 실패하면 ①부터 다시 시작해야 하므로 집중력을 키울 수 있다. 리시버를 세워서 서비스를 하기 전에 코스가 읽히는지 확인을 부탁해도 좋을 것이다.

■ 6구 연속 성공을 목표로 연습한다.

경기에 강해지자

메뉴 148 상대의 움직임에 따라 서비스의 코스를 바꾼다

난이도 ★★
시간 5분
횟수 100구 정도

목적 상대의 움직임을 파악한 다음 서비스의 코스를 결정하는 연습이다.

■ 코치나 선수가 리시버가 되어 자세를 잡는다.

순서

① 상대를 코트 반대편에 세운다.
② 선수는 상대가 움직이지 않으면 백사이드로 쇼트 서비스를 넣는다. 만약 상대가 돌아선다면 포어사이드로 롱 서비스를 넣는다.

※ 연습 상대는 백사이드의 서비스에 대해 항상 돌아서서 리시브를 노린다.

상대의 움직임을 본다

■ 토스를 올린 다음 임팩트하는 순간까지 상대의 움직임을 의식한다.

■ 상대가 돌아서면 즉시 스트레이트로 서비스를 넣어 허를 찌른다.

지도자 MEMO 상대에게 서비스 코스를 읽히지 않기 위한 연습이다. 상대의 움직임을 잘 읽고 견제해 상대가 돌아서지 못하게 하며, 만약 돌아선다면 반대로 포어사이드를 노릴 수 있도록 연습하자.

경기에 강해지자

메뉴 149 순간적으로 서비스의 코스를 바꾼다

난이도 ★★
시간 5분
횟수 100구 정도

목적 코치의 목소리에 맞춰 즉각적으로 서비스의 코스를 바꾼다.
상대의 움직임을 보고 순간적으로 서비스의 코스를 바꿀 수 있게 된다.

▎서비스의 코스를 정한다.

순서

① 서비스의 코스를 두 가지로 정해 놓는다. 예를 들어 포어사이드 앞의 쇼트 서비스와 백사이드의 롱 서비스로 정한다.

② 토스를 올리고 공이 떨어지려는 순간 코치가 '포어'라고 말하면 포어사이드 앞으로, '백'이라고 말하면 백사이드 롱으로 서비스를 넣는다.

▎코치가 '포어'라고 말하면 포어사이드 앞으로 보낸다.

▎코치가 '백'이라고 말하면 백사이드 롱으로 보낸다.

지도자 MEMO 서비스를 넣는 순간 코스를 바꿀 수 있도록 하기 위한 연습이다. 이 연습을 해 두면 상대의 움직임을 보고 허를 찌를 수 있게 된다.

경기에 강해지자

메뉴 150
하회전 서비스로 네트를 맞힌다

난이도 ★★
시간 5분
횟수 4인 연속 성공

목적 하회전을 정확히 걸기 위한 연습이다.
4인조 팀 대항 형식으로 하면 재미있게 연습할 수 있다.

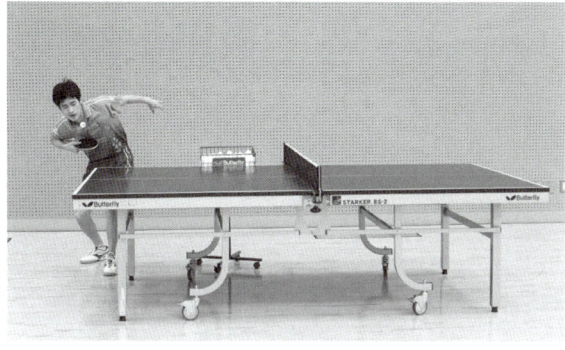

▌하회전 서비스를 넣는다.

순서
① 4인 1조가 되어 한 명씩 순서대로 하회전 서비스를 넣는다.
② 탁구대 위에서 하회전 때문에 공이 돌아와 네트에 닿으면 성공.
③ 4인이 연속으로 성공하면 연습을 마친다.

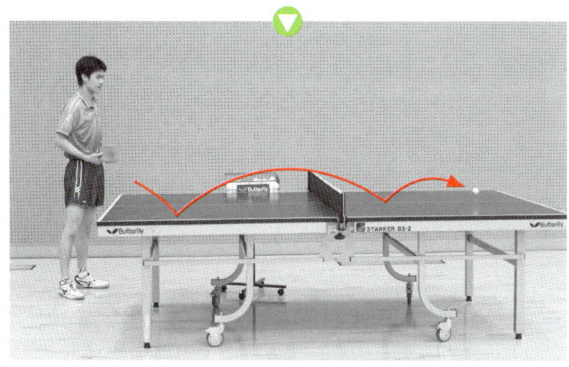

▌정확하고 회전량이 있는 하회전을 걸었다면 공이 돌아온다.

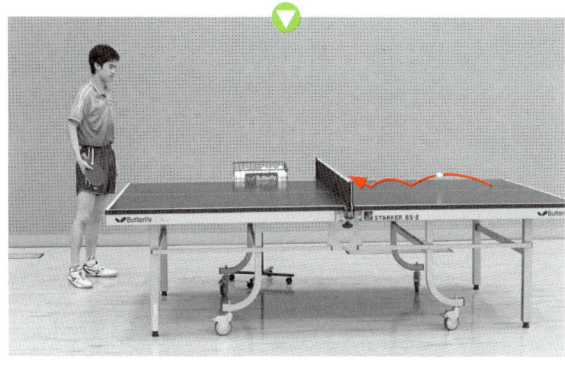

▌네트에 닿으면 성공.

지도자 MEMO
혼자서도 할 수 있지만 이 연습처럼 4인 1조의 팀을 여럿 만들어서 대항전 형식으로 하면 분위기가 달아오른다. 네트 맞히기 이외에 '표적 맞히기', '탁구대 위에 올려놓은 공 맞히기' 같은 달성 조건도 설정할 수 있다. '5구 연속 성공' 등 목표를 바꾸면 난이도에도 변화를 줄 수 있다.

경기에 강해지자

메뉴 151 상대의 예측을 깨는 리시브 연습

난이도 ★★★
시간 5분
횟수 100구 정도

 목적 상대의 예측을 깨는 리시브를 하기 위한 연습이다.

순서

① 상대는 백사이드 앞으로 쇼트 서비스를 넣는다.

② 선수는 백크로스로 커트를 한다. 이에 상대는 돌아서서 3구째 공격을 하며, 그 뒤에는 랠리 연습에 들어간다.

③ 가끔씩 상대의 예상을 깨고 리시브 코스를 포어사이드 앞으로 바꾸거나 치키타 리시브로 공격한다.

④ 상대는 예측을 벗어난 공이 오더라도 대응할 수 있도록 돌아서는 타이밍을 최대한 늦추고 이쪽의 리시브를 판단한다.

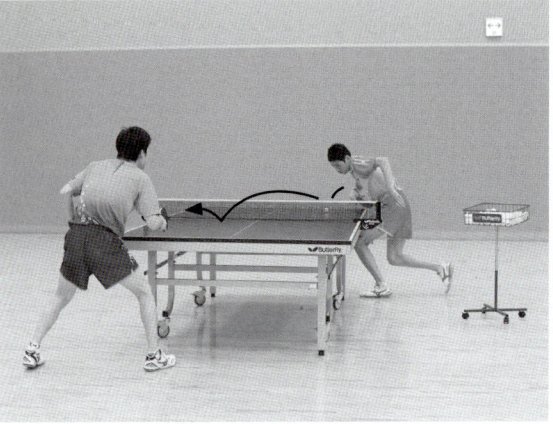

기본적으로는 3구째에 돌아서서 공격하는 통상적인 패턴.

가끔씩 치키타로 리시브하거나 포어스트레이트로 공을 보내는 등 변화를 준다.

지도자 MEMO

서로 코스를 읽히지 않기 위한 실전적인 연습이다. 한쪽은 상대가 돌아서기 위해 '움직였다'고 느낀 순간 코스를 바꿀 것을, 다른 쪽은 백사이드로 공이 온다고 섣불리 넘겨짚지 않고 공이 온 다음에 움직일 것을 의식한다.

One Point! 어드바이스

돌아서는 타이밍이 너무 빠르면 상대방에게 간파당해 허를 찔리고 만다. 이 연습은 서로 긴장감을 가지고 리시브와 3구째의 코스를 선택하는 감각을 단련할 수 있다.

메뉴 152 — 10 대 10에서 시작하는 게임 연습

난이도 ★★★
시간 30초~1분(1게임)
횟수 1~10게임

목적

종반전의 힘을 키우기 위한 연습이다.

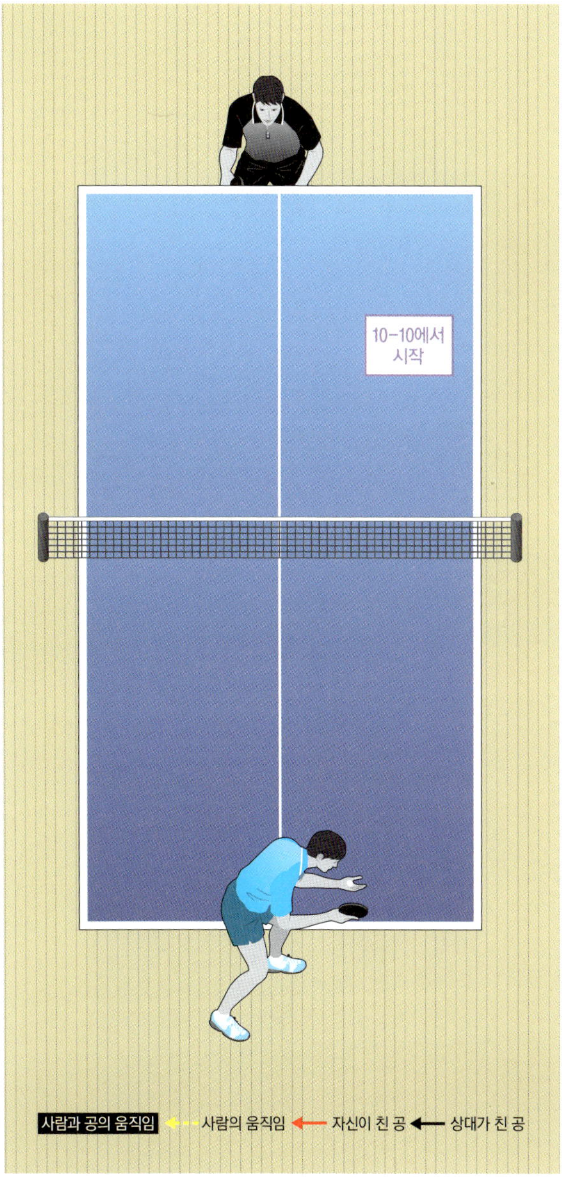

순서
① 10 대 10의 듀스 상황에서 게임을 시작한다.
② 2포인트를 앞선 쪽이 승리한다.

10-10에서 시작

One Point! 어드바이스
11포인트 게임에서는 실력이 비슷할 경우 듀스가 되는 일이 결코 드물지 않다. 듀스에서 승리할 수 있도록 마지막 포인트를 따낼 수 있는 기술과 전술을 쌓아두자.

지도자 MEMO
10 대 10의 듀스 상황에서 시작하는 게임 연습이다. 종반전을 가정한 상황 설정으로, 역량에 차이가 있어도 승패를 예측하기 어렵기 때문에 긴장감이 넘친다. 빠르면 한 게임이 15초 만에 끝난다. 휴식 직전에 이 연습을 넣는 등 규칙화해도 좋을 것이다.

사람과 공의 움직임 ←--- 사람의 움직임 ← 자신이 친 공 ← 상대가 친 공

실전의 듀스 상황을 떠올리며 집중해서 게임한다.

경기에 강해지자

복식에서 주의할 점

▶▶▶ 복식은 단체전의 핵심

탁구의 복식은 테니스나 배드민턴 등과 달리 두 선수가 교대로 공을 쳐야 한다는 규칙이 있다. 그렇기 때문에 일반적으로는 오른손잡이 두 명보다 오른손잡이와 왼손잡이가 페어를 짜는 편이 랠리 중에 두 선수가 겹치는 일이 적어 유리하다고 알려져 있다.

복식의 서비스는 그림과 같이 코트의 절반만을 사용할 수 있다. 그래서 일반적으로는 단식보다 리시브하는 쪽이 유리하다고 알려져 있으며, 이에 따라 리시브 능력이 중요시된다.

단체전에서는 대부분의 경우 복식 경기가 포함된다. 복식의 승패가 단체전의 승패를 가를 때가 매우 많기 때문에 복식이 약한 팀은 단체전에서 이기기 어렵다. 그러므로 복식도 반드시 연습 메뉴에 포함하자.

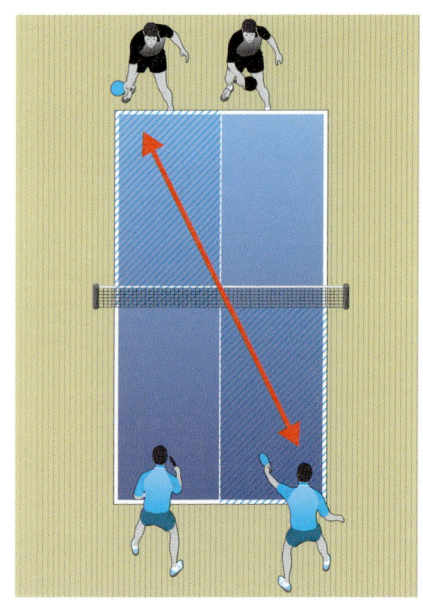

▶▶ 복식의 사인은 3구째를 치는 선수가 낸다

복식에서는 대부분의 경우 서비스를 넣는 선수가 사인을 낼 것이다. 그러나 최근 대표팀에서는 서비스를 넣는 선수가 아니라 3구째를 치는 선수가 사인을 내고 있다. 자신이 칠 3구째 공격을 머릿속에 그리고 그 이미지대로 전개될 가능성이 높은 서비스를 서버에게 요구하는 형태다. 이 편이 랠리의 전개를 머릿속에 그리며 전략을 세우기 용이하다.

한편 리시브를 할 때도 사인을 내는 경우가 있다. 이 경우도 리시브를 하는 사람보다 그 다음에 4구째를 칠 선수가 리시브 코스 등을 사인으로 알리는 편이 합리적일 수 있다.

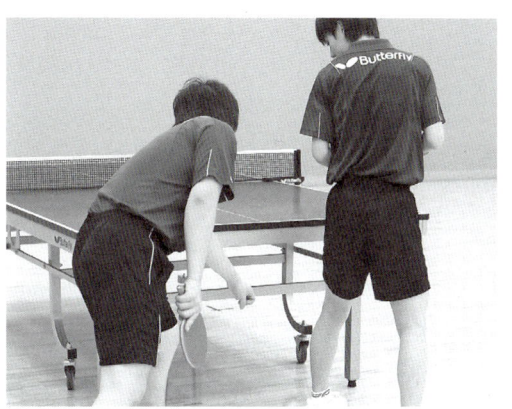
3구째를 치는 선수가 사인을 낸다.

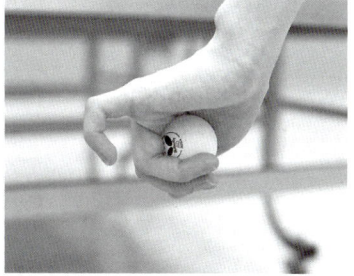
복식에서 내는 사인의 예

▶▶ 오른손잡이-왼손잡이의 조합이 유리

오른손잡이끼리도 복식조를 짤 수 있지만 오른손잡이와 왼손잡이가 한 조를 이루는 편이 더 효율적이다. 세계 정상급의 복식조도 대부분 오른손잡이와 왼손잡이의 콤비다.

그 이유는 한 코스로 랠리를 계속해 보면 잘 알 수 있다. 가령 포어크로스로 랠리를 계속할 경우, 오른손잡이로만 구성된 복식조는 그림처럼 돌아 들어가야 한다. 따라서 서로 겹치는 순간이 생길 수밖에 없으므로 공을 보기 어렵다는 불이익을 안게 된다.

경기에 강해지자

메뉴 153 복식에서의 포어크로스 랠리

목적 복식의 기본적인 랠리 능력을 키우기 위한 연습이다. 워밍업용으로도 좋다.

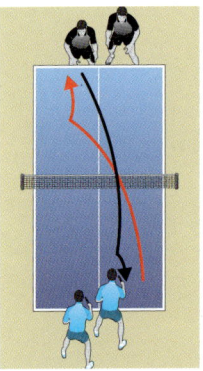

오른손잡이 복식조에게는 필수 연습.
오른손잡이 복식조는 한 명이 전위, 다른 한 명이 후위에서 공을 친다.

난이도 ★★
시간 3분
횟수 시간 내 무제한

순서

① 복식조끼리 포어크로스로 랠리를 한다.

② 미스를 범하더라도 공을 주우러 가지 않고 다음 공으로 연습한다. 3분 동안 랠리를 주고받는다.

지도자 MEMO 오른손잡이와 왼손잡이가 복식조일 경우, 크게 움직일 필요는 없지만 작게 스텝을 밟으며 발을 계속 움직이는 것을 잊지 말자. 한편 오른손잡이 복식조의 경우는 전위와 후위의 역할을 정해 놓을 필요가 있다.

경기에 강해지자

메뉴 154 복식에서의 백크로스 랠리

목적 복식의 기본적인 랠리 능력을 키우기 위한 연습이다. 워밍업용으로도 좋다.

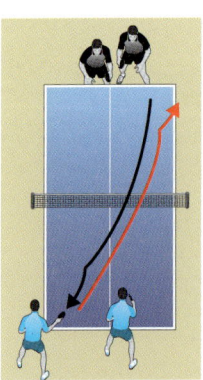

오른손잡이 복식조는 한 명이 백핸드, 다른 한 명이 포핸드를 구사하면 원활하게 공을 칠 수 있다.

난이도 ★★★
시간 3분
횟수 시간 내 무제한

순서

① 복식조끼리 백크로스로 랠리를 펼친다.

② 미스를 범하더라도 공을 주우러 가지 않고 다음 공으로 연습한다. 3분 동안 랠리를 주고받는다.

지도자 MEMO 복식의 경우는 시간 여유가 있으므로 오른손잡이는 기본적으로 백사이드에서도 포핸드로 플레이한다. 물론 랠리에서 백핸드를 사용해도 무방하다.

경기에 강해지자

메뉴 155
복식에서의 움직이며 포핸드 연습

난이도 ★★★
시간 3분
횟수 시간 내 무제한

목적: 복식의 기본적인 랠리 능력을 키우기 위한 연습이다. 워밍업용으로도 좋다. 허를 찔리지 않도록 최대한 끝까지 코스를 파악한 다음 움직인다.

순서

① C가 포어크로스로 롱 서비스를 넣으면서 시작한다. A는 포핸드로 받아친다.
② C는 강한 드라이브로 포어사이드의 코너를 노린다.
③ B가 포어사이드로 움직이며 포어크로스로 드라이브를 건다. 이후는 코트 전체를 사용해 랠리를 펼친다.

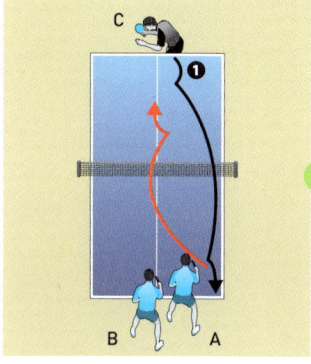

A는 포핸드로 친 다음 즉시 뒤로 물러난다.

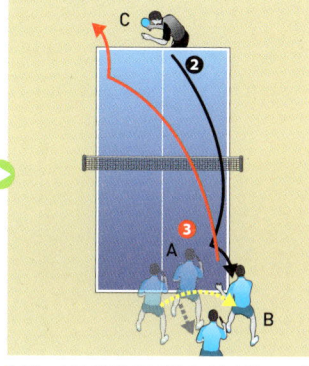

B는 A의 앞을 통과해 포어사이드로 움직이면서 포어크로스로 공을 보낸다.

지도자 MEMO: 이것은 오른손잡이 복식조의 예인데, 오른손잡이와 왼손잡이 복식조일 경우는 왼손잡이 선수가 움직이는 코스 등으로 변형시킨다.

경기에 강해지자

메뉴 156
복식에서의 서비스와 리시브의 대응

난이도 ★★★
시간 3분
횟수 시간 내 무제한

목적: 복식에서 가장 중요한 서비스와 리시브의 대응 연습이다.

순서

① A의 서비스로 시작한다.
② C는 스톱이나 플릭으로 리시브한다.
③ B는 스톱에는 더블 스톱, 플릭에는 포핸드로 대응한다. 그 후 ②로 돌아간다.

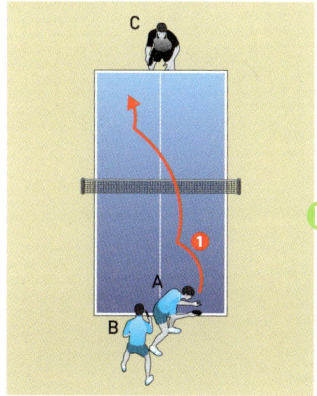

A는 쇼트 서비스를 넣는다.

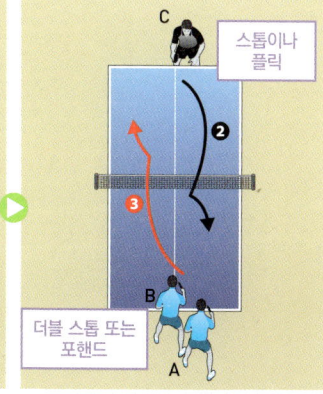

B는 C의 리시브를 파악해 대응한다.

지도자 MEMO: 서비스의 핵심은 '낮게, 짧게'다. 리시브에 에이스를 허용하지 않는 것이 중요하다. 한편 리시브의 기본은 스톱이다. 상대편이 강하게 공격하기 어려운 리시브를 중시하며, 서비스가 느슨할 경우는 플릭으로 받아친다.

경기에 강해지자

메뉴 157

복식에서의 3구째 공격①

난이도 ★★★
시간 3분
횟수 시간 내 무제한

복식에서도 전술의 기본이 되는 실전적인 3구째 공격 패턴을 익힌다. A가 오른손잡이, B가 왼손잡이일 때의 공격이다.

순서

① A(오른손잡이)의 쇼트 서비스로 시작한다.
② 상대는 스트레이트로 커트 리시브를 한다.
③ B(왼손잡이)는 움직이면서 백크로스에 드라이브 공격을 한다.

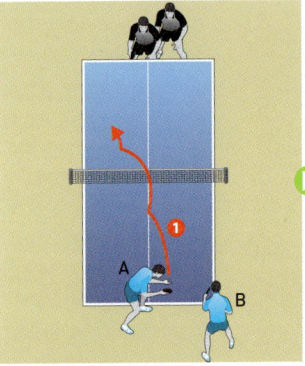

A는 쇼트 서비스를 넣는 즉시 뒤로 물러난다.

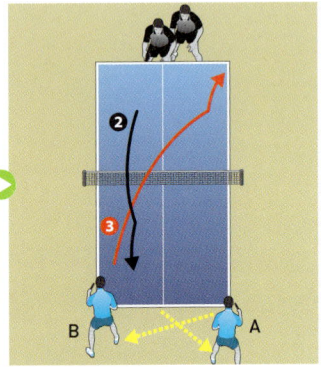

B는 백사이드로 움직여 스트레이트로 리시브된 공에 드라이브를 건다.

지도자 MEMO
B는 상대가 눈치 채고 반대 코스를 노리지 않도록 최대한 늦게 움직인다. 상대는 B가 너무 일찍 움직인다면 포어크로스로 긴 커트나 플릭 등을 보내 허를 찌른다.

경기에 강해지자

메뉴 158

복식에서의 3구째 공격②

난이도 ★★★
시간 3분
횟수 시간 내 무제한

복식에서의 전술적인 3구째 공격 패턴이다. A와 B 모두 오른손잡이일 때의 공격이다.

순서

① A(오른손잡이)의 쇼트 서비스로 시작한다.
② 상대는 크로스로 플릭 리시브를 한다.
③ B(오른손잡이)는 빠르게 포어사이드로 움직여서 포어크로스에 드라이브 공격을 한다.

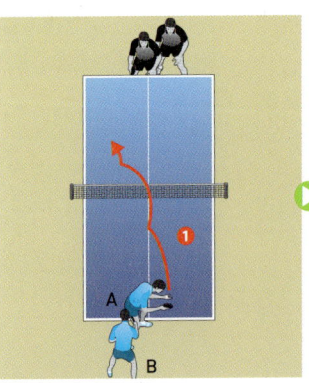

A는 쇼트 서비스를 넣는 즉시 뒤로 물러난다.

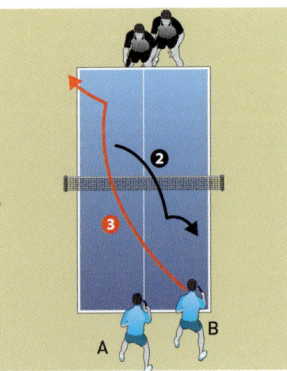

B는 3구째를 드라이브로 공격한다.

지도자 MEMO
메뉴157과는 반대로 오른손잡이 선수가 포어사이드로 빠르게 움직이며 공격해야 하는 패턴이다. 다양한 패턴을 조합해 보면서 취약한 코스가 없도록 연습하자.

경기에 강해지자

메뉴 159 복식 게임 연습

목적 ▶ 실전적인 복식 게임 연습이다.

난이도 ★★★
시간 —
횟수 3게임 매치

순서

① 복식으로 3게임 매치의 경기를 한다.
② 게임이 끝나면 복식조의 구성을 바꿔서 다시 경기를 한다.

지도자 MEMO
복식 연습에서 가장 기본이 되는 것은 게임 연습이다. 복식 특유의 서비스 리시브나 랠리의 리듬 같은 것은 게임 연습 속에서 자연스럽게 익혀 나가는 것이 좋다.

복식은 무엇보다도 게임 연습이 기본이다.

경기에 강해지자

메뉴 160 복식에서의 커트 대응

목적 ▶ 복식에서의 커트 대응 연습이다. 커트맨을 상대로 하면 템포를 늦춘 랠리 연습을 할 수 있다.

난이도 ★★★
시간 3분
횟수 미스 없이 10회 연속

순서

① A, B는 복식, C(커트맨)는 단식의 형태로 탁구대 앞에 자리를 잡는다. A가 롱 서비스를 넣는다.
② C는 커트로 공을 보낸다.
③ A와 B는 C가 보내는 커트 볼을 드라이브로 받아친다.
④ 10구 정도 주고받았으면 강한 드라이브나 스매시 등으로 공격한다.

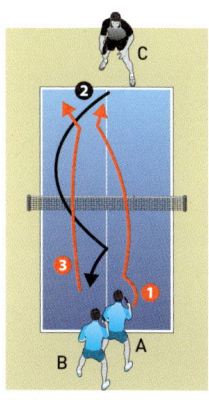 

커트의 코스는 미리 정해 놓지 않고 코트 전체를 사용한다.

커트 볼을 연결하는 것은 복식의 좋은 연습이 된다. 연습 상대인 커트맨은 상대의 드라이브가 느슨하면 드라이브로 반격하는 등 실전과 똑같이 대응한다.

지도자 MEMO
팀에 커트맨이 없을 때는 다구 형식으로 진행해도 무방하다.

경기에 강해지자

경기 전의 연습법 ①
워밍업

난이도 ★★★
시간 3분
횟수 상황에 맞춰

목적 경기 전의 짧은 시간 동안 충분히 연습할 수 있는 워밍업 메뉴이다.

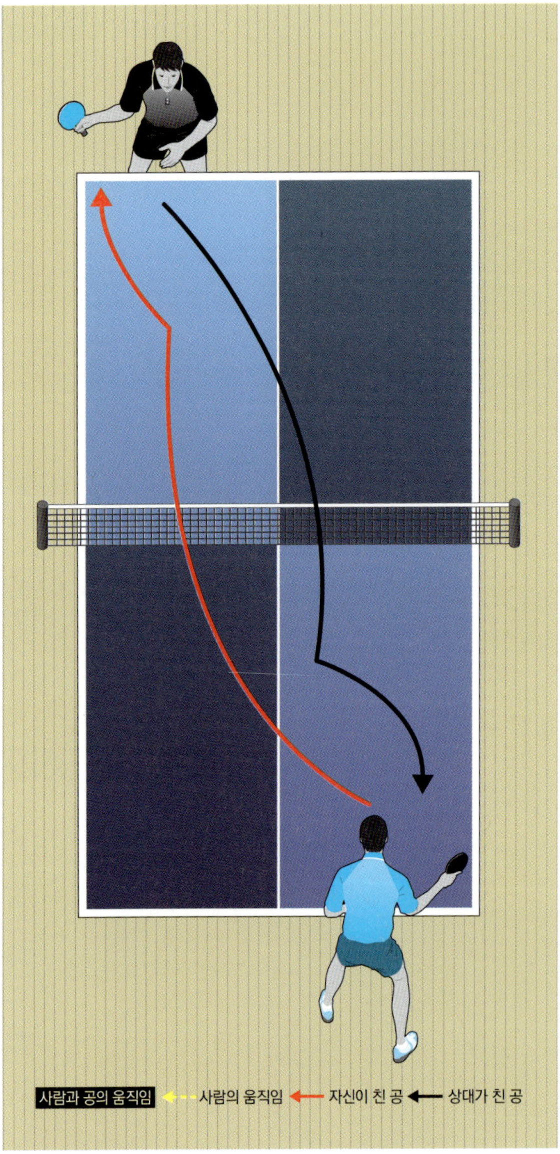

순서

① 포어크로스 코스로만 포핸드를 주고받는다.

② 10구 정도 쳤으면 한쪽이 포핸드와 쇼트를 전환하는 풋워크 연습을 한다.

③ 미스를 범하면 교대해서 반대쪽이 포핸드와 쇼트를 전환하는 풋워크 연습을 한다.

④ 몸이 덥혀졌으면 서로 커트를 몇 번 주고받은 다음 드라이브로 커트를 받아치고 위의 동작을 반복한다.

사람과 공의 움직임 ←--- 사람의 움직임 ←— 자신이 친 공 ←— 상대가 친 공

탁구대의 절반만 있으면 포핸드와 백핸드, 드라이브 등 다양한 연습을 할 수 있다.

One Point! 어드바이스

경기장에서는 연습 시간과 장소가 제한적이다. 해 두어야 할 연습을 미리 정해 놓고 효율적으로 연습하자. 다음의 항목에서도 경기 전의 연습으로 추천하는 메뉴가 이어진다.

지도자 MEMO

경기 전에 몸을 덥히는 연습이다. 경기 전에 조금이라도 좋으니 포핸드, 백핸드, 하회전 계열의 커트를 섞어서 연습해 두자.

경기에 강해지자

메뉴 162
경기 전의 연습법 ②
감각을 단련한다

난이도 ★★★
시간 3분
횟수 상황에 맞춰

목적 경기 전의 짧은 시간 동안 경기에서 구사할 기술의 볼 감각을 확인해 놓는다.

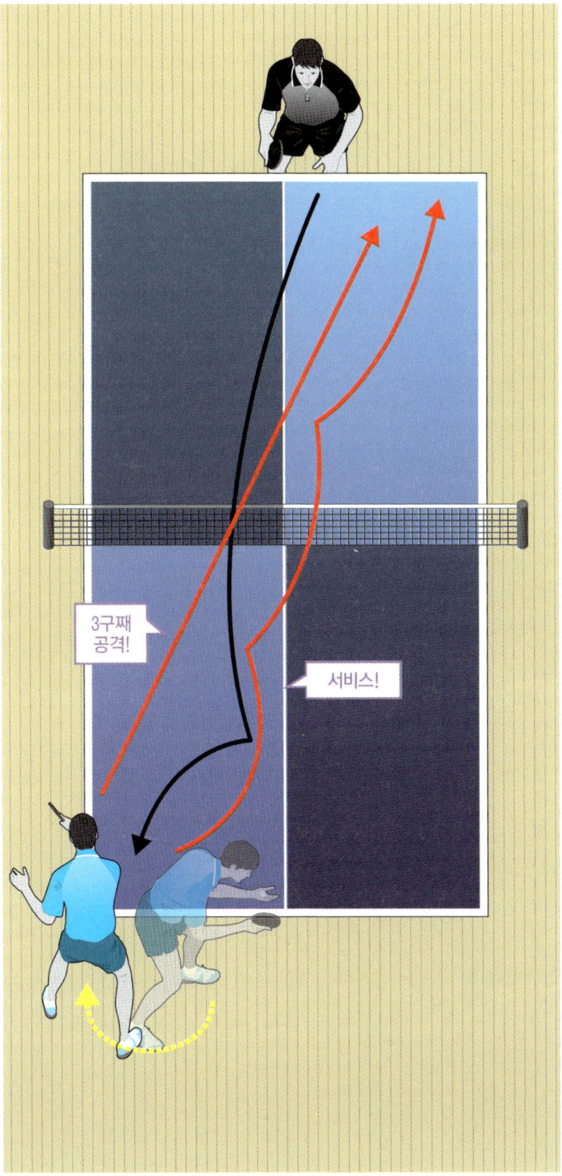

순서

① 서로 3구째 공격을 한다.
② 공이 튀는 정도, 임팩트할 때의 감각 등을 확인한다.
③ 가급적 상대가 받아칠 수 있도록 코스를 정해서 1구라도 많은 공을 칠 수 있게 한다.

3구째 공격!

서비스!

One Point! 어드바이스

경기 전의 연습에서 3구째 공격은 매우 중요하다. 다만 평소의 연습과는 달리 그날의 공의 터치, 공이 튀는 정도 등을 확인하는 데 집중하자.

지도자 MEMO
당일 경기장의 습도나 탁구대의 상태 등에 따라 라켓과 탁구대의 탄성이 달라진다. 경기 전에 랠리 연습뿐만 아니라 3구째 공격 등 실전적으로 공을 쳐 보면서 그날의 상태를 확인하고 조정하자.

■ 탁구대의 절반만 있으면 3구째 공격을 할 수 있다.

경기에 강해지자

메뉴 163 경기 전의 연습법③ 게임 연습

난이도 ★★★
시간 3분
횟수 상황에 맞춰

목적 경기 전의 연습을 충실히 하기 위해서 하프 코트를 사용해 실전 형식으로 공을 주고받는 연습 방법이다.

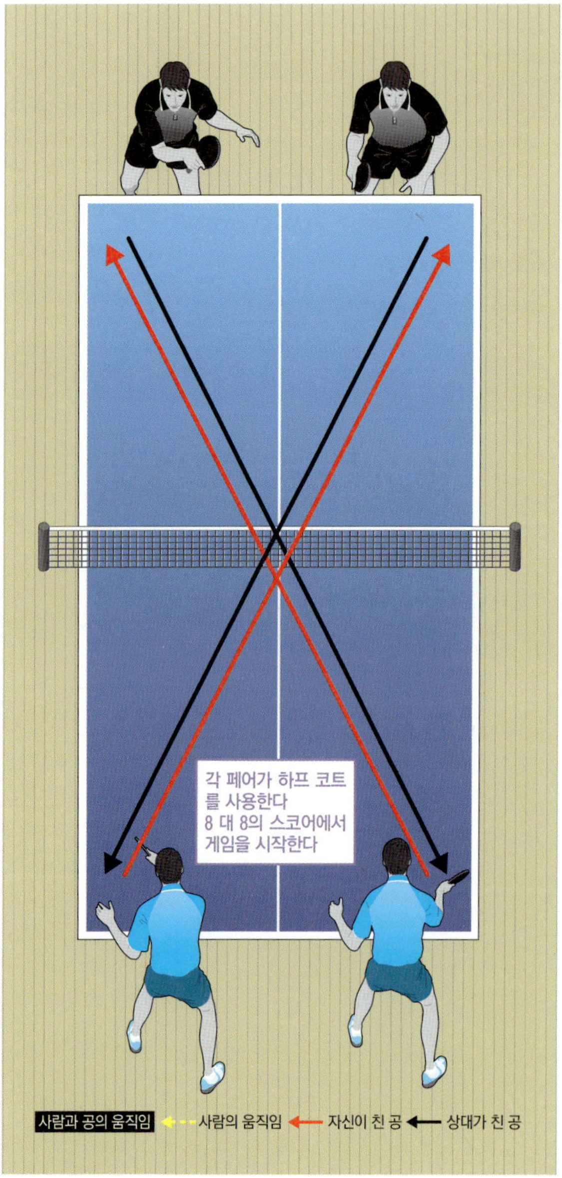

순서

① 두 명씩 페어를 이룬다. 각 페어는 하프 코트를 사용한다.
② 8 대 8에서 게임 연습을 한다.
③ 시간이 있으면 페어의 조합을 바꾸며 똑같은 연습을 한다.

각 페어가 하프 코트를 사용한다
8 대 8의 스코어에서 게임을 시작한다

사람과 공의 움직임 ←--- 사람의 움직임 ← 자신이 친 공 ← 상대가 친 공

One Point! 어드바이스

경기 전의 하프 코트를 이용한 게임 연습은 8 대 8부터 시작하는 등 짧은 시간 안에 끝내도록 하자. 코트의 절반만을 사용하더라도 스코어를 기록하면 실제 경기의 감각을 익히는 데 도움이 된다.

지도자 MEMO

경기 전의 연습으로는 게임 연습만 한 것이 없다. 1구마다 교대해야 하는 경우가 아니라면, 코트의 절반밖에 쓸 수 없는 경우라도 그 범위에서 게임 연습을 할 수 있다. 몸이 덥혀졌으면 8 대 8부터 시작하는 등 짧게 끝나는 형식으로 게임 연습을 하자.

■ 탁구대의 절반만 있어도 게임 연습이 가능하다.

제 7 장

약점을 극복하자

커트맨이나 돌출 러버 등 특정한 전형에
유독 약한 선수들이 있다.
여기에서는 취약한 전형을 극복하는 방법과
미스가 잦은 코스 등을 집중적으로
단련하는 연습 메뉴를 소개한다.

약점을 극복하자

기본 개념 돌출 러버와 커트맨

▶▶▶ **감소하고 있는 스타일이지만 대책은 필요**

정상급 선수의 전형을 보면 돌출 러버나 커트맨은 매년 감소하고 있다. 그러나 여성부의 경우는 아직도 이러한 전형으로 최정상급에 오르는 선수가 있으며, 남성부 또한 경기에서 이런 전형의 선수와 맞붙으면 익숙하지 않은 탓에 고전을 면치 못하는 경우가 있다.

커트맨과 돌출 러버 모두 최선의 대책은 해당 전형의 선수와 게임 연습을 반복해서 약점과 공략법을 몸으로 익히는 것이다. 다만 팀 내에 그런 전형의 선수가 없을 때는 대체할 수 있는 연습법을 모색할 필요가 있다.

커트맨과 랠리 연습 (214~218쪽)

팀에 커트맨이 있거나 지도자가 커트를 할 수 있을 경우는 커트맨 대응 연습의 상대가 되어준다.

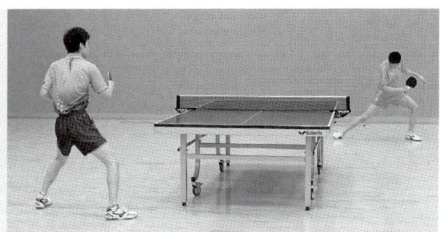

다구로 커트를 보낸다

팀에 커트맨이 없다면 다구 형식으로 연습한다. 송구 담당이 탁구대로부터 조금 떨어진 곳에서 강하게 하회전을 걸어서 보낸 공으로 커트 대응 연습을 한다.

돌출 러버 선수와 랠리 연습 (210~213쪽)

팀에 돌출 러버 선수가 있거나 지도자가 돌출 러버를 사용할 수 있다면 돌출 러버 대응 연습의 상대가 되어준다.

돌출 러버를 사용한 다구 연습

팀에 돌출 러버 선수가 없을 경우에는 오래된 라켓이라도 좋으니 돌출 러버를 붙인 라켓을 만들어서 다구 연습을 할 때 활용하자. 다구 형식이라면 긴 랠리는 불가능하더라도 좋은 연습 상대가 되어줄 수 있다.

약점을 극복하자

약점 대책의 개념

▶▶▶ 자신 없는 전형과의 게임 연습을 한다

게임 연습을 반복하다 보면 점차 자신이 약한 유형, 혹은 강한 유형을 알 수 있다. 그리고 자신이 약한 유형과의 경기를 분석하면 강화해야 할 포인트나 분량을 늘려야 할 연습 메뉴를 알 수 있다.

예를 들면 블록을 잘하는 선수를 도저히 이기지 못하겠다면 3구째 공격뿐만 아니라 5구째 공격이나 랠리 연습을 강화해 나가야 함을 알 수 있다. 또 서비스를 잘하는 선수에게 약하다면 리시브 연습을 늘릴 필요가 있을 것이다.

한편 약점을 없애 나가는 동시에 '강점을 더욱 발전시키는 것'도 약점을 극복하는 효과적인 방법이다. 예를 들어 상대의 3구째 공격을 블록하지 못해 지는 경우가 많다면 바로 떠올릴 수 있는 대책은 블록 능력의 강화다. 그러나 리시브를 강화함으로써 애초에 상대가 3구째 공격을 할 수 없게 하거나 자신이 서비스권을 가졌을 때의 득점력을 강화하면, 경기 전체를 우세하게 진행할 수 있을지도 모른다. 약점, 강점에 지나치게 얽매이지 않고 종합적인 힘을 높이는 것 또한 잊지 말도록 하자.

POINT ❶ 과제를 명확히 한다

같은 연습이라도 무엇을 의식하며 임하느냐에 따라 연습의 성과가 달라진다. 같은 리시브 연습이라도 '상대에게 3구째 공격을 허용하지 않기 위한 연습'인가 '리시브 미스를 줄이기 위한 연습'인가와 같이 과제 의식을 명확히 하는 것이 약점 극복의 지름길이다.

POINT ❷ 무기를 만든다

자신의 약점이나 자신 없는 부분에만 주목하면 스케일이 큰 선수가 될 수 없다. 먼저 자신의 무기, 강점은 무엇인지 파악하고 그것을 갈고닦자. 그러면 자연스럽게 자신에게 부족한 것이 명확해지고 연습에 대한 의욕도 고취될 것이다.

약점을 극복하자

메뉴 164 포어사이드 앞에서의 복귀를 강화한다 ①

난이도 ★★★
시간 3분
횟수 50~100구

▶ **목적** 포어사이드 앞에서의 복귀를 강화하는 연습이다.

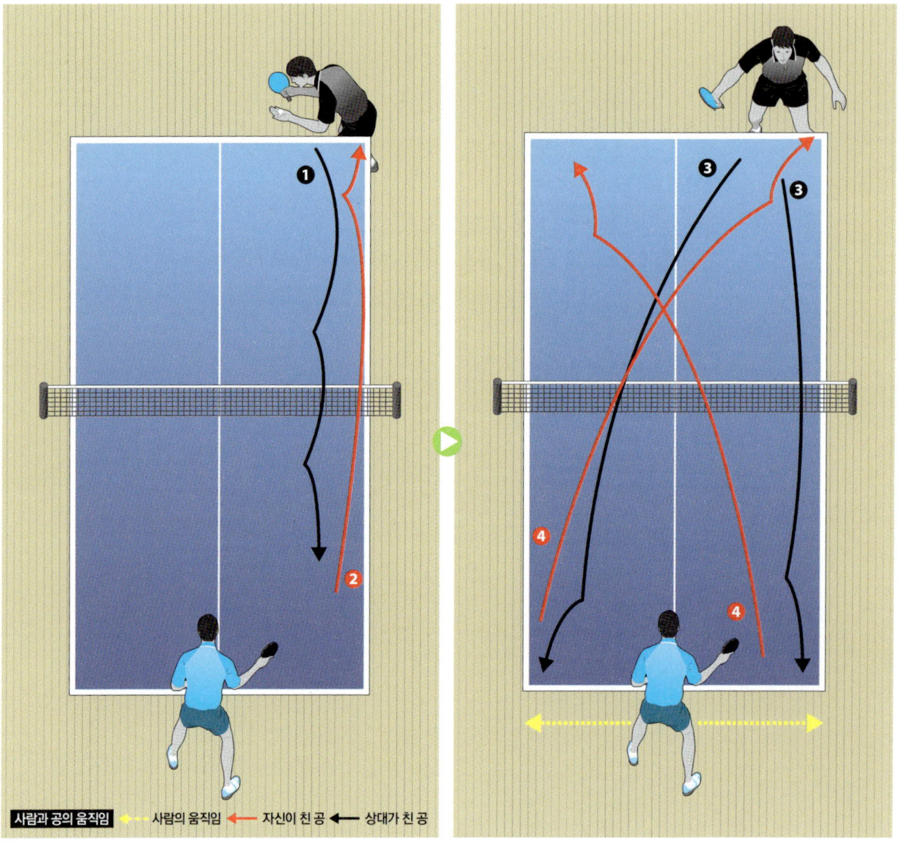

사람과 공의 움직임 ─── 사람의 움직임 ← 자신이 친 공 ← 상대가 친 공

▌포어사이드 앞의 짧은 공을 플릭하면 포어사이드나 백사이드의 깊은 공에 대응하기 어려워진다.

▌즉시 돌아와서 백핸드, 포핸드로 대응한다.

순서

① 상대는 포어사이드 앞으로 쇼트 서비스를 넣는다.
② 선수는 포핸드로 스트레이트에 플릭한다.
③ 상대는 백핸드로 백사이드 혹은 포어사이드의 깊은 곳으로 받아친다.
④ 백핸드 드라이브나 포핸드 드라이브로 여기에 대응한다.
⑤ 랠리를 계속하지 않고 ①로 돌아간다.

지도자 MEMO

포어사이드 앞으로 몸이 쏠린 뒤에 '돌아오는 움직임'을 강화하는 연습 메뉴다. 메뉴 165와 조합해 연습하면 좋을 것이다.

약점을 극복하자

포어사이드 앞에서의 복귀를 강화한다 ②

난이도 ★★★
시간 3분
횟수 50~100구

목적 포어사이드 앞에서의 복귀를 강화하는 연습이다.

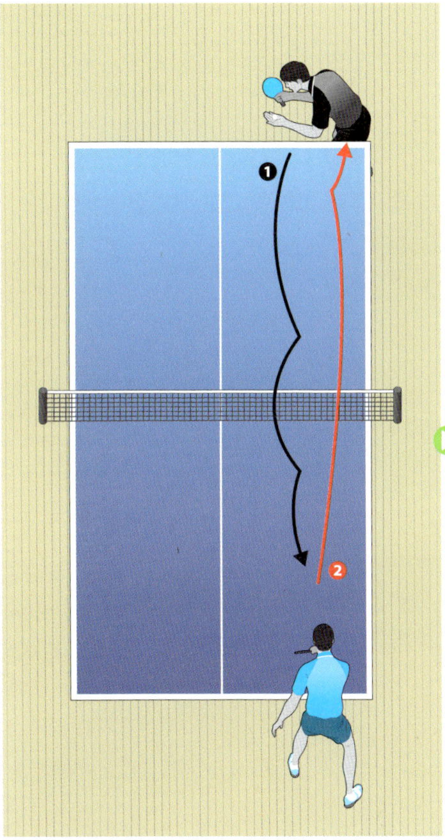

■ 포어사이드 앞으로 온 서비스를 백사이드로 길게 커트한다.

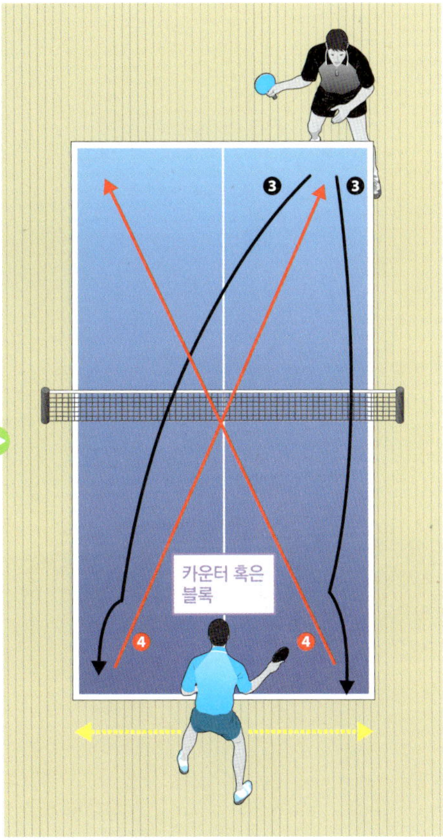

■ 상대의 드라이브를 카운터 혹은 블록으로 공격한다.

순서

① 상대는 포어사이드 앞으로 쇼트 서비스를 넣는다.
② 선수는 커트로 상대의 백사이드에 길게 리시브한다.
③ 상대는 돌아서서 70% 정도의 힘으로 드라이브를 건다.
④ 포어사이드로 왔으면 카운터, 백사이드로 왔으면 쇼트로 블록 혹은 백핸드로 카운터 드라이브를 건다.

지도자 MEMO '복귀'라고 해도 반드시 원래의 위치로 돌아가야 하는 것은 아니다. 상대의 자세 등을 보고 다음 코스를 예측하며 이동하자.

약점을 극복하자

메뉴 166
돌출 러버 대책 ①
포핸드로 친다

난이도 ★★★
시간 3분
횟수 미스 없이 20회 연속

목적 ▶ 돌출 러버에 대한 대책 연습이다.
톱스핀을 강하게 걸지 않고 느린 회전의 공을 보내는 것이 포인트다.

순서

① 상대는 돌출 러버를 사용해 백크로스에 백핸드 쇼트를 친다.
② 선수는 포핸드로 가볍게 톱스핀을 걸며 연결한다.
③ 20구 정도 미스 없이 연결하는 것을 목표로 연습한다.

▌돌출 러버의 쇼트는 너클성(무회전)이다.

▌오버 미스를 하지 않을 정도로 톱스핀을 걸어 연결한다.

▌먼저 미스를 범하지 않고 연결할 수 있게 되는 것을 목표로 연습한다.

지도자 MEMO 정상급 남성 선수 중에서는 볼 수 없게 되었지만, 여성이나 남성 중등부에는 돌출 러버를 붙인 선수가 많다. 돌출 러버에 대한 껄끄러운 의식을 극복하려면 돌출 러버의 변화에 익숙해지는 수밖에 없다.

약점을 극복하자

메뉴 167 돌출 러버 대책② 백핸드로 친다

난이도 ★★★
시간 3분
횟수 50~100구

 돌출 러버 특유의 회전 변화에 대해 커트와 백핸드로 대응하는 연습이다.

▌돌출 러버로 친 공을 백핸드 드라이브로 받아친다.

순서

① 상대는 돌출 러버를 사용해 백크로스에 백핸드 쇼트를 친다.
② 선수는 가벼운 백핸드 드라이브로 받아친다.
③ 백스핀이 걸려 돌아온 공을 커트로 받아친다.
④ 상대가 푸시성 쇼트로 받아친 공을 백핸드로 받아친다.

▌선수가 톱스핀을 걸었기 때문에 돌출 러버로 받아친 공은 백스핀이 된다.

One Point! 어드바이스

돌출 러버의 성질을 이해하자

돌출 러버는 러버 표면의 돌기가 길기 때문에 공이 미끄러져서 회전이 걸리지 않는다. 그래서 이쪽이 톱스핀을 강하게 걸면 백스핀이 걸려서 돌아온다. 반대로 백스핀을 강하게 걸면 톱스핀이 걸려 돌아온다.

▌커트로 연결한 뒤에 톱스핀이 걸려 돌아온 공을 백핸드로 받아친다.

 지도자 MEMO 강하게 드라이브를 건 공을 상대가 돌출 러버로 받아치면 강한 하회전 공으로 돌아오는 경우가 많다. 이럴 때 커트를 한 번 넣으면 상대는 푸시성 쇼트로 받아친다. 그러면 이를 통상적인 포핸드, 백핸드로 대응하거나 스매시 등으로 공격할 수 있다.

약점을 극복하자

메뉴 168

돌출 러버 대책③
돌출 러버를 공략한다

난이도 ★★★

⏱ 시간 3분

횟수 50~100구

목적 느린 리턴으로 연결하며 찬스볼을 기다려 공격하는 돌출 러버 대책의 패턴을 연습한다.

▍백사이드로 너클 서비스를 넣는다.

▼

▍몇 구 정도 백핸드로 연결한다.

▼

▍느슨해진 공을 돌아서서 스트레이트에 공격한다.

순서

① 선수는 백사이드로 너클(무회전) 서비스를 넣는다.

② 상대의 리시브를 느린 백핸드 드라이브로 받아쳐 백사이드에 보낸다.

③ 몇 구 정도 백크로스로 연결한다.

④ 상대의 쇼트가 느슨해졌을 때를 노려 돌아서서 포핸드 드라이브로 스트레이트에 공격한다.

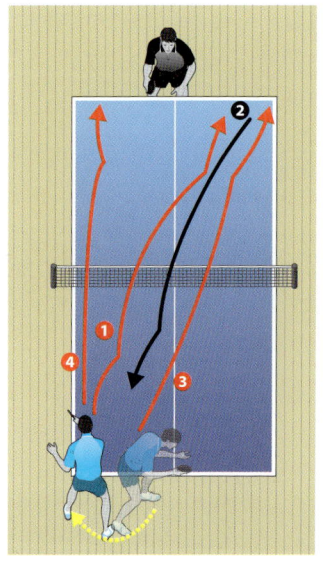

지도자 MEMO 돌출 러버의 타구에 익숙해졌으면 이번에는 실제 경기에서 자주 벌어지는 랠리 속에서 돌출 러버를 공략하는 기술을 숙달하자. 이 연습에서는 공이 느슨하게 왔을 때 돌출 러버 선수의 약점인 포어스트레이트를 노려 공격한다.

약점을 극복하자

메뉴 169 돌출 러버 대책 ④ 3구째 공격

난이도 ★★★
시간 3분
횟수 50~100구

목적 포어사이드로 크게 흔든 다음 미들을 공격하는 돌출 러버 공략 패턴을 익힌다.

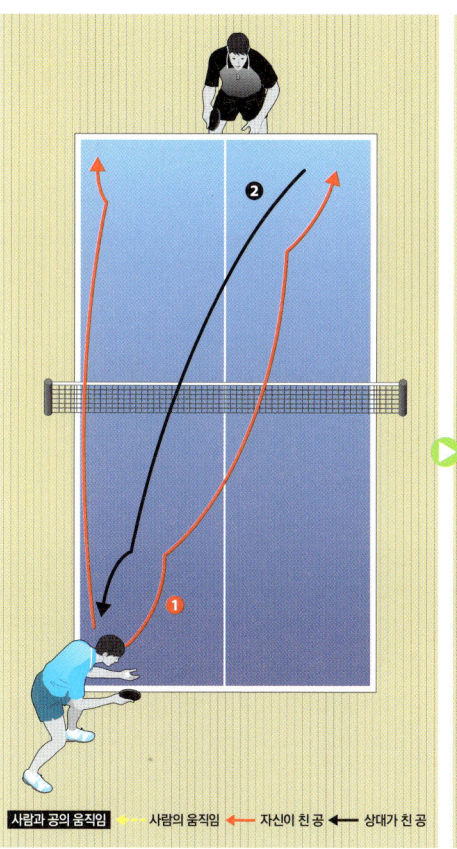

3구째 공격으로 상대의 포어사이드를 노린다.

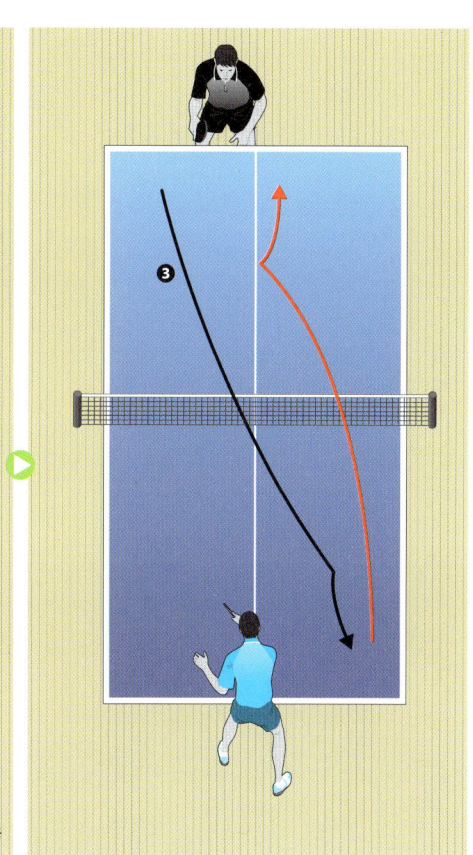

미들을 공격한다.

사람과 공의 움직임 ← 사람의 움직임 ← 자신이 친 공 ← 상대가 친 공

순서

① 선수는 백사이드로 너클 서비스를 넣는다.
② 크로스로 돌아온 리시브를 스트레이트에 백핸드 드라이브로 공격한다.
③ 포어크로스로 공이 오면 미들을 공격한다.

지도자 MEMO 돌출 러버 선수는 몸과 가까운 공이나 탁구대 위의 공에 강하다. 특히 블록으로 돌아섰을 때 강점이 발휘되기 때문에 3구째에 미들을 노려도 블록을 당하기 쉽다. 일단 포어사이드로 크게 흔든 다음 미들을 공격하면 효과적이다.

약점을 극복하자

 커트맨 대책①
커트 공략으로 버틴다

난이도 ★★★

시간 7분

횟수 시간 내 무제한

목적 커트맨을 상대로 끈질기게 랠리를 하기 위한 연습이다.

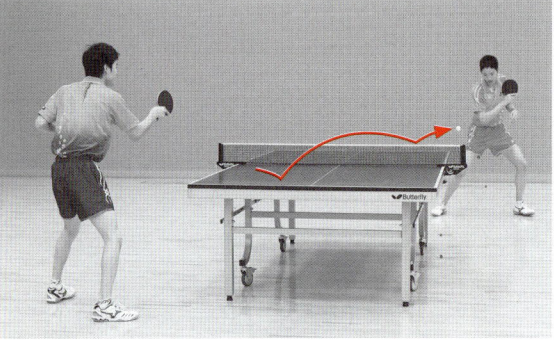

순서

① 선수는 백크로스로 롱 서비스를 넣는다.

② 상대가 백핸드로 커트한 공을 돌아서서 포핸드 드라이브를 건다.

③ 선수는 드라이브로 연결하면서 허술한 공은 스트레이트로 공격, 빈틈없는 공은 스톱으로 연결한다.

▎백사이드로 롱 서비스를 넣는다.

▎상대는 백핸드로 커트한다.

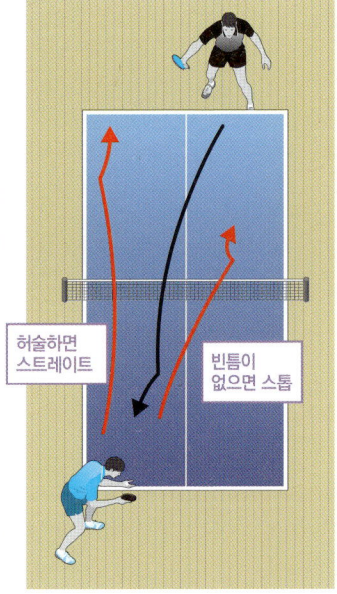

허술하면 스트레이트

빈틈이 없으면 스톱

▎돌아서서 포핸드 드라이브를 건다.

지도자 MEMO 커트 볼에 대해서는 ① 약한 드라이브로 연결 ② 강한 드라이브로 공격 ③ 탁구대 위에서 스톱. 이렇게 세 가지 선택지가 있다. 이것을 머릿속에 넣어 두고 유연하게 대응해 보자.

약점을 극복하자

메뉴 171 커트맨 대책② 공격에 대한 대응

난이도 ★★★
시간 7분
횟수 시간 내 무제한

목적 포핸드 공격이 장기인 커트맨을 상대하기 위한 연습이다.

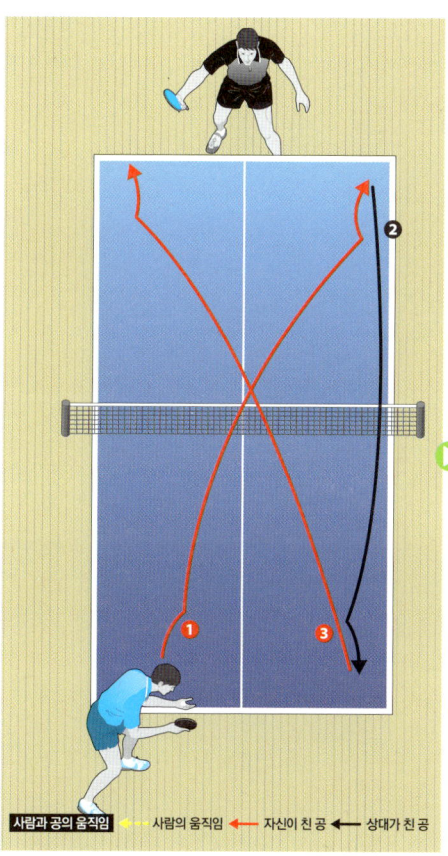

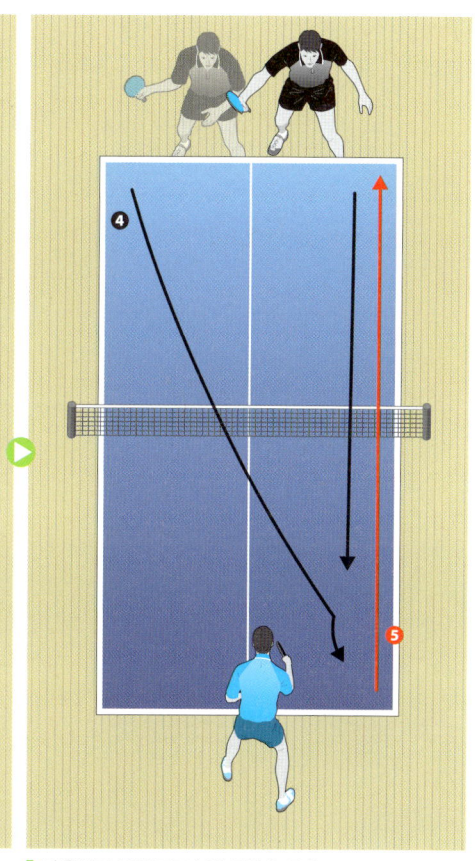

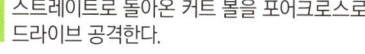
사람과 공의 움직임 ← 사람의 움직임 ← 자신이 친 공 ← 상대가 친 공

스트레이트로 돌아온 커트 볼을 포어크로스로 드라이브 공격한다.

카운터로 포어크로스에 돌아온 공을 스트레이트로 블록한다.

순서

① 선수는 백크로스로 롱 서비스를 놓는다. ② 상대는 백핸드 커트로 받아쳐 스트레이트로 보낸다. ③ 선수는 포어크로스로 드라이브 공격을 한다. ④ 상대는 크로스에 포핸드로 카운터 공격을 한다. ⑤ 선수는 이것을 스트레이트로 블록한다. 상대는 백핸드 커트로 스트레이트에 받아친다.

지도자 MEMO 최근에는 커트맨도 포핸드로는 커트가 아니라 공격을 하는 경우가 많아졌다. 이런 패턴으로 커트맨의 공격에 대응하는 연습을 해 두면 좀 더 실전적인 커트맨 대책이 된다.

약점을 극복하자

메뉴 172 커트맨 대책③ 앞뒤로 흔든다

난이도 ★★★
시간 7분
횟수 시간 내 무제한

목적 ▶ 전형적인 커트맨 대책인 앞뒤로 흔들기의 연습이다.

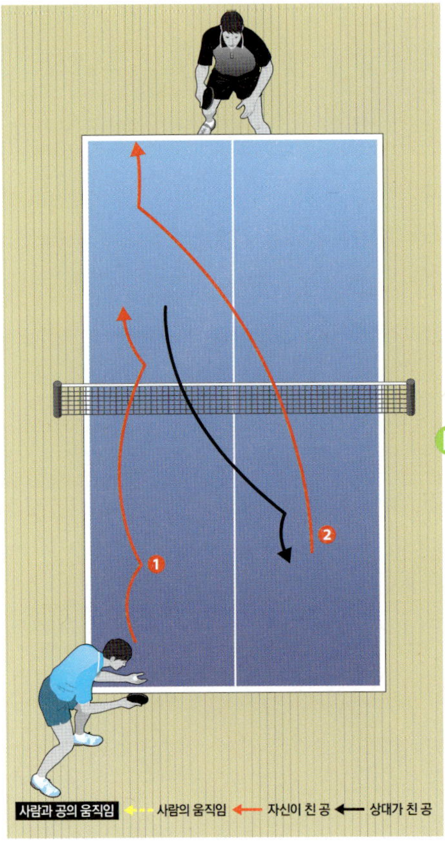

사람과 공의 움직임 → 사람의 움직임 ← 자신이 친 공 ← 상대가 친 공

스톱을 해서 앞으로 끌어들인다

■ 3구째를 포어크로스로 공격한다. 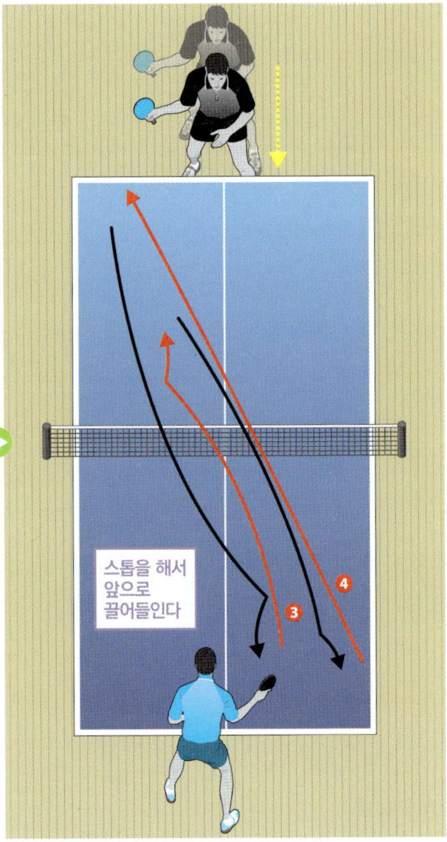 ■ 상대의 커트를 스톱해 커트맨을 앞으로 끌어들인다.

순서

① 선수는 포어사이드 앞으로 쇼트 서비스를 넣는다. ② 리시브가 포어사이드 앞으로 오면 플릭 또는 포핸드 드라이브로 포어크로스를 공격한다. ③ 커트로 리턴하면 스톱을 해서 커트맨을 앞으로 끌어들인다. ④ 다시 드라이브로 포어사이드나 백사이드를 공격한다. 이 움직임을 반복해서 커트맨을 앞뒤로 흔든다.

지도자 MEMO

커트 볼의 대응에 익숙해졌다면 커트맨을 앞뒤로 흔드는 연습에 들어간다. 이 연습의 움직임은 커트맨 공략의 기본이다. 다만 최근에는 커트맨도 포어사이드를 드라이브로 공격하는 것이 당연해졌기 때문에 반격에도 대비해야 한다.

약점을 극복하자

메뉴 173 커트맨 대책 ④ 좌우로 흔든다

난이도 ★★★
시간 7분
횟수 시간 내 무제한

목적 전형적인 커트맨 대책인 좌우로 흔들기의 연습이다.

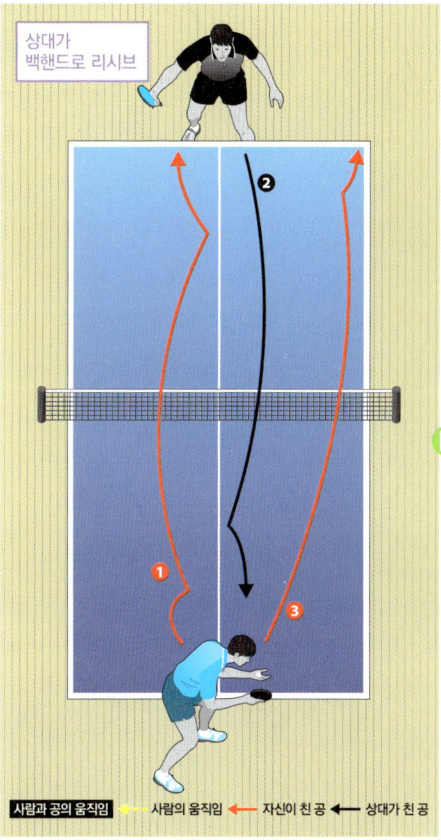

미들로 서비스를 넣고, 상대가 백핸드로 리시브를 했다면 3구째에 백사이드의 깊은 곳을 공략한다.

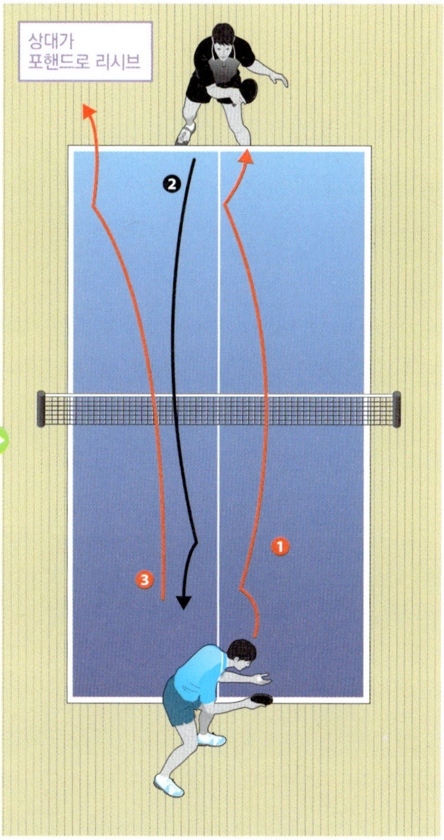

상대가 포핸드로 리시브했다면 3구째에 포어사이드의 깊은 곳을 공략한다.

순서

① 선수는 미들로 롱 서비스를 넣는다. ② 상대는 백핸드나 포핸드로 리시브한다. ③ 상대가 백핸드로 리시브했다면 백크로스의 깊은 곳으로 드라이브를 건다. 포핸드로 리시브했다면 포어사이드의 깊은 곳으로 드라이브를 건다. ④ 이후에는 좌우로 드라이브를 걸어 상대를 흔든다.

지도자 MEMO 미들에서 포어·백 양 사이드로의 공격은 누구에게나 쉽지 않은 공격이지만 커트맨에게는 특히 대응하기 어려운 공격이므로 반드시 익혀 두도록 하자.

약점을 극복하자

커트맨 대책⑤
드라이브로 뚫어 버린다

난이도 ★★★
시간 7분
횟수 시간 내 무제한

목적 커트맨을 힘으로 뚫어 버리기 위한 연습이다.

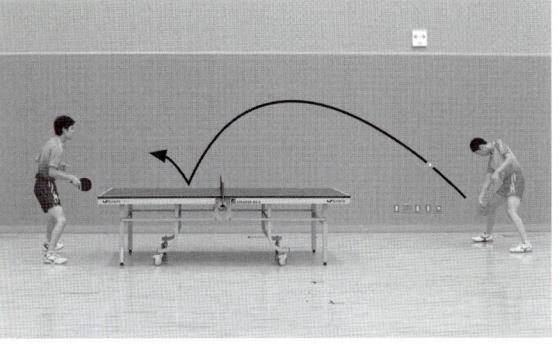

순서

① 통상적인 포어크로스 랠리로 시작해, 상대가 포어크로스로 커트한다.
② 선수는 포핸드 드라이브로 포어크로스를 공격한다.
③ 찬스볼이 오면 강한 드라이브나 스매시로 결정타를 날린다.
④ 코스는 기본적으로 바꾸지 않는다.

▌연습 상대는 포어크로스로 커트한다.

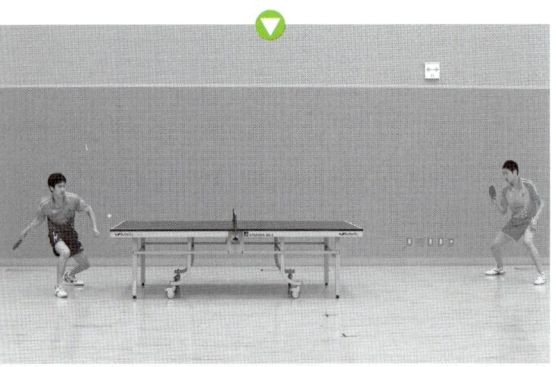

▌포핸드 드라이브로 포어크로스를 공격한다.

One Point! 어드바이스

코스에 변화를 주지 않고 커트맨을 뚫으려면 드라이브의 강약 조절이 필요하다. 느린 드라이브, 빠른 드라이브, 회전량이 많은 드라이브 등 다양한 드라이브를 상황에 맞춰 구사할 수 있도록 연습하자.

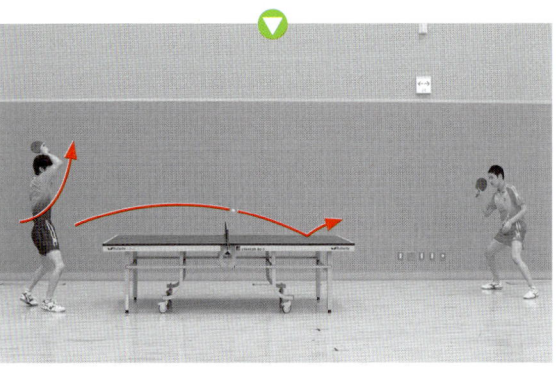

▌찬스볼이 오면 스매시로 결정타를 날린다.

지도자 MEMO 전후좌우로 흔드는 것이 아니라 힘으로 커트맨을 뚫어 버리는 연습이다. 커트맨과의 승부는 장기전이므로 때로는 이렇게 힘으로 돌파할 필요도 있다.

약점을 극복하자

메뉴 175 공격할 수 있는 공인지 파악한다

난이도 ★★★
시간 5분
횟수 시간 내 무제한

목적 공격할 수 있는 공과 공격할 수 없는 공을 판단하는 연습이다.

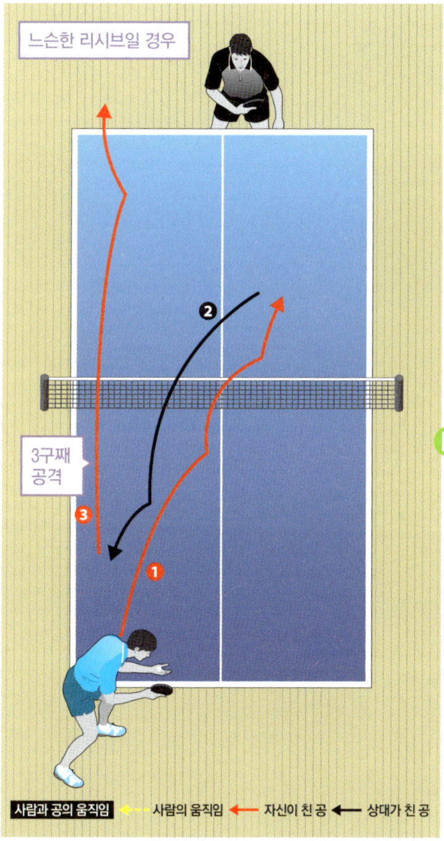

느슨한 리시브일 경우 / 3구째 공격

공격하기 어려운 리시브일 경우 / 더블 스톱

사람과 공의 움직임: ← 사람의 움직임 ← 자신이 친 공 ← 상대가 친 공

쇼트 서비스를 넣고, 상대의 리시브가 느슨하다면 3구째에 공격한다.

상대의 리시브가 빈틈이 없다면 더블 스톱으로 연결하고 기회를 기다린다.

순서

① 선수는 백사이드로 쇼트 서비스를 넣는다. ② 상대는 스톱으로 리시브한다. ③ 리시브가 느슨하면 3구째 공격, 공격하기 어려운 리시브가 돌아왔다면 더블 스톱으로 대응한다. ④ 상대도 선수의 타구가 허술하면 공격하고 빈틈이 없으면 다시 스톱으로 연결한다.

지도자 MEMO 초급자일 때는 공격하지 않고 상대의 미스를 기다리는 것이 승률을 높이는 경우도 있지만 그렇게 해서는 상위권으로 올라가지 못한다. 이 연습으로 공격할 수 있는 공인지 공격하지 말아야 하는 공인지 판단하는 선구안을 키우자.

약점을 극복하자
메뉴 176 블록 후의 역습

난이도 ★★★
시간 5분
횟수 시간 내 무제한

목적 상대의 공격을 블록해 버틸 뿐만 아니라 기회를 틈타 공격으로 전환하는 움직임을 익힌다.

순서
① 상대가 쇼트 서비스를 넣으면, 선수는 그것을 커트로 리시브한다.
② 상대는 3구째에 백사이드를 공격한다.
③ 백크로스로 블록한다. 상대는 다시 공격한다.
④ 몇 구 정도 주고받은 뒤, 상대는 공격 코스를 미들로 변경한다.
⑤ 미들로 온 공을 포핸드로 역습한다.

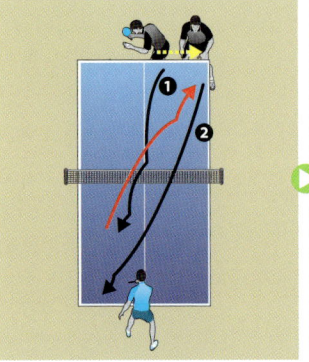
▣ 상대의 3구째 공격을 블록한다.

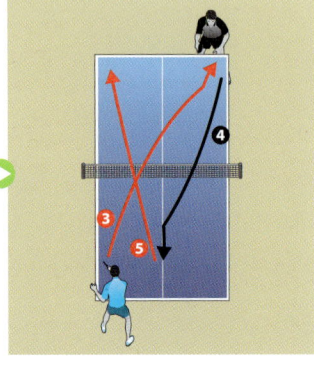
▣ 미들을 공격당하면 카운터로 공격한다.

약점을 극복하자
메뉴 177 로빙 볼 치기

난이도 ★★★
시간 5분
횟수 30구 정도

목적 중급자에게도 어려운 높은 로빙 볼을 확실히 노려서 치는 연습이다. 찬스볼이라고 마음을 놓지 말고 정확하게 스매시한다.

순서
① 상대는 로빙 볼을 올린다.
② 선수는 냉정하게 대처해 정확하게 스매시한다.

※ 로빙 볼 치기 : 일반적으로는 공을 칠 때 라켓을 아래에서 위로 휘두르지만, 로빙 볼을 칠 때는 어깨 높이에서 아래로 휘두른다.

▣ 로빙 볼을 칠 때는 어깨 높이에서 아래를 향해 휘두른다.

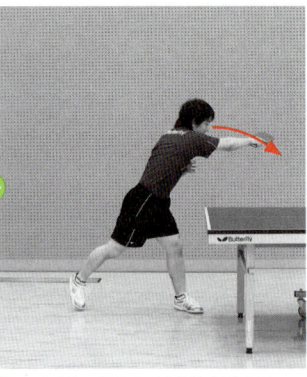
▣ 타이밍을 정확히 파악하지 않으면 미스로 이어진다.

제 8 장

몸 만들기

모든 기술을 향상시키기 위해서는
토대가 되는 체력과 근력의 강화가 필수다.
마지막 장에서는 탁구에 필요한 근력과
유연성, 체력 등을 높이는 트레이닝과
연습 전후의 워밍업, 쿨다운 방법을 소개한다.

PHYSICAL TRAINING

몸 만들기

트레이닝의 목적과 효과

▶▶ 트레이닝의 목적

어떤 스포츠든 기술과 체력은 밀접한 관계를 맺고 있다. 기술과 체력 중 어느 하나가 부족하면 고난이도의 기술(뛰어난 성과)을 습득할 수 없다. 오른쪽의 그림은 이 관계를 나타낸 것이다.

또 단순히 근력만 단련해서는 트레이닝 효과를 최대한으로 끌어낼 수 없다. 근육에 자극을 줬으면 그 부분에 영양을 보급하고 휴식을 취할 때 비로소 근력이 높아진다. 영양 보급과 휴식이 없으면 오버 워크가 되어 버려 오히려 체력이 떨어진다. 바람직한 트레이닝이란 ① 모든 체력 요소(근력, 순발력, 민첩성, 근지구력, 전신 지구력, 유연성, 신체 조성)를 단련하는 트레이닝 ② 영양의 보급 ③ 휴식이 삼위일체를 이루는 것임을 이해하기 바란다.

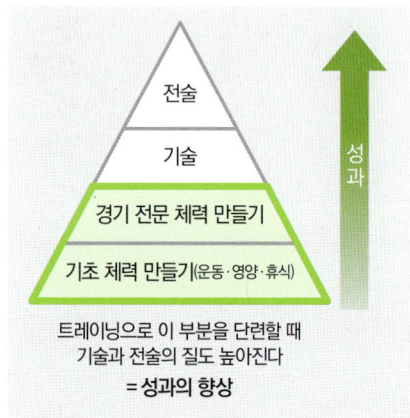

트레이닝으로 이 부분을 단련할 때 기술과 전술의 질도 높아진다
= 성과의 향상

▶▶ 트레이닝의 효과

탁구에서 특히 필요한 체력 요소는 근력과 순발력, 민첩성이다. 이 가운데 순발력과 민첩성의 토대가 되는 것이 근력으로, 근력이 증가하면 순발력과 민첩성도 함께 높아진다.

근력은 ① 하반신 ② 체간 ③ 상반신의 근력 이렇게 세 가지로 나눠 볼 수 있다. 하반신은 파워의 토대가 되는 부분이다. 체간은 이 토대 위에서 만들어진 파워를 상반신에 전달한다. 그리고 상반신은 하반신과 체간으로부터 전달된 파워를 회선 계열(비틀기)의 움직임으로 변환해 공에 싣는다. 이와 같이 세 가지 근력이 효과적으로 연동해서 움직일 때 더 높은 성과를 발휘할 수 있다. 탁구 실력의 원활한 향상을 위해 세 가지 근력을 균형 있게 단련하자.

몸 만들기

기본 개념

워밍업과 쿨다운

▶▶ 워밍업

운동 전에 실시하는 워밍업은 ① 몸을 덥힌다 ② 몸의 가동 범위를 넓힌다 ③ 움직임을 유연하게 한다 ④ 부상을 예방한다 ⑤ 마음의 준비를 한다는 다섯 가지 목적이 있다. 선수들은 당장 몸을 움직이고 싶은 마음이 강하겠지만, 워밍업을 충분히 하지 않으면 부상으로 이어지기 마련이다. 아래에도 나오지만 워밍업의 부족은 부상의 원인 중에서 큰 비중을 차지하며, 일단 부상을 당하면 오랫동안 연습을 할 수 없게 된다. 선수들도 이런 점을 머리로는 이해하고 있지만 처음에는 좀처럼 실행하지 못한다. 그러므로 선수들이 습관화하기 전까지는 지도자가 계속 말로 일깨워 주는 것이 중요하다.

워밍업의 포인트

① 올바른 자세로 한다.
② 사용하는 부위(근육)를 의식한다.
③ 느린 움직임에서 빠른 움직임으로 이행한다.
④ 맥박을 높인다(그 결과 땀을 흘린다).
⑤ 항상 연습이나 경기를 머릿속에 그리면서 한다.

부상의 원인

① 워밍업의 부족
  → 워밍업의 습관화로 개선
② 유연성 부족
③ 좌우의 불균형   → 트레이닝으로 개선
④ 근육의 과도한 사용
  → 연습의 양과 강도, 종류에 강약을 줌으로써 개선

▶▶ 쿨다운

쿨다운은 ① 몸을 운동 전의 상태로 되돌린다 ② 피로에서 회복시킨다 ③ 다음 연습이나 경기를 향한 준비를 한다는 세 가지 목적이 있다.
이 중에서도 중요한 것이 ①과 ②이다. ①에서 운동 전의 상태로 되돌리는 것은 주로 근육과 신경, 호흡이다. 특히 운동 후의 신경은 흥분한 상태다. 이것을 운동 전의 차분한 상태로 되돌리지 않으면 숙면을 취하지 못하거나 식욕이 나지 않기도 한다. ②의 피로 회복 역시 ① 못지않게 중요한데, 쿨다운을 통해 피로 물질의 제거를 촉진함으로써 다음 날 피로가 남지 않도록 할 수 있다.
쿨다운의 종류로는 ① 정적 스트레칭 ② 조깅 ③ 아이싱·엑서사이즈가 있다. 이것을 한 세트로 습관화하면 만성적인 피로를 예방할 수 있다.

탁구에서 부상이 많은 부위

1위 허리 — 전체 부상에서
2위 어깨 — 급성적인 부상 약 30%
3위 손목 — 만성적인 부상 약 70%
4위 팔꿈치 — 워밍업과 쿨다운을 통한 예방이 필요한 요소

쿨다운의 포인트

① 조깅이나 체조로 심박수를 서서히 낮춘다.
② 전신의 스트레칭
③ 아이싱을 할 수 없는 환경이거나 한랭 알레르기가 있는 선수는 엑서사이즈[*]를 중심으로 단시간에 마친다.

[*]어깨, 체간, 다리 부분을 중심으로 한 스트레칭

몸 만들기

워밍업 ①

난이도	★
시간	10분
횟수	5~10회(항목당)

목적 몸을 움직이며 실시하는 스트레칭으로 연습에 들어갈 준비를 한다. 관절의 가동역을 넓히고 몸의 움직임을 컨트롤할 준비도 이루어진다.

토워크
체간과 어깨 주위, 몸 앞면의 움직임을 향상시킨다.

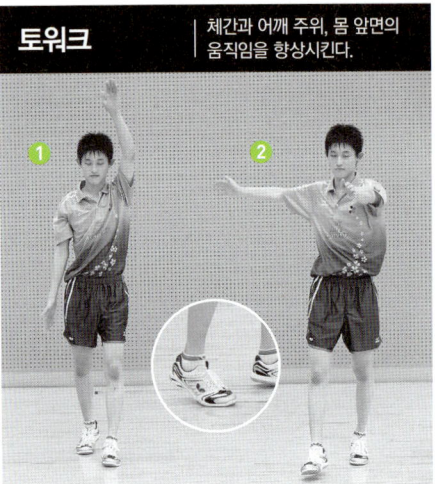

❶ 양팔을 돌리면서 발끝으로 전진한다.
❷ 진행 방향이 좌우로 흔들리지 않도록 주의한다.

힐워크
체간과 어깨 주위, 몸 뒷면의 움직임을 향상시킨다.

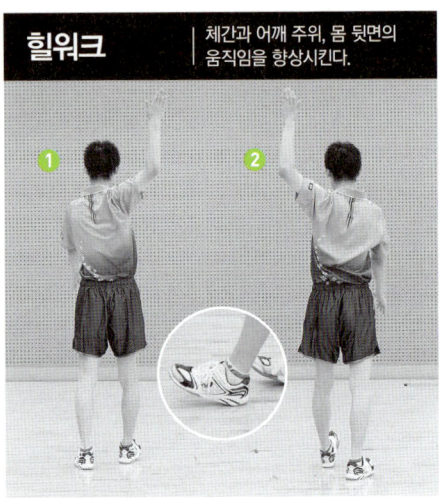

❶ 양팔을 돌리면서 발꿈치로 후진한다.
❷ 진행 방향이 좌우로 흔들리지 않도록 주의한다.

웜워크
온몸의 움직임을 향상시킨다.

❶ 양 다리 앞, 가급적 몸과 가까운 곳에 양손을 놓는다.
❷ 팔의 위치를 서서히 앞으로 움직인다.
❸ 몸을 바닥과 수평이 되게 하고 3초 동안 정지한다.
①로 돌아가 움직임을 반복한다.

힐 to 힙
고관절과 무릎 주위의 움직임을 향상시킨다.

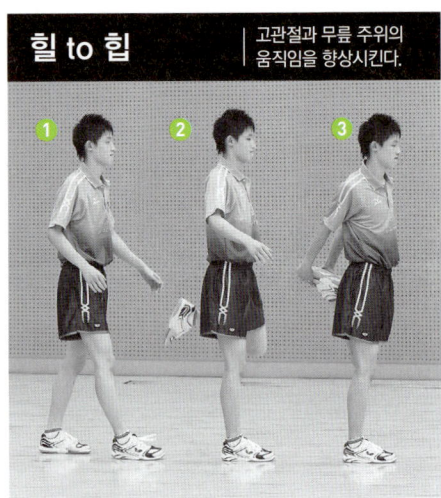

❶ 다리를 한 발 앞으로 내딛는다.
❷ 뒤쪽 다리의 무릎을 굽힌다.
❸ 등 뒤로 양손을 돌려 발끝을 잡고 3초 동안 정지한다.
처음으로 돌아가 반대쪽도 동일하게 실시한다.

몸 만들기

워밍업 ②

난이도 ★
시간 10분
횟수 5~10회(항목당)

목적 몸을 움직이면서 하는 스트레칭이다.
워밍업으로 소개하는 일곱 가지 종목을 연습 전에 실시한다.

니 to 체스트
고관절 주위의 움직임을 향상시킨다.

❶ 다리를 한 발 앞으로 내딛는다.
❷ 다른 쪽 다리를 가슴 쪽으로 올려붙인다.
❸ 양손으로 무릎을 감싸고 3초 동안 정지한다. ①로 돌아가 반대쪽도 똑같이 한다.

오버 허들(앞)
체간과 고관절 주위의 움직임을 향상시킨다.

❶ 양팔을 벌리고 앞으로 한 발 내딛는다.
❷ 다른 쪽 다리를 몸의 옆쪽으로 올리고, 돌리면서 앞으로 끌어온다.
❸ 다리를 내리고 반대쪽 다리도 똑같이 한다.

오버 허들(뒤)
체간과 고관절 주위의 움직임을 향상시킨다.

❶ 양팔을 벌리고 한쪽 다리를 올린다.
❷ 올린 다리를 몸 옆으로 돌리면서 뒤로 뺀다.
❸ 다리를 뒤쪽으로 뻗으면서 상반신을 앞으로 기울인다.
❹ 몸과 바닥이 수평이 되도록 하고 3초 동안 정지한다. 몸을 일으켜 ①의 움직임으로 돌아간다.

몸 만들기

메뉴 180: 어깨 주위의 스트레칭

난이도 ★
시간 2분
횟수 5~10회(항목당)

목적
탁구를 하면 어깨 주위와 상반신, 등 주위를 특히 혹사시키게 된다. 그 부위의 근육을 덥히고 가동역을 넓히는 스트레칭이다. 부상 예방의 효과로도 이어진다.

견갑골 로테이션
다리를 어깨너비 정도로 벌리고 선다. 양손을 어깨에 붙인다.

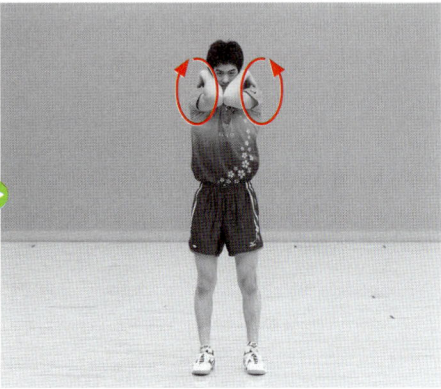

손가락 끝이 어깨에서 떨어지지 않게 하면서 양 팔꿈치로 원을 그린다.

숄더 프레스
다리를 어깨너비 정도로 벌리고 사진과 같이 손바닥을 편다. 셋째손가락 끝이 천장을 향하게 한다.

어깨를 중심으로 움직이며 양 팔꿈치를 위로 뻗는다. 완전히 뻗었으면 멈췄다가 제자리로 돌아온다.

순서

견갑골 로테이션 ① 양손을 각각 어깨에 붙인다. ② 양 팔꿈치를 돌려 크게 원을 그린다. ③ 5~10회 반복한다.

숄더 프레스 ① 양 팔꿈치를 몸 옆에 붙이고 손바닥을 편다. ② 무거운 물건을 들어 올린다는 생각으로 양 팔꿈치를 위로 쭉 뻗는다. ③ 5~10회 반복한다.

지도자 MEMO
전신 스트레칭은 거의 모든 팀이 실시하고 있지만, 어깨 주위의 스트레칭을 소홀히 하는 팀도 종종 보인다. 어깨는 탁구를 할 때 혹사당하는 부위이므로 충분히 풀어준 다음 연습에 임하자.

몸 만들기

메뉴 181 민첩성 트레이닝 ①
미러 드릴

난이도 ★★
시간 10~15초(1세트)
횟수 2~3세트

목적 거울이나 앞에 선 사람의 움직임에 맞춰서 최대한 동시에 움직이는 트레이닝이다. 정상급 선수들도 매일 실시하고 있는 운동이다.

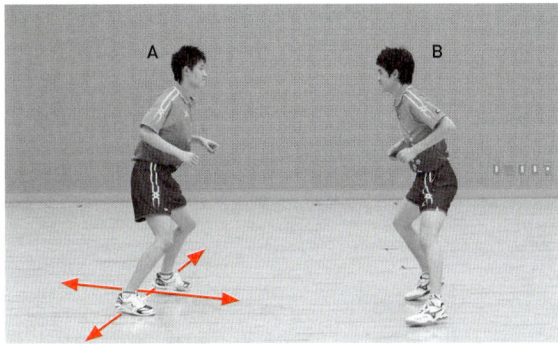

▎다리를 어깨너비 정도로 벌린 상태에서 마주 보고 선다.

순서
① 상대 A와 마주 보고 선다.
② B는 A의 움직임에 맞춰서 재빨리 움직인다. A는 아래의 '움직임 예시'와 같이 움직인다.
③ 10~15초가 지나면 A와 B의 역할을 교대한다.
④ 이것을 2~3세트 반복한다.

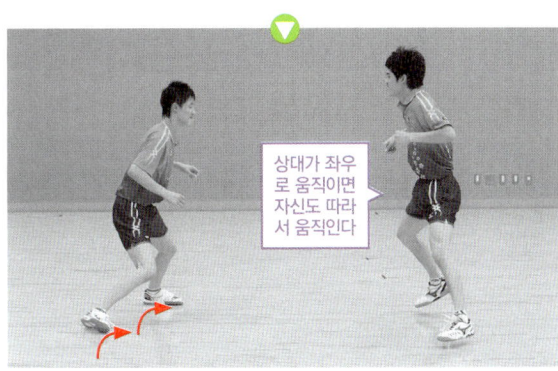

상대가 좌우로 움직이면 자신도 따라서 움직인다

▎먼저 움직이는 사람의 동작에 맞춰서 움직인다.

움직임 예시
① 좌우로 움직인다.
② 좌우＋전후로 움직인다.
③ 좌우＋전후＋대각선으로 움직인다.
④ 좌우＋전후＋대각선＋스윙 동작*

*라켓을 휘두르는 움직임. 실제로 라켓을 들고 하지 않아도 된다.

▎익숙하지 않을 때는 움직이는 속도를 늦춰서 실시한다.

지도자 MEMO 민첩성이나 기민성 등 스피드와 순발력을 단련하는 트레이닝이다. 상대의 움직임에 맞춰 움직인다는 탁구의 필수 요소가 담겨 있으므로 모든 선수에게 추천한다.

몸 만들기

메뉴 182
민첩성 트레이닝②
프론트 & 백

목적 빠른 앞뒤 움직임을 단련하는 트레이닝이다. 민첩성을 키우고 몸 전체를 활성화할 수 있다.

난이도 ★★
🕐 시간 10~15초(1세트)
✌ 횟수 2~3세트

순서
① 표지를 놓는다.
② 신호에 맞춰 앞뒤로 재빨리 움직인다. 허리의 위치가 앞뒤로 움직이지 않도록 주의한다.
③ 1세트(10~15초)가 끝나면 잠시 쉰다. 2~3세트 반복한다.

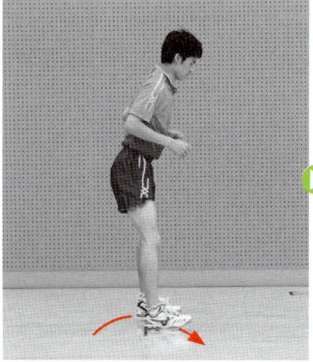 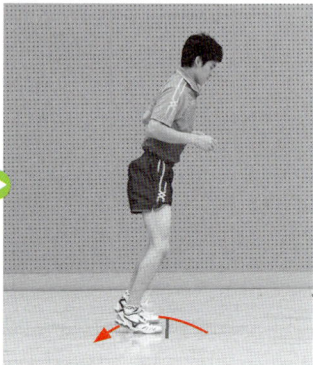

눈앞에 표지(막대)를 놓는다. 신호에 맞춰 막대의 앞뒤로 뛴다.

1초에 1회 왕복하는 속도. 머리의 위치가 크게 변하지 않도록 한다.

지도자 MEMO 멈춘 상태에서의 동작이나 움직이는 상태에서의 정지 등 움직임의 변화에 대한 속도감을 익힐 수 있다. 상반신이 안정되면 시선이 흔들리지 않고 움직일 수 있다.

몸 만들기

메뉴 183
민첩성 트레이닝③
라이트 & 레프트

목적 빠른 좌우 움직임을 단련하는 트레이닝이다. 민첩성을 키우고 몸 전체를 활성화할 수 있다.

난이도 ★★
🕐 시간 10~15초(1세트)
✌ 횟수 2~3세트

순서
① 표지를 놓는다.
② 신호에 따라 좌우로 재빨리 움직인다.
③ 1세트(10~15초)가 끝나면 잠시 쉰다. 2~3세트 반복한다.

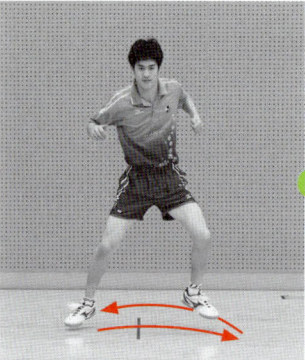 

표지인 막대를 사이에 두고 선다. 신호에 따라 좌우로 발을 내딛는다.

극단적으로 높이 뛰지 않는다. 1초에 1회 왕복 정도의 리듬으로 계속한다.

지도자 MEMO 민첩성 트레이닝에는 몸의 움직임을 관장하는 신경계를 단련하는 요소도 담겨 있다. 그러므로 반복해서 연습하면 생각한 움직임을 몸이 실행하는 속도가 빨라진다.

몸 만들기

메뉴 184
민첩성 트레이닝 ④ 8자 콘

난이도 ★★
시간 —
횟수 2~3세트

목적
전후좌우 대각선으로의 민첩한 움직임을 단련하는 트레이닝이다. 시간을 재면 동료와 경쟁하거나 자신의 성장 속도를 실감할 수 있다.

순서
① 컬러콘을 2개 놓는다.
② 신호에 따라 8자 모양으로 한 바퀴 돈다. 시계 방향과 시계 반대 방향으로 한 바퀴씩 도는 것이 1세트이다.
③ 1세트가 끝나면 잠시 쉰다. 2~3세트 반복한다.

지도자 MEMO 몸을 옆으로 향하거나 뒤로 향하면 또 다른 연습이 된다. 또한 릴레이 형식으로 하거나 휘슬의 신호에 맞춰 반대로 도는 등 다양하게 변형시킬 수 있다.

■ 사이드스텝을 반복해 8자를 그리며 움직인다.

몸 만들기

메뉴 185
민첩성 트레이닝 ⑤ 별 모양 콘

난이도 ★★
시간 10~15초(1세트)
횟수 2~3세트

목적
복잡하게 놓인 콘에 대해 전후좌우 대각선으로 효율 좋게 몸을 움직이는 트레이닝이다. 몸의 기민성과 함께 판단력도 단련할 수 있다.

순서
① 컬러콘을 별 모양으로 놓는다.
② 신호에 따라 움직이기 시작한다. 가슴의 방향은 항상 정면을 향한다. 사진처럼 스텝을 밟는다.
③ 1세트가 끝나면 잠시 쉰다. 2~3세트를 반복한다.

지도자 MEMO 이것 역시 움직이는 방향이나 몸의 방향을 바꿔서 다양하게 변형시킬 수 있다. 콘의 위치를 바꿔 봐도 좋을 것이다.

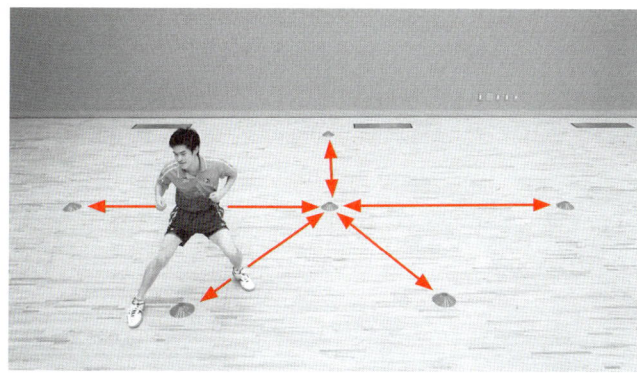

■ 몸의 방향은 항상 정면을 향한다.
■ 전후좌우로 스텝을 밟으며 별 모양으로 움직인다.

몸 만들기

메뉴 186 하체 트레이닝 ① 스쿼트

난이도 ★★
시간 10~15회(1세트)
횟수 2~3세트

목적 고관절을 중심으로 하반신의 큰 근육을 단련하는 트레이닝이다.

순서
① 다리를 어깨너비로 벌리고 선다.
② 가슴을 펴고 팔을 뻗으며, 무릎이 발끝보다 앞으로 나가지 않도록 하면서 몸을 낮춘다. 무릎과 발끝은 항상 같은 방향을 향한다.
③ 천천히 원래의 자세로 돌아간다. 10~15회를 1세트로 2~3세트 반복한다.

다리를 어깨너비로 벌리고 양팔을 앞으로 뻗는다.

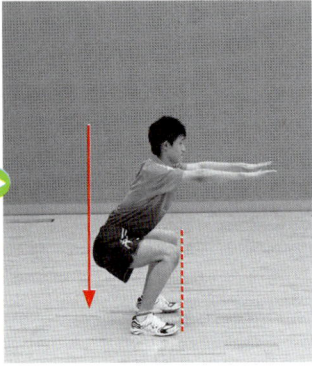
무릎이 발끝보다 앞으로 나가지 않도록 주의하면서 몸을 낮춘다.

지도자 MEMO 하체 근력을 향상시키는 대표적인 트레이닝이다. 하반신 근육의 질과 양은 타구의 강도에 영향을 미친다.

몸 만들기

메뉴 187 하체 트레이닝 ② 카프레이즈

난이도 ★★
시간 10~15회(1세트)
횟수 2~3세트

목적 종아리 근육을 단련하는 트레이닝이다. 전용 기구가 없을 때는 계단을 이용해도 좋다.

순서
① 다리를 허리 너비 정도로 벌리고 양손을 허리에 댄다.
② 무릎을 뻗은 채로 천천히 발꿈치를 올린다.
③ 천천히 원래의 자세로 돌아간다.
④ 10~15회를 1세트로 2~3세트 반복한다.

다리를 허리 너비로 벌려 서고 양손은 허리에 둔다.

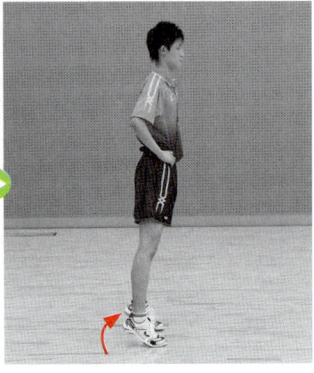
무릎을 뻗은 채로 천천히 발꿈치를 올린다.

지도자 MEMO 장딴지 근육이 약하면 가벼운 풋워크가 나올 수 없다. 근력이 부족한 선수는 풋워크 연습을 할 때 이 트레이닝을 포함시키자.

몸 만들기

메뉴 188 — 하체 트레이닝③ 힙 어브덕션

목적: 엉덩이 근육을 효과적으로 단련하는 트레이닝이다. 스텝 후 멈추는 동작 등에 필요한 근육을 단련한다.

난이도	★★
시간	10~15회(1세트)
횟수	2~3세트

순서
① 아래팔(전완)로 머리를 괸 채 옆을 보고 눕는다.
② 반대쪽 손을 배꼽 앞에 놓고 발끝을 뻗은 채 다리를 들었다가 원래의 위치로 돌아간다.
③ 좌우 10~15회를 1세트로 2~3세트 반복한다.

옆을 보고 누워서 위쪽 발목을 90도로 고정한다.

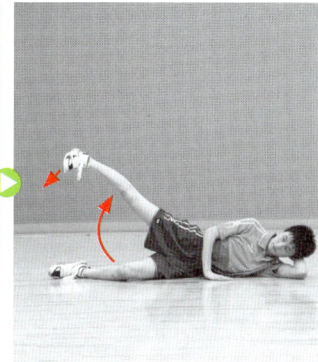
발끝을 뻗은 채 윗다리를 발꿈치부터 올린다.

지도자 MEMO: 선수가 트레이닝을 할 때 올바른 자세로 하고 있는지 확인하자. 자세가 잘못되면 효과가 없을 뿐만 아니라 부상으로 이어질 수 있다.

몸 만들기

메뉴 189 — 하체 트레이닝④ 힙 어덕션

목적: 넓적다리 안쪽 근육을 효과적으로 단련하는 트레이닝이다. 다리의 근력을 상반신에 전달하거나 스텝을 밟을 때 필요하다.

난이도	★★
시간	10회 정도(1세트)
횟수	2~3세트

순서
① 옆을 보고 눕는다. 위쪽 팔은 무릎 밑으로 넣어 발목을 잡는다.
② 아래쪽 다리를 천천히 올렸다가 다시 천천히 내린다.
③ 10회 반복한 뒤 방향을 바꿔 반대쪽 다리를 올린다.
④ 2~3세트 반복한다.

위쪽 팔을 무릎 밑으로 넣어 발목을 잡는다. 몸은 곧게 유지한다.

몸을 곧게 유지한 채 아래쪽 다리를 올린다.

지도자 MEMO: 몸이 굽어 있으면 효과가 없다. 몸이 곧게 뻗어 있는지 확인하자. 동작이 어려우면 팔을 굽히고 팔꿈치로 몸을 지탱한다.

몸 만들기

메뉴 190 · 체간 트레이닝 ① 크런치

난이도 ★★★
시간 10회 정도(1세트)
횟수 2~3세트

목적 하반신의 힘을 상반신으로 낭비 없이 전달하는 데 필요한 체간(코어) 근육을 단련하는 대표적인 트레이닝이다.

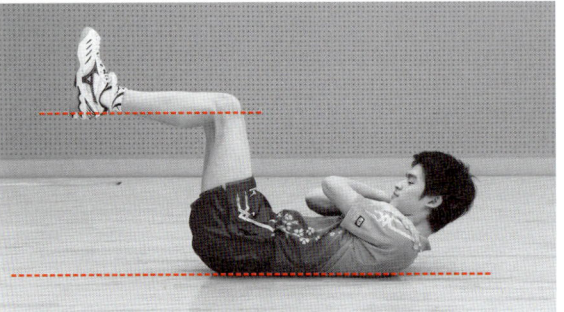

양팔을 가슴 앞에서 교차시키고 무릎부터 아랫부분이 바닥과 수평이 되도록 다리를 들어 올린다.

순서

① 천장을 보고 누워서 양팔을 가슴 앞에서 교차시킨다.
② 양 무릎을 들어 올리고 발목과 무릎, 고관절을 90도 각도로 만든다.
③ 이 상태에서 천천히 상반신을 들어 올린다.
④ 천천히 원래의 자세로 돌아간다.
⑤ 10회 1세트로 2~3세트 반복한다.

무릎 아래를 바닥과 수평으로 유지한 채 윗몸을 들어 올린다.

윗몸을 들어 올린 상태에서 1~2초 동안 정지했다가 원래의 자세로 돌아온다.

지도자 MEMO 초·중등학생에게는 보기보다 힘든 트레이닝이다. 처음에는 등이 살짝 뜬 정도부터 시작하자. 상반신을 세웠을 때 호흡을 멈추지 않는 것도 중요하다.

몸 만들기

메뉴 191 체간 트레이닝② 프론트 브릿지

목적 체간을 단련하는 트레이닝이다. 체간이 단련되면 균형이 안정되어 올바른 자세를 유지할 수 있게 된다.

난이도 ★★★
- 시간 10회 정도(1세트)
- 횟수 2~3세트

순서
① 아래팔과 발끝으로 몸을 지탱해 등에서 다리까지 일직선이 되도록 만든다.
② 이 상태에서 천천히 배꼽을 바닥에 붙인다.
③ 천천히 원래의 자세로 돌아간다. 10회 1세트로 2~3세트 반복한다.

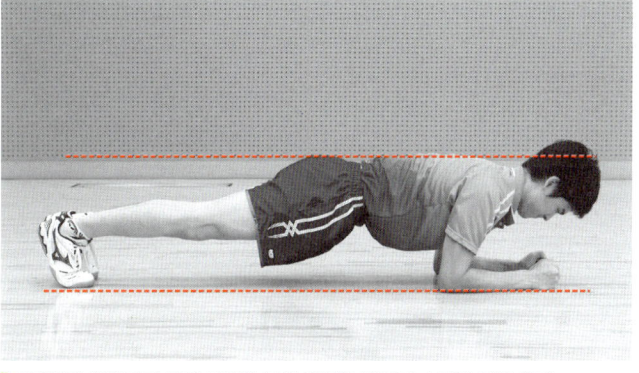

아래팔과 발끝으로 몸을 지탱해 등의 라인이 바닥과 수평이 되게 한다.

 지도자 MEMO 허리가 구부러지거나 젖혀지지 않도록 주의한다. 특히 힘들어지면 배가 처지면서 허리가 젖혀지기 쉽다. 이럴 경우는 횟수를 줄이는 편이 낫다.

몸 만들기

메뉴 192 체간 트레이닝③ 사이드 브릿지

목적 세 번째 체간 트레이닝이다. 체간을 자극해 몸의 축을 바르게 잡는 것이 목적이다.

난이도 ★★★
- 시간 30~60초(1세트)
- 횟수 2~3세트

순서
① 옆을 보고 누워서 팔꿈치와 한쪽 발의 바깥쪽을 바닥에 댄다.
② 몸을 일직선으로 만든 채 30~60초 동안 자세를 유지한다.
③ 천천히 편한 자세로 돌아간다. 이를 2~3세트 반복한다.

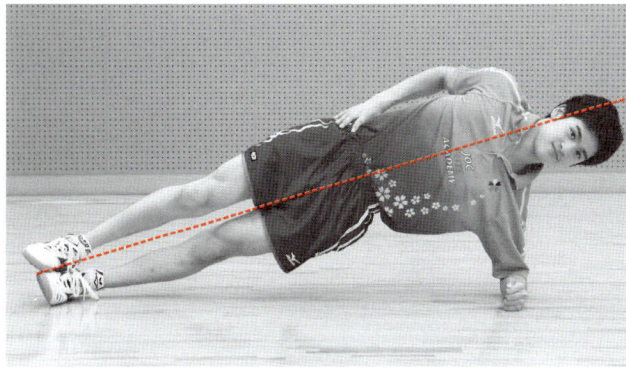

아래쪽 발의 바깥쪽과 한쪽 아래팔로 몸을 지탱한다.
몸의 라인을 곧게 유지한다.

 지도자 MEMO 이와 같이 자세를 유지하는 트레이닝을 할 때는 호흡을 계속하는 것이 중요하다. 호흡을 멈추면 무리한 힘이 들어가서 바른 자세가 무너지고 만다.

메뉴 193 · 몸 만들기
상체 트레이닝 ① 푸시업

난이도 ★★
시간 10~15회 정도(1세트)
횟수 2~3세트

목적: 상반신의 앞면과 가슴 주위를 단련하는 트레이닝이다. 반동을 이용하지 말고 바른 자세로 실시한다.

순서
① 팔꿈치가 바깥쪽을 향하도록 팔을 펴고 몸을 곧게 뻗는다.
② 몸을 일직선으로 유지한 채 팔꿈치를 굽힌다.
③ 천천히 원래의 자세로 돌아간다. 10~15회 1세트로 2~3세트 반복한다.

등의 라인을 곧게 만들고 양손과 양 발끝으로 몸을 지탱한다.

양 팔꿈치를 구부리며 몸의 무게를 지탱한다. 몸은 바닥과 수평을 만들고, 겨드랑이는 살짝 붙인다.

지도자 MEMO: 반동을 이용하면 효과가 없을 뿐만 아니라 허리를 다칠 수도 있다. 한 동작 한 동작 천천히 실시하자.

메뉴 194 · 몸 만들기
상체 트레이닝 ② MR 벤트오버 로우

난이도 ★★★
시간 10~15회(1세트)
횟수 2~3세트

목적: 2인 1조가 되어 파트너의 몸무게를 이용하는 상반신 트레이닝이다. 등 근육을 단련할 수 있다. 바닥에 매트를 까는 등 안전에 유의하며 실시한다.

순서
① 천장을 보고 누운 사람을 다리 사이에 두고 선 다음, 양손을 잡는다.
② 견갑골을 끌어당기듯이 천천히 상대의 손을 잡아당겨 일으킨다. 천천히 원래 자세로 돌아간다. 10~15회 1세트로 2~3세트 반복한다.

한 사람은 서고, 다리 사이에 파트너가 눕는다. 서로의 손목을 꽉 잡는다.

등부터 끌어 올리듯이 상대를 들어 올린다. 상반신이 젖혀지지 않도록 주의한다.

지도자 MEMO: 몸무게가 무게추 역할을 하므로 조를 편성할 때 주의해야 한다. 장난을 치거나 도중에 손을 놓으면 부상을 입을 우려가 있으니 사전에 주의를 줘야 한다.

몸 만들기

메뉴 195 견갑대 트레이닝 ①
WTYA

난이도 ★★
시간 3~5회(1세트)
횟수 2~3세트

목적
어깨 주위의 근력 트레이닝이다.
어깨 주위의 근력 강화는 부상 예방으로 직결된다.
또한 탁구는 상반신을 돌리면서 공을 치기 때문에 유연성도 중요하다.

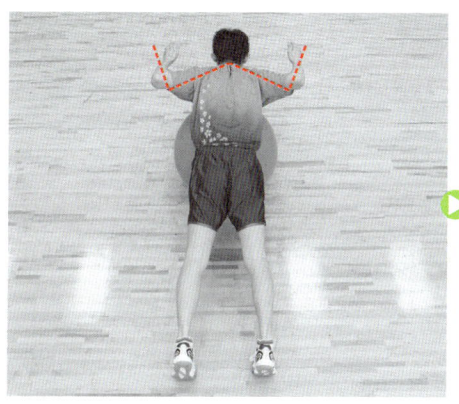

▎손가락 끝을 뻗은 채 양팔로 W자를 만든다.

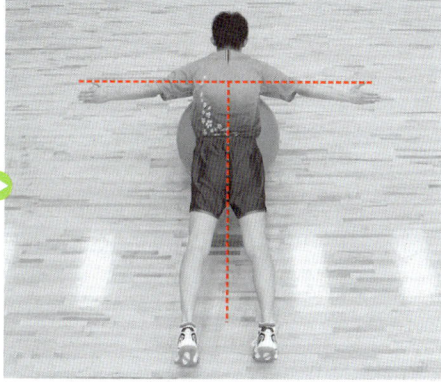

▎양팔을 옆으로 벌려 T자를 만든다.

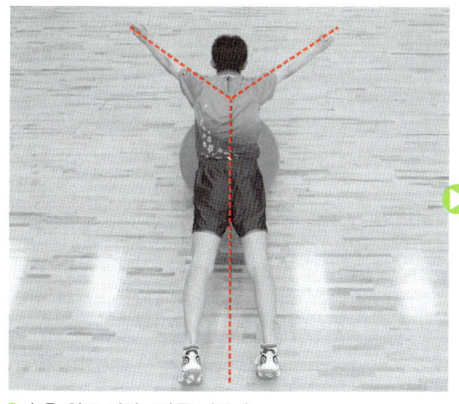

▎손을 위로 뻗어 Y자를 만든다.

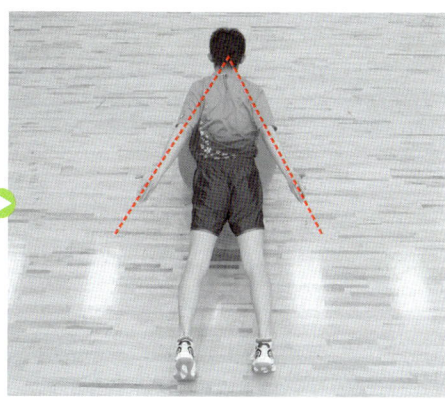

▎양팔을 아래로 내려 A자를 만든다.

순서

① 밸런스 볼에 배를 대고 눕는다. 밸런스 볼이 없으면 바닥에 누워도 된다.
② 양팔로 W, T, Y, A자를 순서대로 만든다.
③ 철자마다 3~5초를 유지한다. 이를 3~5회 1세트로 2~3세트 반복한다.

지도자 MEMO
트레이닝의 변형으로 YTA나 YWTAY가 있다. 페트병에 소량의 물을 넣어서 손에 들면 부하를 조절할 수 있다.

몸 만들기

메뉴 196 견갑대 트레이닝② 익스터널 로테이션

목적 어깨 안쪽의 근육을 단련하는 트레이닝이다. 그다지 큰 근육이 아니기 때문에 익숙하지 않을 때는 큰 부하를 주지 않도록 주의하기 바란다(500g~2kg).

난이도 ★★
시간 10~15회(1세트)
횟수 2~3세트

순서
① 옆을 보고 누워서 위쪽 겨드랑이에 타월을 끼운다.
② 무게추를 들고 팔꿈치를 90도로 굽힌다.
③ 팔꿈치와 타월이 떨어지지 않도록 주의하면서 팔을 천천히 올리고 내린다.
④ 좌우 10~15회를 1세트로 2~3세트 반복한다.

무게추를 든 상태에서 타월을 겨드랑이에 끼우고 팔꿈치를 90도로 굽힌다.

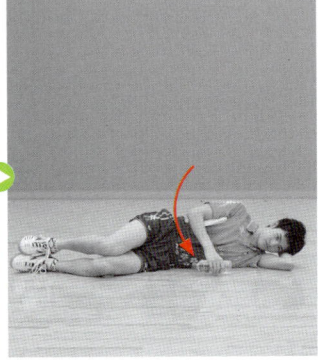

팔꿈치를 기준으로 아래팔을 천천히 내린다.

지도자 MEMO 덤벨 대신 페트병에 물을 담아 쓸 수도 있다. 처음에는 들기 쉬운 500mL짜리가 좋을 것이다.

몸 만들기

메뉴 197 견갑대 트레이닝③ 엘리베이션

목적 어깨 주위와 견갑골 안쪽의 근육을 단련할 수 있다. 어깨 관절의 안정과 부상 예방의 효과를 발휘한다.

난이도 ★★
시간 15~20회(1세트)
횟수 2~3세트

순서
① 다리를 어깨너비로 벌리고 서서 팔을 뻗은 채로 무게추를 든다.
② 팔을 뻗은 채로 올린다. 내릴 때는 천천히 내린다.
③ 좌우 15~20회를 1세트로 2~3세트 반복한다.

무게추를 들고 다리를 어깨너비로 벌린다. 반대쪽 손을 어깨에 댄다.

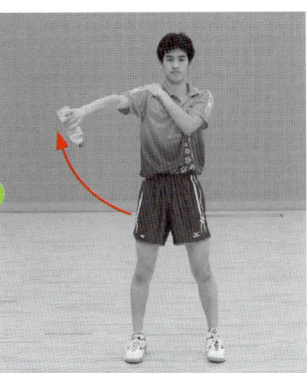

팔꿈치를 편 채 팔을 위로 올린다.

지도자 MEMO 트레이닝의 목적에는 부상 방지도 있다. 이 메뉴는 어깨 주위의 부상을 예방하기 위해 추천하는 트레이닝이다.

몸 만들기

메뉴 198 쿨다운 ①

난이도 ★
시간 15~30분
횟수 동작당 20~30초

목적 운동 전의 안정된 상태로 몸을 되돌리는 것이 스트레칭의 주요 목적 중 하나다. 반동을 이용하지 않고 근육을 천천히 스트레칭한다.

① 넓적다리 뒤쪽

발끝을 잡고 다리를 뻗는다.

② 고관절
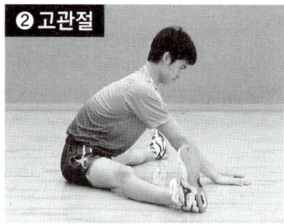
두 다리를 벌리고 양손으로 앞을 짚는다.

③ 고관절

발바닥을 붙이고 양손을 발목에 댄 상태로 몸을 앞으로 기울인다.

④ 엉덩이

책상다리 자세에서 한쪽 다리를 세우고 무릎을 가슴에 붙인다.

⑤ 등~목

천장을 보고 누운 상태에서 두 다리를 들어 머리 위로 넘긴다.

⑥ 허리

큰대자로 누워 한쪽 다리를 옆으로 넘기고 넓적다리에 손을 올린다.

⑦ 넓적다리 앞
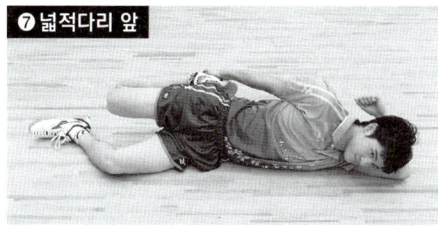
옆을 보고 눕는다. 위쪽 다리의 무릎을 굽히고 발끝을 몸 쪽으로 끌어당긴다.

⑧ 어깨

옆을 보고 눕는다. 아래에 놓인 어깨에 머리를 얹고 위쪽 손으로 아래쪽 손목을 잡아 올린다.

⑨ 배
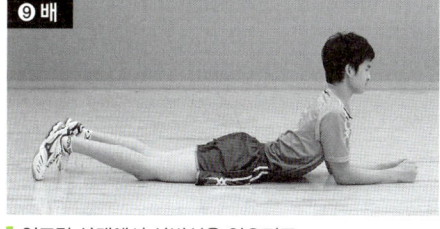
엎드린 상태에서 상반신을 일으키고 양 아래팔로 몸을 지탱한다.

⑩ 아래팔(손바닥)
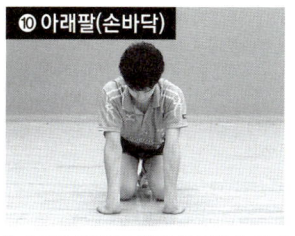
손으로 바닥을 짚고 엎드린다. 양 손끝은 몸 쪽을 향하게 하고 손바닥 전체를 바닥에 댄다.

몸 만들기

쿨다운 ②

난이도 ★
시간 15~30분
횟수 동작당 20~30초

목적 스트레칭의 두 번째 목적은 피로 물질의 제거를 촉진해 피로 회복을 앞당기는 것이다. 소홀히 하지 않도록 하자.

❶ 아킬레스건

정좌 자세에서 한쪽 다리를 앞으로 세운 다음, 팔꿈치를 대고 아래로 민다.

❷ 장요근

두 다리를 앞뒤로 벌린다. 양손을 깍지 끼고 크게 위로 뻗는다.

❸ 장딴지

다리를 한 발 앞으로 내밀고 등~뒷다리를 일직선으로 만든다. 양손은 넓적다리 위에 올려놓는다.

❹ 가슴

등 뒤로 깍지를 끼고 견갑골 사이를 좁히듯이 가슴을 편다.

❺ 등

몸 앞에서 깍지를 끼고 등을 굽혀 배꼽을 들여다본다.

❻ 몸 옆면

등을 펴고 상반신을 옆으로 기울인다. 위쪽 손목을 잡고 대각선 위로 잡아당긴다.

❼ 팔 뒤쪽

머리 뒤로 한쪽 팔꿈치를 손으로 잡고 아래로 누른다.

❽ 목

몸 앞에서 양손을 모으고 엄지를 세운다. 엄지를 턱에 대고 위로 들어 올린다.

❾ 목 앞

머리 뒤에서 깍지를 끼고 앞으로 끌어당긴다.

❿ 목 옆

등을 곧게 펴고 서서 옆머리에 손을 대고 끌어당긴다.

몸 만들기

메뉴 200 액티브 레스트와 아이싱

난이도 ★
시간 20~30분
횟수 —

목적
액티브 레스트는 쉬는 몸을 만들기 위한 가벼운 운동(러닝, 수영 등)이다. 혹사당해 열이 나는 부위는 아이싱으로 염증을 다스리는 것이 중요하다.

액티브 레스트
■ 그룹을 만들어 천천히 달린다.

■ 대화를 나눌 수 있는 정도의 속도가 이상적.

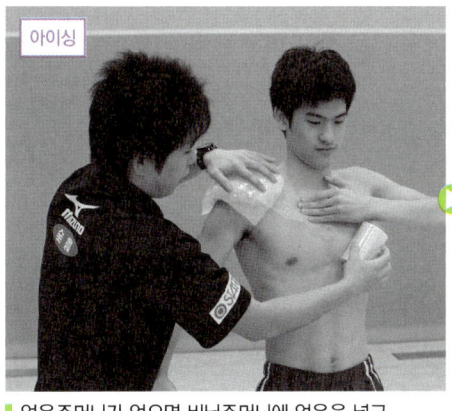
아이싱
■ 얼음주머니가 없으면 비닐주머니에 얼음을 넣고 랩으로 감는 것으로 대용할 수 있다.

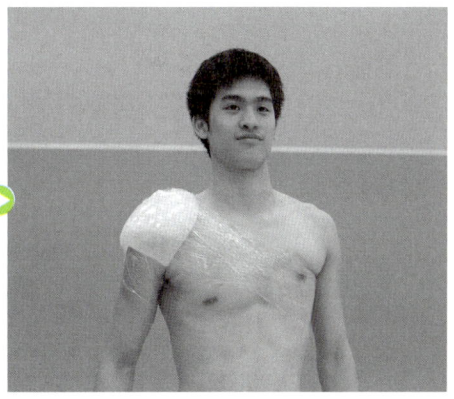
■ 20분 정도 놔둔다.

순서

액티브 레스트 ① 느린 속도로 러닝이나 수영 등을 한다.
② 20~30분 동안 계속한다.

아이싱 ① 열이 나는 부위에 얼음이 든 주머니를 댄다.
② 15~30분 동안 식힌다.

지도자 MEMO
무턱대고 연습만 한다고 해서 실력이 향상되는 것이 아니다. 적당한 휴식을 취하지 않으면 몸이 망가진다. 액티브 레스트는 휴식일 전날의 연습 때 도입하는 것이 이상적이다.

New 탁구교본
타법·전술 연습

1판 7쇄 | 2024년 8월 26일
지 은 이 | 미야자키 요시히토
감   수 | 현 정 화
옮 긴 이 | 김 정 환
발 행 인 | 김 인 태
발 행 처 | 삼호미디어
등   록 | 1993년 10월 12일 제21-494호
주   소 | 서울특별시 서초구 강남대로 545-21 거림빌딩 4층
          www.samhomedia.com
전   화 | (02)544-9456(영업부) / (02)544-9457(편집기획부)
팩   스 | (02)512-3593

ISBN 978-89-7849-546-2 (13690)

Copyright 2016 by SAMHO MEDIA PUBLISHING CO.

출판사의 허락 없이 무단 복제와 무단 전재를 금합니다.
잘못된 책은 구입처에서 교환해 드립니다.